教師教育テキストシリーズ 11

# 道徳教育 改訂二版

井ノ口 淳三　編

学文社

## ■執筆者■

| | | |
|---|---|---|
| 三輪　定宣 | 千葉大学（名誉教授） | ［序］ |
| ＊井ノ口淳三 | 追手門学院大学（名誉教授） | ［第1章］ |
| 宮嶋　秀光 | 名城大学 | ［第2章］ |
| 下司　　晶 | 日本大学 | ［第3章］ |
| 徳永　正直 | 大阪樟蔭女子大学（名誉教授） | ［第4章］ |
| 広瀬　　信 | 花園大学 | ［第5章］ |
| 山崎　雄介 | 群馬大学 | ［第6章］ |
| 徳本　達夫 | 広島文教女子大学（名誉教授） | ［第7章］ |
| 山口　和孝 | 浦和大学 | ［第8章］ |

（執筆順／＊印は第11巻編者）

# まえがき

　道徳教育はおもしろい。なぜならそれが難しいからだ。道徳教育が難しい理由にはいろいろあるが，学習指導要領に「道徳の時間」が登場して以来それが成功していないことは文科省の調査によっても明らかになっている。なぜ道徳の授業はうまくいっていないのだろうか。他の教科の授業と何がどのように違うのだろうか。

　本書は，教師を志す人が教職科目としての「道徳教育」を学ぶ際に突き当たる疑問をわかりやすく解明することをめざしている。大学において「道徳教育」を学ぶ主な目的は，道徳教育に関する基本的な概念を歴史的な背景をふまえて理解することと，教育実習において「道徳の時間」を担当できるだけの知識と技術を身につけることである。

　ところが，受講生の多くは，小学校や中学校での「道徳の時間」の体験から，道徳教育それ自身について何かしらうさん臭いイメージや建前だけの事柄という印象を持っている。また，道徳教育が本当に必要なのか，効果があるのかという疑問も抱いている。そのような疑問の生じる理由にはさまざまな事柄が考えられるのだが，政治家や官僚，大企業の役員，警察官や教師という職業にある者の不正行為や破廉恥な事件が相次ぐ現代社会の影響も否定できない。

　このような立場の者に道徳的でない行為が生じるのは，もともと強い権力や財力をもつ者にとって道徳が不要のものだからではなかろうか。ルールを自分でつくったり，変更できたりする立場にある者にとって，他者への配慮を必要とする道徳が本当に必要なものなのだろうか。道徳的な行いが無理なく日常生活に生かされている世の中を必要とするのは，むしろ権力や財産をもたない弱い立場にある者ではないだろうか。なぜなら道徳がないがしろにされ倫理が崩壊し世の中が混乱した時に困るのは，金も力もない一般の市民だからである。

　本書では道徳についての以上のようなとらえ方によって，道徳教育について

学ぶ者がその必要性を自分のものとして理解し，市民生活に必要なモラルの実現をめざす生き方を貫くにはどうすればよいかを考えていきたい。そのため本書の特徴として各章の終わりに「考えてみよう」という項目を設けているので，ぜひ活用していただきたい。

　本書を作成していた最中の 2006 年の秋の国会で教育基本法が改正された。改正法には全体を通してさまざまな問題点が指摘されているが，道徳教育の視点から見れば，学習指導要領の徳目を基本法のレベルにまで格上げしたことが重大な変更である。規範意識の強化を国民全体に求め，道徳的な態度の育成を教育の目標としているところに大きな危惧が感じられる。教育基本法をめぐる問題についても本書の各章で具体的に論じているので，話し合う際の資料としても活用されることを期待している。そして本書がこれまでの道徳教育観を見直すきっかけになれば幸いである。

　最後に学文社の三原多津夫氏には企画当初からひとかたならぬお世話になった。末尾ながら感謝の意を表するものである。

第 11 巻編者　井ノ口 淳三

# 改訂二版によせて

　2015（平成27）年3月に学習指導要領が一部改正され，学校における道徳教育は，「特別の教科　道徳（道徳科）」を要として学校の教育活動全体を通して行うものとされるようになった。これにともない本書も学習指導要領関係の記述を中心に大幅に改訂することにした。

　大学教育においては，その内容や方法は自主的に定められるものであり，学習指導要領の制約を受けるものではないが，教師教育のテキストとして活用されてきた本書の性格上，学習指導要領の内容を分析し，学習に生かすことが大切である。そして「道徳科」の新設は，これからの日本の教育にとって重要な意味をもつと推察される。

　このような視点からとくに改訂版では第4章と第6章を本改訂二版ではさらに第6章を全面的に新たな内容とし，巻末の資料や索引も整備したので，活用されることを願っている。

　改訂にあたっては，学文社の落合絵理氏に大変お世話になった。厚くお礼を申し上げる。

井ノ口　淳三

4

# 目　　次

# 序　教師と教育学

## 1　本シリーズの特徴

　この「教師教育テキストシリーズ」は，教師に必要とされる教職教養・教育学の基本知識を確実に理解することを主眼に，大学の教職課程のテキストとして刊行される。

　編集の基調は，教師教育学（研究）を基礎に，各分野の教育学（教育諸科学）の蓄積・成果を教師教育（養成・採用・研修等）のテキストに生かそうとしたことである。その方針のもとに，各巻の編集責任者が，教育学各分野と教師・教職との関係を論じた論稿を執筆し，また，読者の立場から，全巻を通じて次のような観点を考慮した。

① 教育学テキストとして必要な基本的・体系的知識が修得できる。
② 教育諸科学の研究成果が踏まえられ，その研究関心に応える。
③ 教職の責任・困難・複雑さに応え，専門職性の確立に寄与する。
④ 教職，教育実践にとっての教育学の重要性，有用性が理解できる。
⑤ 事例，トピック，問題など，具体的な実践や事実が述べられる。
⑥ 教育における人間像，人間性・人格の考察を深める。
⑦ 子どもの理解・権利保障，子どもとの関係づくりに役立つ。
⑧ 教職員どうしや保護者・住民などとの連帯・協働・協同が促される。
⑨ 教育実践・研究・改革への意欲，能力が高まる。
⑩ 教育を広い視野（教育と教育条件・制度・政策，地域，社会，国家，世界，人類的課題，歴史，社会や生涯にわたる学習，などとの関係）から考える。

教育学研究の成果を，教師の実践的指導やその力量形成，教職活動全体にど

う生かすかは，教育学界と教育現場の重要な共同の課題であり，本シリーズは，その試みである。企画の性格上，教育諸学会に属する日本教師教育学会会員が多数，執筆しており，将来，医学界で医学教育マニュアル作成や教材開発も手がける日本医学教育学会に類する活動が同学会・会員に期待されよう。

## 2　教職の専門職制の確立と教育学

近代以降，学校制度の発達にともない，教師の職業が公的に成立し，専門的資格・免許が必要とされ，公教育の拡大とともに養成期間の長期化・高学歴化がすすみ，近年，「学問の自由」と一体的に教職の「専門職」制の確立が国際的趨勢となっている（1966年，ILO・ユネスコ「教師の地位に関する勧告」6，61項）。その基調のもとに教師の専門性，専門的力量の向上がめざされている。

すなわち，「教育を受ける権利」（教育への権利）（日本国憲法第26条，国際人権A規約第13条（1966年））の実現，「個人の尊厳」に基づく「人格の完成」（教育基本法前文・第1条，前掲規約第13条），「人格の全面的発達」（前掲勧告3項），「子どもの人格，才能並びに精神的及び身体的な能力をその可能な最大限度まで発達させる」（1989年，子どもの権利条第29条）など，国民全体の奉仕者である教師の重要かつ困難な使命，職責が，教職の専門職制，専門的力量の向上，その学問的基礎の確立を必要としているといえよう。とりわけ，「真理を希求する人間の育成を期する」教育において，真理の探究をめざす「学問の自由」の尊重が根幹とされている（教育基本法前文，第2条）。

今日，21世紀の「知識基盤社会」の展望のもとで，平和・人権・環境・持続的開発などの人類的課題の解決を担う民主的市民の形成のため，生涯学習の一環として，高等教育の機会均等が重視され（1998年，ユネスコ「21世紀に向けた高等教育世界宣言」），各国で「教育最優先」が強調されている。その趨勢のもとで各国の教育改革では教職・学校・自治体の自治と責任が増大し，教師は，教育改革の鍵となる人（key actor）として，学校外でも地域社会の教育活動の調整者（co-ordinator），地域社会の変革の代行者（agent）などの役割が期待されている（1996年，ユネスコ「教師の地位と役割に関する勧告」宣言，前文）。そのよ

うな現代の教職に「ふさわしい学問的・専門的能力を備えた教師を養成し，最
も適格の青年を教職に惹きつけるため，教師の教育者のための知的挑戦プログ
ラムの開発・提供」が勧告されている（同1・3・5項）。その課題として，教員
養成カリキュラム・授業の改革，年限延長，大学院進学・修学の促進などを基
本とする教師の学問的能力の向上方策が重要になろう。

　教職の基礎となる学問の分野は，通常，一般教養，教科の専門教養，教育に
関する教職教養に大別され，それらに対応し，大学の教員養成課程では，一般
教養科目，専門教育科目，教職科目に区分される。そのうち，教職の専門職制
の確立には教職教養，教育学が基礎となるが，各領域について広い学問的知識，
学問愛好の精神，真理探究の研究能力，批判的・創造的・共同的思考などの学
問的能力が必要とされる。

　教育学とは，教育に関する学問，教育諸科学の総称であり，教育の実践や事
実の研究，教育的価値・条理・法則の探究などを課題とし，その成果や方法は，
教育の実践や事実の考察の土台，手段として有効に生かすことができる。今日，
それは総合的な「教育学」のほか，個別の教育学（○○教育学）に専門分化し多
彩に発展し，教職教養の学問的ベースは豊富に蓄積されている。教育研究者は，
通常，そのいずれかに立脚して研究活動を行い，その成果の発表，討論，共同・
学際的研究，情報交換，交流などの促進のため学会・研究会等が組織されてい
る。現場教師もそこに参加しており，今後，いっそうすすむであろう。教職科
目では，教育学の成果を基礎に，教職に焦点化し，教師の資質能力の向上や教
職活動との関係が主に論じられる。

　以下，教職教養の基盤である教育学の分野とそれに対応する学会例（全国規模）
を挙げ，本シリーズ各巻名を付記する。教職教養のあり方や教育学の分野区分
は，「教師と教育学」の重要テーマであるが，ここでは概観にとどめる。

　A．一般的分野
　① 教職の意義・役割＝日本教師教育学会【第2巻・教職論】
　② 教育の本質や理念・目標＝日本教育学会，日本教育哲学会【第1巻・教
　　育学概論】

③ 教育の歴史や思想＝教育史学会，日本教育史学会，西洋教育史学会，教育思想史学会【第3巻・教育史】

④ 発達と学習＝日本教育心理学会，日本発達心理学会【第4巻・教育心理学】

⑤ 教育と社会＝日本教育社会学会，日本社会教育学会，日本生涯学習学会，日本公民館学会，日本図書館学会，全日本博物館学会【第5巻・教育社会学，第6巻・社会教育】

⑥ 教育と行財政・法・制度・政策＝日本教育行政学会，日本教育法学会，日本教育制度学会，日本教育政策学会，日本比較教育学会【第7巻・教育の法と制度】

⑦ 教育と経営＝日本教育経営学会【第8巻・学校経営】

⑧ 教育課程＝日本カリキュラム学会【第9巻・教育課程】

⑨ 教育方法・技術＝日本教育方法学会，日本教育技術学会，日本教育実践学会，日本協同教育学会，教育目標・評価学会，日本教育工学会，日本教育情報学会【第10巻・教育の方法・技術】

⑩ 教科教育法＝日本教科教育学会，各教科別教育学会

⑪ 道徳教育＝日本道徳教育学会，日本道徳教育方法学会【第11巻・道徳教育】

⑫ 教科外活動＝日本特別活動学会【第12巻・特別活動】

⑬ 生活指導＝日本生活指導学会【第13巻・生活指導】

⑭ 教育相談＝日本教育相談学会，日本学校教育相談学会，日本学校心理学会【第14巻・教育相談】

⑮ 進路指導＝日本キャリア教育学会（旧進路指導学会），日本キャリアデザイン学会

⑯ 教育実習，教職関連活動＝日本教師教育学会【第15巻・教育実習】

B.　個別的分野（例）

① 国際教育＝日本国際教育学会，日本国際理解教育学会

② 障害児教育＝日本特別支援教育学会

③　保育・乳幼児教育＝日本保育学会，日本乳幼児教育学会，日本国際幼児学会

④　高校教育＝日本高校教育学会

⑤　高等教育＝日本高等教育学会，大学教育学会

⑥　健康教育＝日本健康教育学会

　人間は「教育的動物」，「教育が人間をつくる」などといわれるように，教育は，人間の発達，人間社会の基本的いとなみとして，人類の歴史とともに存続してきた。それを理論的考察の対象とする教育学のルーツは，紀元前の教育論に遡ることができるが，学問としての成立を著者・著作にみると，近代科学革命を背景とするコメニウス『大教授学』(1657年)以降であり，その後のルソー『エミール』(1762年)，ペスタロッチ『ゲルトルート児童教育法』(1801年)，ヘルバルト『一般教育学』(1806年)，デューイ『学校と社会』(1899年)，デュルケーム『教育と社会学』(1922年)などは，とりわけ各国に大きな影響を与えた。

　日本では，明治維新の文明開化，近代的学校制度を定めた「学制」(1872年)を契機に西洋の教育学が移入されたが，戦前，教育と学問の峻別や国家統制のもとでその発展が阻害された。戦後，1945年以降，憲法の「学問の自由」(第23条)，「教育を受ける権利」(第26条)の保障のもとで，教育学の各分野が飛躍的に発展し，教職科目・教養の基盤を形成している。

## 3　教員免許制度と教育学

　現行教員免許制度は，教育職員免許法(1949年)に規定され，教員免許状授与の基準は，国が同法に定め，それに基づき大学が教員養成(カリキュラム編成とそれに基づく授業)を行い，都道府県が免許状を授与する。同法は，「この法律は，教育職員の免許に関する基準を定め，教職員の資質の保持と向上を図ることを目的とする」(第1条)と規定している。

　その立法者意思は，学問の修得を基礎とする教職の専門職制の確立であり，現行制度を貫く基本原理となっている。たとえば，当時の文部省教職員養成課長として同法案の作成に当たった玖村敏雄は，その著書で次のように述べている。

　「専門職としての医師がこの医学を修めなければならないように，教育という仕事のために教育に関係ある学問が十分に発達し，この学問的基礎に立って人間の育成という重要な仕事にたずさわる専門職がなければならない。人命が尊いから医師の職業が専門職になって来た。人間の育成ということもそれに劣らず貴い仕事であるから教員も専門職とならなければならない。」「免許状」制は「専門職制の確立」をめざすものである（『教育職員免許法同法施行法解説』学芸図書，1949 年 6 月）。

　「大学において一般教養，専門教養及び教職教養の一定単位を履修したものでなければ教職員たるの免許状を与えないが，特に教育を専門職たらしめるものは教職教養である。」（「教職論」『教育科学』同学社，1949 年 8 月）。

　現行（2016 年改正）の教育職員免許法（5 条別表第一）は，免許授与基準として，所要資格である「大学において修得することを必要とする最低単位数」を「教科及び教職に関する科目」について定めている。単位数は，免許状の種類（普通免許状の場合，教諭，特別支援学校教諭，養護教諭，栄養教諭の各専修免許状，一種免許状，二種免許状）により異なり，教諭一種免許状では幼稚園 51 単位，小学校，中学校，高校は各 59 単位である。

　同法施行規則は，各科目の修得方法を規定（2～7 条）し，「教科及び教職に関する科目」の場合，各欄に区分する科目，「各科目に含めることが必要な事項」，単位数が一覧表に掲示されている。教諭，養護教諭，栄養教諭の各一種免許状では次の通りである（特別支援学校教諭については 7 条に別途規定）。

○第二欄「教科及び教科の指導法に関する科目」（幼稚園教諭は「領域及び保育内容」，養護教諭は「養護」，栄養教諭は「栄養」の各指導法に関する科目）

　「教科に関する専門的事項」，「各教科の指導法（情報機器及び教材の活用を含む。）」

　単位数＝幼稚園 16 単位，小学校 30 単位，中学校 28 単位，高校 24 単位

○第三欄「教育の基礎的理解に関する科目」

　「教育の理念並びに教育に関する歴史及び思想」，「教職の意義及び教員の役割・職務内容（チーム学校運営への対応を含む。）」，「教育に関する社会的，制度的又は経営的事項（学校と地域との連携及び学校安全への対応を含む。）」，「幼児，児

童及び生徒の心身の発達及び学習の過程」，「特別の支援を必要とする幼児，児童及び生徒に対する理解」，「教育課程の意義及び編成の方法（カリキュラム・マネジメントを含む。）」

　単位数＝幼稚園 10 単位，小学校 10 単位，中学校 10 単位，高校 10 単位

○第四欄「道徳，総合的な学習の時間等の指導法及び生徒指導，教育相談等に関する科目」

　「道徳の理論及び指導法」，「総合的な学習の時間の指導法」，「特別活動の指導法」，「教育の方法及び技術（情報機器及び教材の活用を含む。）」，「生徒指導の理論及び方法」，「教育相談（カウンセリングに関する基礎的な知識を含む。）の理論及び方法」，「進路指導及びキャリア教育の理論及び方法」

　単位数＝幼稚園 4 単位，小学校 10 単位，中学校 10 単位，高校 8 単位

○第五欄「教育実践に関する科目」

　「教育実習」，「教職実践演習」

　単位数＝「教育実習」：幼稚園 5 単位，小学校 5 単位，中学校 5 単位，高校 3 単位

　　　　　「教職実践演習」：幼稚園 2 単位，小学校 2 単位，中学校 2 単位，高校 2 単位

○第六欄「大学が独自に設定する科目」

　単位数＝幼稚園 14 単位，小学校 2 単位，中学校 4 単位，高校 12 単位

　現行法は，1988 年改正以来，各教職科目に相当する教育学の学問分野を規定していないが，欄ごとの「各科目に含めることが必要な事項」に内容が示され，教育学の各分野（教育諸科学）との関連が想定されている。

　1988 年改正以前は，それが法令（施行規則）に規定されていた。すなわち，1949 年制定時は，必修科目として，教育心理学，児童心理学（又は青年心理学），教育原理（教育課程，教育方法・指導を含む），教育実習，それ「以外」の科目として，教育哲学，教育史，教育社会学，教育行政学，教育統計学，図書館学，「その他大学の適宜加える教職に関する専門科目」，1954 年改正では，必修科目として，同前科目のほか，教材研究，教科教育法が加わり，それ「以外」に

前掲科目に加え，教育関係法規，教育財政学，教育評価，教科心理学，学校教育の指導及び管理，学校保健，学校建築，社会教育，視聴覚教育，職業指導，1959 年改正で必修科目として，前掲のほか道徳教育の研究が，それぞれ規定されていた。各時期の教職科目と教育学各分野との法的な関連を確かめることができよう。

　教員養成・免許の基準設定やその内容・程度の法定は，重要な研究テーマである。その視点として，教職の役割との関連，教職の専門職制の志向，教育に関する学問の発展との対応，「大学における教員養成」の責任・目的意識・自主性や「学問の自由」の尊重，条件整備などが重要であり，時代の進展に応じて改善されなければならない。

教師教育テキストシリーズ編集代表

三輪　定宣

# 第1章　現代社会と道徳

## 1　道徳を必要とするのは誰か

　大企業，自治体，警察，大学などの組織の幹部が一列に並び，「このたびは，まことに申し訳ございませんでした」といっせいに頭を下げる，このような映像をテレビで何度見たことだろうか。彼らは誰に対して何を謝っているのか。なぜわびなければならないようなことが生じたのか。それぞれの事情はさまざまであるが，共通しているのは，被害が生じて社会問題となった後か，もしくは事件が起こってそれが明るみに出たときにはじめて頭を下げていることである。

　たいていの場合これらの幹部は自分の言葉でおわびを言わず，ただ謝罪文を読み上げているだけである。いずれも高い学歴と職歴のある人たちばかりのはずであるが，なぜ自分なりの表現でおわびを言えないのだろうか。彼らは不祥事の直接の当事者ではなく，職務の立場上謝罪をしている場合が多い。したがって内心では「自分は悪くないのだが，世間の手前やむをえず頭を下げているのだ」と思っているのかもしれない。実際脱線事故で107名もの死者を出した鉄道会社の場合，事故の後で当時の幹部らが関連会社に役員として「栄転」している。

　あるいは自分の言葉でおわびを言わないのは，原稿に書かれた事柄以外のことをしゃべって余計な責任を取らされることを心配しているのかもしれない。いずれにしても「取り返しのつかないことをして本当に申し訳ない」という気持ちは伝わってこないのである。いったい彼らには人間として何が欠けているのだろうか。10代の少年・少女が問題を起こしたときに，道徳教育の必要性

を説く政治家がいるが，立派な社会人が不祥事を行った場合にも道徳教育の欠如をその理由として主張するのだろうか。そして彼らに欠けたものを道徳教育によって生み出すことができるのだろうか。

### 道徳教育の難しさの要因

道徳教育には過大な期待が寄せられているけれども，今日における道徳教育の難しさの背景にはさまざまな要因がある。それらの要因を列挙してみると次のようなことが考えられる[1]。

まず原理的には，そもそも道徳を教えることが可能なのか，というソクラテス（Sokrates, BC.469頃–BC.399）以来の難問がある。徳のある人間を形成するメカニズムは，いまだ解明されてはいない。

第二次世界大戦のA級戦犯をあがめる靖国神社への参拝を批判された当時の小泉首相は，それを「心の問題」として批判をかわそうとした。愛国心の評価を求めた通知票に対する国会での質問に彼は「評価は必要ない」と答弁したが，「心の教育」は積極的に推進している。「心の問題」は他人が介入できないし，まして評価することもできないが，「心の教育」は重視するという立場をどのように理解すればよいのだろうか。はたして心は教育できるのだろうか。

道徳教育が難しくなっている背景として，現代では価値観の相対化や多様化が進み，善と悪とを1つの基準で判別することが容易ではないという事情もある。たとえば死刑制度の存在は，人間の命についての議論を呼び起こしている。かつてチャップリン（Sir Charles S. Chaplin, 1889–1977）は，「殺人狂時代」という映画のなかで，1人を殺せば犯罪だが，多くの人を殺せば勲章がもらえる戦争を批判した。しかし「正義の戦争」や「聖戦」をめぐる議論は，久しく続いている。これと関連して第8章で説明されているように道徳教育と宗教的情操に関する問題も重要である。

また，道徳教育は家庭でなされるべきであり，学校教育のなかで行うべきではない，という考えも根強く残っている。

道徳教育の目的を「道徳性を養い，高めること」とするにしても，その「道

徳性」の中身については研究者の間でもさまざまな見解がある。

　学習指導要領に示された道徳教育の内容には，「人間の力を超えたものに対する畏敬の念を深める」とか「日本人としての自覚を持って国を愛し，国家の発展に努める」など，国民の間で意見の大きく分かれるものも含まれている。

　道徳教育の方法はこれまでさまざまに取り組まれてきたが，「道徳の時間」で用いられている方法には，教師の意図に誘導する懸念がみられるものもある。教師の意図を明示せずにオープン・エンドとするモラル・ジレンマの方法もあるが，第3章，第4章，第5章にも示されるように評価が一致しているとはいいがたい。

　このように道徳教育の目的，内容，方法等のそれぞれについても問題があるうえ，そもそも高校の「学習指導要領」において「道徳」の領域はない。小・中学校においても道徳は「特別の教科」とされるようになったものの，教科用図書（教科書）の使用，成績評価の方法，そして道徳専門の教員免許など課題は残されたままである。

　以上のように道徳教育には検討すべき多くの問題がある。それらに加えて今日では子どもの手本となるべき大人の社会で，自己の利益や金もうけを優先するあまりにモラルを喪失して省みない事件が多発している状況がある。政治家や官僚，大企業の役員，警察官や教師という職業にある者の不正行為や破廉恥な事件は相ついで起こっている。

　このような立場の者に道徳的でない行為が頻発するのは，もともと強い権力や財力をもつ者にとって道徳が不要のものだからではなかろうか。ルールを自分でつくったり，変更できたりする立場にある者にとって，他者への配慮を必要とする道徳が本当に必要なものなのだろうか。道徳的な行いが無理なく日常生活に生かされている世の中を必要とするのは，むしろ権力や財産をもたない弱い立場にある者ではないだろうか。なぜなら道徳がないがしろにされ倫理が崩壊し世の中が混乱したときに最も困る立場にあるのは，金も力もない一般の市民だからである。

## 日常生活と道徳

　人間がひとりで生きていくことのできない存在である以上，日常生活のなかでまわりの人々との接触や交渉のなかで生じるトラブルを避けることは難しい。たとえば平穏な生活を送りたいと願っていても近所に高層建築物が造られたり好ましくない施設が建てられたりすると日光はさえぎられ騒音や汚れが増加し，景観も見苦しくなる。その場合に道義的に問題があっても法律の制限範囲のギリギリいっぱいの建物だと合法的だということで罪に問われることはない。問題の解決は当事者間の交渉に委ねられるのである。たいていの場合建築主は金と力をもっており，住民はそれらをもっていない。地域の住民が対抗するには広く社会に開発や建築の不当性をアピールすることが必要だが，それを受けとめる社会のなかにモラルが欠如しているならば誰も自分に身近な問題として考えることができず，困ったことだがやむをえないと他人ごとのように思ってしまうであろう。このようにモラルの欠如した社会では横暴なやり方がまかり通ることになり，一般の市民ほど多くの不利益を受けることになるのである。規範意識の高い社会は不正な行為をする者にとっては窮屈であるが，市民にとっては不当な不利益を受けにくい世の中となるのである。

　道徳は平穏に暮らしたいと願う人々の幸福を実現するためのものであり，けっして禁欲的なものではない。道徳教育を強化することによって子どもの問題行動を防ごうとする考え方は，道徳を禁欲的なものとするとらえ方から生じたものである。この考えでは道徳教育は息苦しいものとなる。行為の禁止や徳目の注入を中心とする道徳教育では，不正なことをしてもたまたま見つかったことが悪いのであって，行為それ自体は誰もがやっていることだとすませて反省もしないような態度を助長する。大人社会の不祥事に対する怒りが生じることもなく，大人もやっているのだからと，むしろ居直りの態度やむなしさをともなう結果となる。

　それをしてはいけないことは知っているのに，なぜ人間はそれをしてしまうのだろうか。不法駐車，スピード違反，飲酒運転などが多発しているように，道路交通法は違反の多い法律だといわれている。短時間の駐車だから迷惑には

ならないだろうとか，追い越し車線のない道路を制限速度で走行すれば道路は渋滞し後続車に接近されるなどの思い，軽く一杯ひっかけただけで酔っていないなどの誤った判断など行為の理由はさまざまにつけられているのだろう。これらの行為は，法律や罰則だけでは人間の行為を規制することが困難であることを示している。これらを防止するには行為の結果を予測しうる想像力を高めることと良心の自覚を促す取り組みが必要である。その行為が自分と他人をいかに不幸に追いやるものであるかを見通す力は，道徳の時間だけではなく学校の教育活動全体を通じて養われるものである。このことは第3節で検討することにして，その前に道徳に固有の「良心」について考えることにしよう。

　宇田川宏は『道徳教育と道徳の授業』のなかで次のように記している。「道徳は法とともに社会秩序を維持するための社会規範であるが，法が一般に政治権力の強制を伴って守られているのに対して，道徳は良心といわれる「内なる声」に従って自主的に守られるところに特色がある」(2)。つまり，それが良心に従った自主的な行為の選択として行われたものか否かが道徳的な行為とそうでない行為とを区別する基準となるのである。

　このように道徳を人間の外部から規制する他律的なものとしてではなく，その内部から良心によって方向づける自律的なものとして考える道徳観は，近代市民社会の発展にともなって生まれてきたものである。たとえば，その代表的な人として有名な哲学者であるカント (I. Kant, 1724-1804) の名をあげることができる。彼は「あなたが自分の意志によって定めた規則 (格率) が，いつでも常に万人をも義務づける普遍的な道徳的法則の原理として妥当なものであるように行動しなさい」と述べた。この考え方はカントの「定言的命令」と呼ばれている。これには第2章でも指摘するように「形式主義」との批判もあるが，カントの思考の背景には，すべての人間を平等で自律的な人格をそなえたものとみなす近代的な人間観の成立があった。というのはそこには神様という宗教的な権威や国家の権力者などに無条件に従うことが道徳的であるとされたそれまでの考え方を超えた内容が含まれているからである。

　このように道徳教育について論じる際には，良心に関する考察を避けるわけ

にはいかないのである。

## 2 良心の自覚を促すには何が必要か

　それでは良心の覚醒を呼び起こすためにはどうすればよいのだろうか。世の中に子どものときからの根っからの悪人という人はいない。誰でも嘘をつけば気に病むし，ちょっとした悪いことをしても落ち着かない。これはその人が良心をもっていることのあかしなのである。つまり良心とは，善悪の判断のできる個人の道徳意識であり，大切なものである。したがって良心の自由を尊重することは，日本だけではなく多くの国の憲法で保障されている。自分の良心に反する行動を強制されることは大きな苦痛をともなうものである。東京都教育委員会は，入学式や卒業式などの学校行事の際「国旗に向かって起立し，国歌を斉唱する」ことを教職員に義務づけ，それに従わない教職員を大量処分した。これに納得のいかない人たちが訴訟を起こしたが，2006年の東京地裁の判決は，憲法第19条に保障された思想・良心の自由を尊重し，この訴えを認めた。

　ドイツのノーベル賞作家，ギュンター・グラス (Günter Grass, 1927-2015) が第二次世界大戦時にナチスの武装親衛隊に所属していたと告白したことが報道され大きな反響を呼んだ。親衛隊への参加は自発的なものではなく，召喚だったということだが，彼がナチスの歴史的責任を問い続けてきた作家であっただけに深刻な問題として受けとめられている。さらに2005年に第265代のローマ法王に選出されたベネディクト16世 (Benedictus XVI, 1927-) も，かつてナチスの青少年組織であるヒトラー・ユーゲントに入っていた。

　両者はいずれも当時の状況のもとではそうせざるをえない事情があったとはいえ，「隠したい過去」であったにちがいない。批判されることを覚悟したうえで自ら告白するのは，良心がそうさせるのである。「ドイツの良心の番人」とも称されたグラスの場合，これまでとは別のかたちで良心のあり方を問題提起したとも考えられる。

## ドーピングは，なぜ悪いのか

　正々堂々と戦うことをモットーとするスポーツの世界でもドーピングと呼ばれる不正行為が横行しており，それを告白する選手が次々にあらわれている。オリンピックの金メダリスト，メジャー・リーグのホームラン王，自転車のツール・ド・フランスの優勝者などトップ選手も疑惑にさらされている。スポーツ選手が筋肉増強剤・興奮剤・覚醒剤・鎮静剤などの薬物を使用することは，なぜいけないのか。それはただ不公平だからなのではない。スポーツの世界ではユニフォームや用具の改良および食生活の改善などにともなって新記録が次々に生まれてきた。わずかの差が勝敗を決するのだから少しでも研究と工夫を重ねて良い記録を出そうとすることは当然である。ドーピングはそれらとどこが違うのか。決定的に異なるのは，ドーピングは薬物によって選手自身の健康を破壊することである。

　公益財団法人日本アンチ・ドーピング機構によれば，ドーピングを禁止する理由として，大きく次の4点があげられていた。すなわちそれは，①選手自身の健康を害する，②不誠実（アンフェア），③社会悪，④スポーツ固有の価値を損ねる，ということである。競技能力を高めるために使用される薬物の量と頻度は，病気や怪我の治療のために使用されるものとは比べものにならないほど多く危険なのである。また，スポーツ固有の価値には，「倫理観，フェアプレー，誠意，健康，優れた競技能力，人格と教育，喜びと楽しみ，チームワーク，献身と真摯な取組み，規則・法規への敬意，自他への敬意，勇敢さ，共同体・連帯意識」などがあり，「優れた競技能力」だけに価値を認めているのではない[3]。

　ドーピングという不正に一時的にせよ手を染めたことを自分から告白するのには苦渋の決断があったことだろう。その結果としてこれまでえてきた多くのものを失うことになるのだから。それでも告白せざるをえなかったのは，良心が残っていたからである。自分から告白したことに救いがあり，今後の人生の希望がある。不正行為をしたままでは，たとえそれが明るみに出ないとしても自分を許すことができないのであり，それが良心のあかしなのである。

　こうしたことはどの分野においても生じることである。たとえば将棋のルー

ルでは，同じ筋に歩を二枚指すと反則になるが，対局者が二歩などの反則に気づかず指し続けた場合，先に投了した方が負けになる。しかし，これを黙っている人はいないだろう。そんなことをして勝ってもまったく意味がないばかりか，後味の悪い嫌な思いが残るだけである。このように日常生活の趣味の分野においても良心は作用している。

　良心は，もちろん目には見えないものだが，ただ観念的なだけのものでもない。良心を英語では conscience というが，語源的には con (together) と scierce < scire (know) の合わさったものである。つまり「知ることをともなう」という意味である。何を知るのかといえば，世の中の仕組みであり，社会生活のなかで許されることとそうでないことの判断の基準である。道徳に含まれるこの知的な側面については教えることが可能であり，学ぶこともできるのである。けれどもそれは道徳の時間にのみ行われるのではなく，各教科を含めた学校の教育活動全体を通じて行われるのである。不合理なことを見過ごさず，社会の矛盾に眼を向ける力をつけることが，自分にやましいことを許さず，良心に照らして恥じることのない人間に育てていくのである。

## ③　学校の教育活動全体と道徳

　それでは次に学校の教育活動全体を通じて行われる道徳教育について考えてみよう。現行の学習指導要領では，各教科，道徳科，総合的な学習の時間および特別活動が，それぞれ１つのまとまりをもっている。さらにこれらを全体として方向づける「隠れたカリキュラム」(hidden curriculum) の影響も無視できない。「隠れたカリキュラム」とは，1960年代の末頃からアメリカの教育社会学者たちによって指摘され，普及するようになった概念である。論者によって意図される内容にはかなりの幅のある用語であるが，宇田川宏らは，学校の規則とそれに伴う賞罰，教師と生徒との人間関係など，意図されたものではないが「事実上存在する人間形成作用」や「非公式の学習」という意味を説明するものとして用いている。これには「肯定的な場合もあれば，否定的な場合もある」とされる(4)。私たちの行動は，たとえば服装の選択や集合時間の厳守，

学習に向かう態度などの点でまわりの雰囲気に左右されることが少なくないが，これも一種の「隠れたカリキュラム」が作用していると考えられる。

　次に，教科のなかでの道徳教育についてであるが，道徳科に近い教科として国語や社会科の授業を連想する人も多いだろう。道徳の副読本にみられる教材には，国語の教科書に含まれていても不自然ではない内容のものもある。しかし，教科の教育がめざす知的な能力の形成は，すべての教科で行われているのであり，それらと道徳教育とのかかわりを考えておく必要がある。

　たとえば川におぼれかけている人がいるとして，偶然そこへ通りかかったとする。どんなに急ぎの用事がある人でもそのまま通り過ぎることはしないだろう。なんとか助けたいと思うのが人情だ。大声を出して誰かを呼ぶか，棒か縄か何かつかまることのできるものを探そうとする程度のことは子どもでもするだろう。問題はそれから先だ。なぜなら飛び込んで助けることは意外に難しいことだからだ。服を着たまま泳ぐことは慣れない人には無理である。「おぼれる者はワラをもつかむ」のことわざ通りで，必死でしがみつこうとしている人を背後から抱きかかえて岸までたどりつける力がないと，助けようとした人もともにおぼれてしまうことになる。実際そういう事例は少なくない。うまく岸へ上げられても大量の水を飲んでいるので，まずそれを吐かせて救急車が到着するまで人工呼吸を続けることが必要だ。つまり人の命を助けたいと思う気持ちだけがあっても実際に助けられるだけの知識と技術を身につけていないと助けることはできないのである。現在自動車の運転免許の取得をめざす人の教習に人工呼吸の方法を学ぶことが含まれているが，学校教育では保健体育の教科で行うことが考えられる。教科のなかでの道徳教育とは，たとえばこのように人命救助に必要な知識と技術を養成することである。

　けれどもここで注意すべきことがある。それは，「学校の教育活動全体を通じて道徳教育を行う」ことと「学校全体を道徳教育化する」こととはまったく別だということである。つまりそれぞれの教科には固有の目標があり，道徳教育を優先するあまりに教科の性格をゆがめてはいけないのである。

　従来，文科省も「各教科，道徳及び特別活動がそれぞれの固有の目標の達成

を目指しながら，その結果として全体として望ましい道徳性を育成することが期待される」（『小学校指導書教育課程一般編』1978年版）とし，「それぞれの各教科の性質上，それらの内容，教材を通して道徳教育の効果をあげることにとらわれ過ぎると，かえって各教科の性格をゆがめることにもなりかねない」（『小学校指導書道徳編』1978年版）と注意していたほどだった。

　ところが，1989（平成1）年に改訂された「中学校学習指導要領」では，年間指導計画において，「各教科及び特別活動における道徳教育との関連を示す必要があること」が明示され，『小学校指導書教育課程一般編』では，「各教科，道徳及び特別活動がそれぞれ固有の目標の達成を目指しながら，それぞれの特質に応じて適切な指導を行い，道徳性の育成を図るようにすることが大切である」と書き改められた。これまでの「結果として」という論理ではなく，各教科や特別活動においても道徳性の育成をはかるように変えたのであるから，まさに「学校全体の道徳教育化以外の何物でもない」といわれるゆえんである[5]。そしてこの傾向は，2002年度に『心のノート』が全国すべての小・中学生に配布されて以後いっそう強められている。

### 特別活動における道徳教育

　道徳と特別活動は，もともとそれぞれ別々の領域として設定され独自の目標と内容を備えたものであったはずだが，この2つにはそれなりの関連がみられる。たとえば，道徳の内容として「学習指導要領」であげられている健康の増進，希望，勇気，自律，責任，友情などの価値は，学級活動（高校では「ホームルーム活動」）や生徒会活動，学校行事など特別活動の領域で実現をめざされることが少なくない。予測しなかった問題の出現に対して，臨機応変に状況を判断し，生徒会や学級のメンバーに呼びかけ，協力して解決を模索していく取り組みは，学校生活のなかでしばしば見られるものである。

　たとえば，1991（平成3）年に当時の文部省が発行した『道徳教育推進指導資料（指導の手引き）1』には，中学校の道徳の時間における読み物資料が収録されている。そのなかに「私と部活動」という文章がある。この資料は，中学1

年生がテニス部で新人戦の出場をめざすが，挫折したり，ライバルの友人を応援したりすることを通して成長していく姿を描いたものである。部活動自体は放課後の活動であるが，そこで得た内容を道徳の領域では「希望と勇気をもってねばり強く着実にやり抜く態度を育てる」ことをねらいとして学ばせようとするのである。

　また，1992（平成4）年に発行された『道徳教育推進指導資料（指導の手引き）2』には，「遠足で学んだこと」という文章が見られる。この資料は，生活班で行動するはずだった遠足で，時間やきまりを大切にしたいと考える生徒と植物に興味をもつ生徒とのやりとりを通して，互いに自分と異なる個性を理解するというものである。そして「それぞれの個性や立場を尊重し，謙虚に学び自己の向上を目指そうとする意欲を高める」ことがねらいとされている。

　さらに，1994（平成6）年発行の『道徳教育推進指導資料（指導の手引き）4』には，「サッカー」という文章と「ゴールをめざして」と題する文章が見られる。前者は，中学校のサッカー部の対外試合でのエピソードを通して「自分が属する集団の意義について理解を深め，役割と責任を自覚し，協力し合って集団生活の向上につとめようとする態度を育てる」ことがねらいとされている。後者の資料は，体育祭の学級対抗全員リレーの取り組みのなかで足の不自由な生徒への対応を事例にしている。この資料のねらいは，「だれに対しても公平に接し，差別や偏見をもたないように心掛けることの大切さに気づき，よりよい社会を実現しようと努める心情を育てる」とされている。

　以上に紹介した4つの資料は，いずれも学校行事や学級活動など中学校の教育活動の中で生じた事例を素材として取り上げ，そこから道徳的な心情や態度を育てようとするものである。これらの事例は生徒にとって身近なものであるが，それらを道徳の教材として考えることは，あくまで学校行事などの目標達成をめざした「結果として」なされるべきである。最初から道徳教育のために学校行事や学級活動があるわけではない。特別活動における道徳教育といっても，この2つのまとまりが区別されて存在していることの意味をよく理解しないといけないのである。

# 4　道徳教育を担う教師の課題

　本章の最後に，これからの道徳教育を担っていく教師の課題について考えることにしよう。第1節でもふれたように，道徳には専用の免許がない。逆にいえば，すべての教師が道徳教育を担当するのである。それは道徳教育自体の専門性の度合いが低いからではなくて，道徳教育は「学校の教育活動全体を通じて」行われるからである。つまり教師なら誰もが担当しなければならないのが道徳教育なのである。教師は，自分の専門教科の授業を担当しているだけではない。学校行事や学級活動，生徒会活動などの運営にも携わるし，「総合的な学習の時間」の指導もしなければならないのである。そこでまず教師に求められる資質・能力について検討してみよう。

　文部科学省は，「魅力ある教員をもとめて」と題するパンフレットを作成している。その最初に「どのような資質能力を持った教員が求められているのか」が記されている。もともとここに示された内容は，1997（平成9）年7月に発表された教育職員養成審議会（教養審）の第一次答申「新たな時代に向けた教員養成の改善方策について」にしたがったものである[6]。答申は，教員に求められる資質能力を「いつの時代にも求められる資質能力」と「今後特に求められる資質能力」に区別して説明しているが，文部科学省のパンフレットでは次のように箇条書きにして整理されている。

　　［今後特に求められる資質能力］
　　○地球的視野に立って行動するための資質や能力
　　　・地球，国家，人間等に関する理解
　　　・豊かな人間性
　　　・国際社会で必要とされる基本的な資質や能力
　　○変化の時代を生きる社会人に求められる資質や能力
　　　・課題解決能力
　　　・人間関係に関わる資質や能力

　　　・社会の変化に適応するための知識及び技能

　○教員の職務から必然的に求められる資質能力

　　　・幼児・児童・生徒や教育の在り方についての適切な理解

　　　・教職への愛着，誇り，一体感

　　　・教科指導，生徒指導等のための知識・技能及び態度

　　　　　　　　　　　　　　　＋

　［いつの時代にも求められる資質能力］

　　　・教育者としての使命感

　　　・人間の成長・発達についての深い理解

　　　・幼児・児童・生徒に対する教育的愛情

　　　・教科等に関する専門的知識

　　　・広く豊かな教養

　　　　⇒これらに基づく実践的指導力


　以上の整理からわかるように，［今後特に求められる資質能力］の「○教員
の職務から必然的に求められる資質能力」とは，［いつの時代にも求められる
資質能力］とほぼ共通する内容である。「今後特に求められる」といいながら，
実はその一部は教員として「いつの時代にも求められる」資質や能力と重なっ
ているのである。

　また，「○地球的視野に立って行動するための資質や能力」と，「○変化の時
代を生きる社会人に求められる資質や能力」とは，とくに教師にのみ求められ
るものではなく，一般の社会人にも共通する内容である。いずれにしても教師
には多様な資質・能力が求められている。

　だが，これらの多岐にわたる内容をひとりの教師が体現することは至難であ
る。このあたりの事情については教養審（教育職員養成審議会）の第一次答申（1997
年）では次のように記していた。すなわち，「このように教員には多様な資質
能力が求められ，教員一人一人がこれらについて最小限必要な知識，技能等を
備えることが不可欠である。しかしながら，すべての教員が一律にこれら多様

な資質能力を高度に身に付けることを期待しても，それは現実的ではない。むしろ学校では，多様な資質能力を持つ個性豊かな人材によって構成される教員集団が連携・協働することにより，学校という組織全体として充実した教育活動を展開すべきものと考える」。

　それが学校にいろいろなタイプの教師を必要とするひとつの理由である。学校にはさまざまな感性や性格の生徒が存在し，またその生活経験もいろいろである。生徒の時代に優等生であった教師ばかりで構成されている学校では，お互いに息の詰まる思いをするのではないだろうか。プロ野球界でも「名選手は必ずしも名コーチならず」といわれる。近年教育政策の動向は，大学院での教員養成に重点がおかれる方向にあるが，高学歴の教師が良い教師であるとはかぎらないのは，いうまでもないだろう。大切なことは，多様な資質や能力をもつ教師集団の協働なのである。

### 生徒の望む教師

　道徳教育が学校教育の全体を通じて行われる以上，道徳を担当するからといって特別の資質や能力が求められるわけではないが，生徒から見て信頼できないようであれば，何を説いても説得力に欠けるであろう。生徒が望んでいるのは，「真剣に，また親身になって話を聞いてくれる教師」であり，「ほめるばかりでなく，本気でしかってくれる教師」である。そして学級活動や学校の諸行事にも生徒といっしょになって取り組んでくれることを願っている。生徒は，授業以外の場面での教師の姿を意外によく記憶しており，教師の何気ない一言にも深く傷つくことがしばしばある。もちろん発言した教師はそのことに気がついていないのだが，それがきっかけとなって授業での教師の言葉が生徒の耳に空虚なものに響くことさえあるほどである。このような行き違いを防ぐうえでも，生徒の言い分をていねいに聞くことが必要である。生徒はいろいろと教師に聞いてほしいことがあっても自分から言い出せないことが多い。教師が忙しそうにしていればなおさらである。教師主導で進められがちな授業ではどうしても生徒は自分からすすんで発言しにくいものであるから，教師の側から生

徒の声を聞く姿勢を見せることが大切である。それとともに，授業以外の場面でも生徒と接する機会を積極的に設け，共通の目標に向かって取り組むなかで教師の人間性を表に出していけば，生徒も心を開いて打ち解けた態度を示すことが少なくない。それはけっして生徒と教師がなれなれしい関係になることではない。具体的な生徒指導の場面では，教師としての主張を貫きながら生徒の信頼を得ることには困難をともなう場合もあるが，不可能なことではない。生徒から見て生徒の言い分に耳を傾けてくれる教師だという思いがあれば，それは教師の苦い言葉を素直に受け入れる素地となる。つまり先行しなければならないのは，授業か授業以外の場面であるかを問わず，一人ひとりの子どもの声を誠実にていねいに聴こうとする教師の姿勢なのである。道徳の授業を生徒の納得のいくものにするには，このような日常の教師の姿勢が大切であろう。

　教養審の第一次答申では次のように述べていた。すなわち，「教員一人一人の資質能力は決して固定的なものでなく，変化し，成長が可能なものであり，それぞれの職能，専門分野，能力・適性，興味・関心等に応じ，生涯にわたりその向上が図られる必要がある。教員としての力量の向上は，日々の教育実践や教員自身の研鑽により図られるのが基本であるが，任命権者等が行う研修もまた極めて重要である。現職研修の体系や機会は着実に整備されつつあるが，今後一層の充実が期待される」。

　この答申の考えでは，教師の資質能力の向上をはかるために任命権者に求められることは，教師の資質能力を「固定的なものでなく，変化し，成長が可能なものであ」るとして，現職研修の内容と方法に工夫をこらし充実させることであった。たとえば，教師本人が希望すれば，大学院で学ぶ機会を提供されるということも考えられよう。教員評価を導入して「指導力不足教員」とか「問題教員」などと決めつけるだけでは，学校組織の活性化をはかることはできない。教師の資質や能力について考える際には，もう一度この答申の理念を思い起こしてみることも必要であろう。

　道徳教育を効果的に進めるためには，とりわけ生徒の微妙な表情や心の動きを読み取ることが大切であるが，それには教師に気持ちの余裕がなくてはなら

ない。教師自身が「自ら学び，自ら考える力」を生かせないようながんじがらめの学校で，生徒だけにそれを求めるのは無理というものではないだろうか。

　17世紀チェコの教育者コメニウス（J.A. Comenius, 1592–1670）は，「すべてはおのずから流れ出す。物事に強制があってはならぬ」を生涯のモットーとした。このモットーは『教授学全集』をはじめ，彼のさまざまな著作の巻頭に掲げられている。これには，思想・信仰の自由や良心の自由を抑圧されたコメニウス自身の体験が反映していると思われるが，教育基本法を改正して「不当な支配」がなされてもそれに抵抗できなくしようとする動きが強められている今日の日本においても，「物事に強制があってはならぬ」というコメニウスの言葉は，教育にかかわるすべての者にとって汲み取るべき教訓として受けとめていくことが求められている。　　　　　　　　　　　　　　　　　　　【井ノ口　淳三】

注
（1）　井ノ口淳三『命の教育，心の教育は何をめざすか』晃洋書房，2005年，第1章参照。
（2）　宇田川宏『道徳教育と道徳の授業』同時代社，1989年，41ページ。
（3）　http://www.playtruejapan.org/（2016年3月採取）。
（4）　宇田川宏・藤田昌士・大畑佳司編『「道徳」授業をのりこえる』1991年，29ページ。
（5）　尾花清『道徳教育論』大月書店，1991年，38ページ参照。
（6）　教育職員養成審議会も含めて教育関係の諸審議会の答申は，文部科学省ホームページのリンクから見ることができる。http://www.mext.go.jp/（2016年3月採取）。

**考えてみよう**
1．日常生活のなかで，ある人にとっては快適であるが，まわりの人は不快であるような事例を思い出してみよう。
2．「ドーピングはなぜ悪いのか」をテーマにして話し合ってみよう。
3．「隠れたカリキュラム」の例を考えてみよう。
4．「学校の教育活動全体を通じて道徳教育を行う」ことと「学校全体を道徳教育化する」こととはどう違うのか，話し合ってみよう。
5．道徳教育の免許がない理由について考えてみよう。

**参考文献**
宇田川宏『道徳教育と道徳の授業』同時代社，1989年。

宇田川宏・藤田昌士・大畑佳司編『「道徳」授業をのりこえる』1991 年。

尾花清『道徳教育論』大月書店，1991 年。

吉田一郎・井ノ口淳三・広瀬信編『子どもと学ぶ道徳教育』ミネルヴァ書房，1992 年。

井ノ口淳三『命の教育，心の教育は何をめざすか』晃洋書房，2005 年。

# 第2章　道徳教育の本質と目標

　「道徳を教えることは難しい」「未熟な私には，道徳を教える資格などない」
——これは，1958 (昭和33) 年に「道徳の時間」が特設されて以来，その担当を
忌避したい教師たちがよく口にしてきた言い回しである。その際，「教える」
という言葉は，もちろん広い意味で使われているのであろうが，しかし，それ
は，たとえば英文法や微分法を「教える」という場合の意味と単純に同一視も
できない。実際，現行の学習指導要領でも，道徳教育に関しては「第二章　各
教科」と区別し，章を改めて記述されている。しかし元来，教師は「教える」
ことを自らの職分としており，したがって，この言葉の微妙な意味合いにも敏
感であって然るべきである。にもかかわらず，あっさり道徳は「教える」もの
といわれてしまうのはなぜであろうか。これには，日本固有の歴史的背景があ
る。
　近代公教育の整備に着手した明治新政府は，最初から道徳教育をめぐる論争
に遭遇する。1872 (明治5) 年に発布された日本最初の近代教育法令である「学
制」は，産業化による国力増強をもくろんで，欧米の科学技術と近代的な生活
態度を奨励するものであった。これに対して，7年後に明治天皇の学校視察を
踏まえて発表された「教学聖旨」では，「学制」以来の教育方針に異が唱えられ，
かつて武士階層のモラルであった儒教に立脚した道徳教育が主唱された。当時，
自由民権運動の高揚に直面していた政府にとって，儒教思想を温存することで，
無制限の近代化に一定の歯止めをかける必要もあったのである。このような政
府内における開明派と儒教派の対立は，一般に「徳育論争」と呼ばれているが，
そこで争点になったのは，あくまで道徳教育において「教える」べき内容であ
って，いったい道徳は「教える」ことができるものなのか，そもそも道徳教育

の目標たる「道徳性」とは何を指すのか，という論点は脇に押しのけられたままであった。

　ちなみに，この論争は1890（明治23）年に，理想化された天皇家と国民の歴史という新たな着想，いわゆる「国体」思想を前面に掲げた「教育ニ関スル勅語」の渙発をもって終結する。そこでは，上述の2つの陣営が提唱する「徳目」が，両派の立場を越える「国体」という新たな思想に根拠をもつものとして主張されている(1)。「徳目」とは，たとえば「親ニ孝ニ」，「兄弟ニ友ニ」のように，人間の理想的な行動や態度を簡潔な言葉で表現したものであるが，それらを教育において「教える」べき内容として列挙したのである。ここでも「道徳性」の本性が不問に付されたまま，「教える」べき内容のみが焦点化されたのである。実際，こうした道徳教育を担った「修身科」は，「教科」以外の何ものでもなかった。

　その後，このように道徳教育は一定の「徳目」を「教える」ことにほかならないとする考え方が，長く日本の学校教育を呪縛したのであるから，「教育勅語」が失効した戦後においても，冒頭にふれたような言辞が広く通用してしまうのである。この点では，道徳教育を「たてまえ」ばかりで「古臭い」と揶揄する論調も大差はない。というのも，「たてまえ」に対して「本音」を，「古臭い」に対して「現代性」を対置しても，道徳は「教える」ものと思い込んでしまっている点では違いはないからである。上述の伝統的な道徳教育観と同様に，そこには，道徳の本質や，道徳教育が形成すべき「道徳性」の本性に関する十分な検討と，それらを踏まえた合意形成が欠けているのである。そこで，本章ではあらためて道徳教育の目標である「道徳性」について再考することにしたい。

　ところで，一般に倫理学の理論は，その観点や構成の仕方によっていくつかのタイプに分類できる。たとえば，「価値倫理学」，「規範倫理学」，「徳倫理学」などである。「価値倫理学」は，19世紀の後半から普及したもので，そこでは「価値」と呼ばれるものが主要テーマにされ，その妥当性や客観性などが検討される。また「規範倫理学」は，近代に特徴的なものであり，「何をなすべき

か」という視点から倫理学を構想する。最後に「徳倫理学」は，前二者とは対
照的に，古代哲学に特有のものであり，「何であるべきか」という視点から倫
理学を論考する。これら3つの流儀において重視される「価値」，「規範」，「徳」
という概念は，もちろん道徳教育を論ずる際にも重要である。しかし反面，そ
れらの不用意な乱用が，道徳教育に混乱をもたらしている面も否定できない。
それゆえ以降，ここにあげた道徳の本質にかかわる3つの概念を順次吟味しな
がら，道徳教育が子どもたちのなかに形成すべき「道徳性」とは何か，という
問題にも迫っていくことにしたい。

## 1 道徳的価値とその問題点

　すでにふれたように，もともと経済学に由来する「価値」という言葉は，倫
理学の伝統的な用語ではなく，むしろ19世紀の後半からようやく普及したも
のである。当時，発展いちじるしい自然科学に対抗して，自らの学問としての
確立が急務となっていた人文ないし精神諸科学において，この用語は重視され
るようになった。人間はなんらかの「価値」に従って活動し，またそれらの「価
値」を広義の「文化財」というかたちで実現するという点こそ，自然諸科学の
向こうを張って，人文諸科学を存立させる重要な根拠のひとつとなったのであ
る。
　こうした傾向は，倫理学や道徳論にも影響を及ぼし，「経済的価値」，「文化
的価値」，「美的価値」などとならんで，「道徳的価値」という用語が使われる
ようになる。今日の道徳教育においても，この言葉は頻繁に用いられ，それど
ころか，「道徳的価値」を深く自覚することこそ，道徳教育の目標であると当
然のごとくいわれている。しかし，では「道徳的価値」とは何であろうか。

### 1 価値と価値判断

　一般に「文化財」のように，なんらかの「価値」を具現化している対象は
「財」と呼ばれる。たとえば，「美的価値」を具現した「財」として，絵画を考
えることができる。その場合，絵画そのものは物的存在であるため，その実在

性は疑いえない。しかし，そこに具現されているといわれる「美的価値」それ自体も，なんらかの仕方で実在するのであろうか。

　この点を考えていくために，ここでは「価値」と深く関連しながら，同時にその実在性については疑えない人間の営みを取り上げてみよう。それは，「価値判断」ないし「評価」と呼ばれるものである。もちろん，それは一種の思考過程であるため，物的存在のように直接に見たり触れたりはできない。しかし，このような思考過程が実際に行われていることを疑う人はいないであろう。のみならず「価値判断」は，たとえば《この花は美しい》といったように，明確に命題として言語的に表現することもできる。また，そうであるからこそ，この「価値判断」をめぐって具体的な賛否両論も可能になるのである。

　ところで，「価値」と呼ばれるものは，このような「価値判断」と深く関連している。というのも，「価値判断」とは一般になんらかの対象に「価値」を認めること，もしくは「価値」を否認することであるともいわれるからである。とすれば，少なくとも「価値判断」において「価値」と呼ばれるものがなんらかのはたらきをしているともいえよう。しかし，この点を認めたとしても，では「価値」そのものは何か，と問われると，さしあたっては「価値判断」と深くかかわる何か「普遍的なもの」としか答えようがない(2)。

## 2　価値は実在するか

　このような「価値」概念の難解さは，その所在，つまり「価値」はどこに存在するのか，という点を考えただけでもいっそう深刻になる。「価値」が哲学用語としても定着するようになった 20 世紀の初頭に，シェーラー (M. Scheler, 1874-1928) は「実質的価値倫理学」という新しい倫理学を構想している(3)。その要は，カント (I. Kant, 1724-1804) の形式主義的倫理学との対決にあった。中世の身分制が終焉し，平等な市民社会の形成期に生きたカントは，道徳が民族や身分を越えて万人に妥当すること，すなわち道徳の普遍妥当性にこだわった。ところが，道徳の原則を考えるに際して，そこに個々人の主観によって左右されかねない快楽や経験的認識の対象を含めると，道徳原則の普遍妥当性が

損なわれてしまう。そこでカントは，道徳原則の内容にかかわる要素をいっさい排除し，それを形式化することによって，道徳原則の普遍妥当性を確保しようとした。事実，彼の提示した著名な道徳の最高原則，すなわち「君の意志の格率が，常に同時に普遍的立法の原理として妥当しうるように行為せよ」は，個人の具体的な行動方針である「格率」が，同時に万人に適用される行動規則である「普遍的立法の原理」と一致しなければならないと説くだけで，具体的な行動の対象や行動の内容に関する規定を欠いている(4)。彼の倫理学が「形式主義」と呼ばれるゆえんである。

　これに対して，シェーラーは道徳の普遍妥当性を堅持しながら，同時に「実質的」，つまり形式だけではなく内容も含む倫理学の樹立をめざし，その突破口として「価値」概念に固執したのである。それゆえ「価値」をめぐって，シェーラーとカントの対立点は最も鮮明になる。すなわち，シェーラーによれば，カントは先にふれた「財」，すなわち「価値」を具現する物的対象と「価値」そのものとを同一視してしまうか，もしくは「価値」を「財」の性質のひとつとみなし，「価値」を幾多の「財」からの抽象にすぎないとみなしていたという(5)。実際カントにとって，「財」は経験的認識の対象であるから，道徳の普遍妥当性を確保するためには，「財」は道徳原則から締め出す必要があり，「価値」も「財」になんらかのかたちで内在するものであるかぎり，道徳原則から排除しなくてはならない。これに対してシェーラーは，「価値」は「財」に内在する性質でもなければ，幾多の「財」からの抽象でもないと考える。むしろ「価値」とは，それら相互の間で序列や秩序を有する独自の実在であり，個々の「財」とは独立して存在し，またそれゆえ，普遍妥当的なものであるというのである(6)。要するに，一方は「価値」を「財」に内在する一種の性質と考え，他方は，それを「財」とは独立して客観的に実在するものと考えるのである。

　さて，ここで必要なのは，この対立に決着をつけることではない。元来，この種の問題は，シェーラー自身も「真理が真理自身と虚偽とを分けるしるしである」というスピノザ (B.d. Spinoza, 1632-1677) の言葉を引いているように(7)，一方の立場を反駁できれば，必然的に他方が真実と断定できるような単純な問

題ではない。真理を提示することによってのみ，真偽の差は明確になるという
のであるから，シェーラーの試みは，従来のものの見方に対して，新しい見方
を真理として提示しようとする試み以外の何ものでもない。したがってそれは，
たとえばプラトン（Platōn, BC.427-347）のいう「イデア」が実際に実在するか否か，
という問題と類似して，簡単に白黒がつく問題などではない。それどころか，
学術用語としてわずかな歴史しかもたない「価値」に関しては，この種の問題
が十分に論じ尽くされているとすらいえないのである。事実，20世紀の哲学
に最も強い影響を与えたハイデガー（M. Heidegger, 1889-1976）も，「価値の存在」
とはいかなることなのか，という問題は，存在論的な「暗がり」のなかに置か
れていると述べている(8)。

　してみれば，このように問題の多い「価値」概念を，不用意に道徳教育に持
ち込むことについては，少なくとも慎重でなければならない。しかも，「価値」
概念が孕む問題点は，このような理論上だけでなく，教育の実践においても深
刻なものになりかねない。たとえば，シェーラーのように，「価値」が個々の
「財」を超えて客観的に実在すると考える場合，その「価値」が普遍的なもの
であればあるほど，その「価値」は抽象的なものになる。たとえば，「花の美」
は花においてのみ具現化されており，ある意味で具体的な「価値」である。こ
れに比べて，花のみならず，より普遍的に山川や人間の芸術作品においても実
現されている「価値」は，より抽象的な「美そのもの」といわざるをえない。
これと同様に，「親愛」，「寛容」，「勤勉」などの「道徳的価値」と呼ばれるも
のも，それを普遍的なものとして扱おうとすればするほど，それら自体は抽象
的にならざるをえないのである。そして，そうした抽象的な「道徳的価値」を，
子どもたちに単純に「教える」ことが求められるならば，それこそ現実から浮
遊した空虚な観念を植えつけるだけであり，最悪の場合には，単なる言葉を唱
えさせるだけになってしまうであろう。

　むろん，「価値」や「道徳的価値」という言葉が無意味であるということで
はない。そうではなく，それらは，道徳の問題を具体的な現実に即して展開し
たり，あるいは道徳教育の目標たる「道徳性」をより具体的に理解するために

は，必ずしも有効ではないということである。それゆえここでは，別の倫理学
用語に注目しなければならない。

## ② 社会規範の内面化としての道徳性とその問題点

　さて，「価値」に比べて，「価値判断」はその実在性について疑いをはさみえ
ない点はすでに述べた。実際，道徳を考えるうえでも，「価値判断」は重要で
ある。しかし，道徳とは直接に人間の行為や態度にかかわるものであり，その
意味で「実践的」なものである。これに反して「価値判断」は，こうした実践
と深い関係をもつにしても，それ自体はなんらかの対象に関する思考過程にす
ぎないのであって，それゆえ「実践的」というよりは，むしろ「観照的」ない
し「理論的」なものである。そこで，こうした「価値判断」が道徳的実践とど
のようにかかわっているのかを，まず考えてみよう。

### 1　価値判断と規範

　まず，道徳にかかわる「価値判断」が主に対象とするのは，これまでみてき
たような客観的な「財」というよりも，人間自身の行為や態度である。いまこ
こで，人間によって実行可能な《行為A》を想定すれば，それに関して最低
限2通りの「価値判断」が可能である。それらを言語的に表現すれば，《行為
Aは正しい（善である）》と《行為Aは不正である（悪である）》という命題になる。
卑近な例でいえば，拾得した金銭を持ち主に返すことが《行為A》ならば，前
者のような判断がなされ，逆にそれが拾得した金銭を横領することならば，後
者のような判断がなされるのが普通であろう。

　その際，これら2つの「価値判断」から，通常，次のような2つの命題が帰
結する。すなわち，《行為Aは正しい》からは《行為Aをなすべきである》が，
そして《行為Aは不正である》からは《行為Aはなすべきではない》が引き
出される。前者は，一定の行為や態度の実行を要求ないし命令し，後者は，一
定の行為や態度を禁止するものである。そして実は，このように一定の行為や
態度を要求，もしくは禁止するものを，ふつう「規範」ないし「当為」と呼ぶ

のである。また，上述の「価値判断」が単なる個人的な見解ではなく，社会的に広く承認されているものならば，それらは「社会規範」と呼ばれる。

　もちろん，このように「価値判断」から「規範」を引き出すことは，それぞれの命題の性格が異なることから考えても，厳密にいえば論理的な演繹とはいえない。しかし，「正しいことは実行されるべきであり」，また「不正なことは実行されてはならない」という常識的な前提を認めるかぎり，このような推論はたいていの場合は容認できるであろう。

　さて，道徳を現実の場面において考えるならば，そこでは，結局「何をなすべきか」ということが問題になる。とすれば，一定の行為や態度を要求ないし禁止する「規範」が，このような道徳的問題に直接のかかわりをもつことは自明である。もちろん，ここでも上述のような命題が表現している「規範」そのものは何か，と問われてしまえば，たしかに議論の余地は残る。「規範」は一種の社会的ルールとみなしてよいが，しかし，それはスポーツ競技のルールブックに記載された項目のように単純なものでもない。上でみたように，「規範」の背後には一定の「価値判断」が存し，それらの「価値判断」は互いに関連し合い，人間や社会に関する一定の見方や考え方を形づくっている。その意味では，盛山和夫が指摘するように，「規範」そのものは一種の「理念的実在」といってもよい[9]。しかし，個々の「規範」は，すでに見た通り，たとえば《拾得した金銭は持ち主に返すべきである》といった形で言語的に表現可能であり，それぞれを，当該の状況に照らして具体的に吟味することもできる。実際，「何をなすべきか」を考える場合，私たちが想起し検討の俎上（そじょう）に乗せるものは，ふつう抽象的な「価値」などではなく，一定の行為を要求ないし禁止する「社会規範」である。それゆえ，道徳教育をより具体的な相で考えるためにも，問題含みの「道徳的価値」よりは，「規範」という用語のほうが好都合なのである。

　実際，それを用いれば，常識的で伝統的なひとつの道徳教育観をわかりやすく言い表わすことができる。すなわち，道徳教育とは「社会規範」を子どもたちに習得させることであり，したがって「道徳性」とは，そのようにして「社会規範」が子どもたちの中に内面化されたものであるという立場である。もち

ろん，後述するようにそれは，「社会規範」を単に情報として伝えるということではない。むしろ，信念をもって実際に実行すべきものとして体得させるという意味である。この点を踏まえるかぎり，少なくとも「社会規範」を「教える」ことも，道徳教育のひとつの重要な要素であり，たとえば小学校の低学年では，社会のルールをわかりやすく教授することも大切なことはいうまでもない。

## 2　社会規範がもたらす矛盾と自主的判断

　しかし，以上を認めたとしても，このように「道徳性」を「社会規範」が内面化されたものと考える立場には限界がある。森昭は，道徳的問題とは「いかになすべきか」という問いにほかならないとしたうえで，この問題には3つの種類があることを指摘している(10)。それは，いわば道徳的問題の3つのレベルといってもよい。すなわち，第1は「社会の慣習に従って行動すれば，解決する問題」である。たとえば，結婚式に何を着ればよいか，結婚祝いに対していかに返礼すべきか，といった問題は，特殊な場合を除いて，社会に通用している慣習や「規範」を知ってさえいれば簡単に解決する場合が多い。それゆえ，このレベルでは「社会規範」を率直に「教える」こともたしかに有効であろう。また第2に，森は「技術的に決着がつく問題」もあげる。たとえば，いかにして遠足の目的地に最短で到着できるか，運動会の延期をいかにしてクラスメートに連絡するか，といったような問題は，一定の情報や技術があれば容易に解決する。この種の問題を，はたして「道徳的問題」と呼ぶ必要があるか否かはともかく，ここでも率直に情報や技術を「教える」ことが大切となろう。

　以上に対して，森が第3にあげるのは，「社会規範」を単に「教える」ことでは解決できないレベルである。たとえば，その場にふさわしい「社会規範」がわかっていても，なんらかの事情で実行できない場合，あるいはその実行が必ずしも適切とは思えない場合などである。こうした道徳的問題を，森は「ことばの充実した意味で道徳的な判断と態度決定を必要とするもの」と特徴づけ，こうした判断と態度決定ができる人間を育てることこそ，道徳教育の「基本課

題」であると指摘している。

　ここでは，森が指摘した道徳的問題の第3のレベルを，勝田守一の論に従っ
て，もう少し詳しく考えてみよう。「道徳の時間」特設が焦眉の問題となって
いた1958（昭和33）年に発表された「公教育における道徳教育の問題」[11] とい
う論考において，勝田は「自主的判断」の能力こそ，「道徳性」の中核にある
と説いている。ここでいう「自主的判断」とは，むろんなんでも各自が勝手に
決めるべきであるといった短絡的な主張ではない。その真意を理解するには，
当時「道徳の時間」実施にあたり文部省が発表した「「道徳」実施要綱」や，
先にふれた「教育勅語」に対する勝田の批判を踏まえる必要がある。

　まず，「「道徳」実施要綱」は，新たに特設される「道徳の時間」の「趣旨」，
「目標」，「指導内容」，「指導方法」などを指示したもので，現在の学習指導要
領における「第3章 特別の教科 道徳」の原型にもなったものである。そこで
は「指導内容」として，たとえば小学校向けに「生命を尊び，健康を増進し，
安全の保持に努める」「自分のことは自分でし，他人にたよらない」といった
36の項目が列記されている。当初，復古的・保守的な内容を懸念する声もあ
ったが，それらは基本的には戦後社会にふさわしい「社会規範」として評価で
きるものである。しかし，それにもかかわらず勝田は，この「指導内容」を念
頭において，「子どもが疎外されている条件には少しも触れず，たてまえ的文
章で埋められている」と厳しく批判するのである [12]。個々の項目が美辞麗句
であるという趣旨で，「たてまえ的」といっているのではない。むしろ「たて
まえ的」とは，それらの項目が羅列されている点をさしているのである。この
点は，「教育勅語」に向けられた勝田の批判を見れば，よりはっきりする。

　すでに述べたように，「教育勅語」は「国体」思想を打ち出すことで徳育論
争を終結させ，同時に「国体」思想によってたつ「徳目」を列挙するものであ
った。これらの「徳目」も，たとえば「父母ニ忠ニ」や「兄弟ニ友ニ」といっ
たように一定の行為や態度を要求するものであり，その意味では「社会規範」
とみなしてよい。そして，ここでも勝田が問題視するのは，それらが羅列され
ている点なのである [13]。一見するところ「社会規範」を羅列することは，素

朴な策にも思えるが，実はそうではない。それらに優先順位を設けないということは，結局はすべてが重要であり，どれも例外なく遵守されるべきであると主張するに等しい。ところが，現実はどうであろうか。たとえば「教育勅語」では，一方で「父母ニ孝ニ」と述べ，同時に他方では「学ヲ修メ業ヲ習ヒ」，「進テ公益ヲ広メ」ること，つまり勉学に励み，国や社会に貢献することが要求される。むろん，この2つを同時にかなえられる人もいよう。しかし，では医学の進歩のために苦心惨憺しながら，年老いた母親をひとり日本に残していた野口英世のような人については，どう考えたらよいのであろうか。彼は，この2つの要求の板挟みのなかで苦しんでいたのではなかろうか。実際，社会に献身しようとする若者の健気さと，年老いた父母を気づかう思いやりとの間で苦悶するのは，現代人にとっても決して他人ごとではない。むしろ，かつて「社会規範」がそれなりに調和していた村落共同体を去り，移動性が高く，複雑化した社会関係のなかで生きざるをえなくなった近代日本人は，誰でもこのように対立・矛盾し合う「社会規範」の狭間で苦しんできたのではなかろうか。勝田の批判は，このように近代人の誰もが直面してきた問題を突いているのである。

　それゆえ，先に引用した「「道徳」実施要綱」に対する勝田の批判において，「子どもが疎外されている条件」といわれたのは，このような「社会規範」の対立・矛盾が避けられない厳しい現実のことであり，「たてまえ的」と非難されるのは，そうした現実がないかのごとく安直に「社会規範」をどれも遵守すべきものとして羅列することなのである。

　こうした批判を省みれば，「社会規範」を子どもたちに習得させるだけでは不十分なことは明白である。現実の具体的な行動場面では，そこにかかわる「社会規範」が互いに矛盾してしまい，あちらを立てればこちらが立たず式の葛藤に陥ってしまうことはけっして稀ではない。とすれば，そうした葛藤のなかで，各人は自らの責任で最善の行動を考え抜き，的確な行動方針を選択することができなければならない。このような状況こそ，森のいう第3のレベルの道徳的問題とみなされるべきであって，そこにおいて必要になるものこそ，勝田のいう「自主的判断」なのである [14]。したがって，道徳教育の目標としての「道

徳性」には，単なる「社会規範」が内面化されたものにとどまらず，少なくと
もそれらが矛盾・対立したときにも，最善の行動を考え抜く「自主的判断」，
すなわち自主的な意志決定の能力が，その重要な要素として含まれていなけれ
ばならないであろう。

### 3　自主的判断を可能にする科学的知識・知性

　ところで，このような「自主的判断」の能力は，より具体的にはどのような
ものであり，またどのように形成されるものなのであろうか。この点に関連し
て，勝田は学校における「自主的判断」の形成の条件として，まず，子どもた
ちが実際に自由に判断できる環境を整えることをあげる。実際，自治的な活動
を通じて自分たちで意志決定をするという経験を積まなければ，「自主的判断」
の能力など形成されるはずもないから，これは当然である。第2に勝田は，「自
主的判断」に必要な生きた知識，つまり受験が終われば忘却されるような単な
る暗記された知識ではなく，考え抜かれ納得することで獲得された本当の知識
が身につけられる教科教育の充実を要請する⁽¹⁵⁾。卒業後に簡単に「剥落」す
る学力ではなく，本当の学力のあり方を求めた勝田らしい見地である。また，
そもそも「自主的判断」は，「決意」や「決断」のように単なる情動的なもの
ではなく，眼前の状況を正確に分析し，自分がとりうる行動の帰結を推測する
ことが不可欠になる点では，優れて知的な過程なのであるから，彼が上述のよ
うに教科教育の充実を求めるのも当然といえよう。

　しかし，教科教育によって形成されるのは，基本的には科学的な知識・知性
以外の何ものでもない。では，はたしてそれらだけで，上述のような「社会規
範」が矛盾・対立する状況は打開できるのであろうか。もちろん，科学的な知
識・知性によって問題が解決することもあろうが，しかし逆にいえば，そうし
たケースは無知ゆえに解決できなかっただけのことで，そのような解決をこと
さら「自主的判断」などという必要があるのであろうか。それゆえ，「自主的
判断」の能力とは何か，という点をもう少し考えてみなければならない。

# ③　総合的な能力としての道徳性

　近年，古代倫理学の主要テーマであった「徳論」が再評価されている。これは，「規範論」という形式をとる近代倫理学に対する批判的反省でもある。たとえば，フーコー（M. Foucault, 1926-1984）によれば，近代的道徳の特徴は，一定の行動を要求ないし禁止する一種の「法律化」という形式，つまりこれまで問題にしてきた「規範」という形式をとる点にあり，したがってそこでは，各自がその行動の外面のみならず，内面からこれらの「規範」に服しているか否かの吟味，すなわち当該の「規範」に照らした「自己と欲望の解釈学」が求められるという[16]。このような「規範」への自発的な服従は，工場，学校，病院，刑務所など，複雑なルールの共有と履行によって機能する近代的組織にとって不可欠である。それ故，近代の「規範倫理学」という流儀は，こうした近代的組織の成立を背景とし，こうした組織の支配関係に，個人が率先して巻き込まれている実態に呼応しているのである。

　これに対して，古代の道徳においては，「規範」の遵守は本質的なテーマではなく，むしろ「自己による自己の完全な支配」をめざして自らを磨き上げていく手順や技量が重視されている，とフーコーは指摘する[17]。そのような意味では，古代の「徳」概念には，近代倫理学の思考法の限界を乗り越えていく可能性が潜んでいるのである。ここでは，このような「徳」概念に注目することで，道徳教育がめざすべき「道徳性」についてさらに考えてみよう。

## 1　古代倫理学における徳（アレテー）

　冒頭でふれたように，一般に「徳倫理学」とは「何であるべきか」という問いに答えようとする試みである。すなわち，「規範倫理学」のように，正しい行為のリストを提示するのではなく，むしろ，そうした行為を多様な状況下において発動せしめる「状態（ヘクシス）」，言い換えれば，そのような行為を可能にする一種の能力ないし準備性を問題にするのである。たとえば，「寛容」を例にとれば，「規範倫理学」は，いかなる場面でいかなる行動の仕方が「寛容」なのか，と

考えるのであるが，「徳倫理学」では具体的な行動の内容よりも，むしろそれらの行動をもたらす人間の「寛容」なあり方が問われ，それを身につける方法が吟味される。このように，さまざまな場面で多様な行為として発現する人間の優れた能力が，古代ギリシャ語の「アレテー」，つまり日本語でいう「徳」なのである。

　さて，以上のような一般的な「徳」の意味を踏まえれば，道徳教育を「社会規範」の伝達とみなす先述の立場に立ったとしても，「徳」が不可欠のものであることは明白である。というのも，「社会規範」を子どもたちに習得させる場合，それは彼らが単に「社会規範」を情報として理解することだけが期待されているのではない。それらの「規範」を具体的な場面で実行する能力もいっしょに形成されなければ，単に道徳に関する多弁の輩を育てるだけである。つまり，実際に「規範」を実行する実践力が必要なのであり，そうした能力は明らかに「徳」と呼ばれるものの一面なのである。

　実際，このような実践力があれば，森が指摘した道徳的問題の第1のレベル，すなわち「社会規範」に率直に従えば問題が解決するレベルには，十分に対応することができる。しかし，では前節でみた「社会規範」が互いに対立・矛盾する場合はどうであろうか。その場合，単なる実践力だけでは，なんの解決にもならないのは明らかである。むしろ，実践力がなにがしかの効力をもつとしたら，そのような困難な状況に面して，勝田のいう「自主的判断」によって一定の行動方針が定まった後のことであろう。では，この「自主的判断」に関して，「徳」はなんの役にも立たないのであろうか。

## 2　知性的徳としての知慮（プローネーシス）

　この点を考えるには，古代語の「アレテー」が，一般に「卓越性」と訳されることからもわかるように，人間以外の動物などの卓越した能力にも広く用いられ，また人間に関しても，道徳的行為のための実践力だけではなく，それとかかわる知的能力にも適用される言葉であったことが想起されねばならない。実際，たとえばアリストテレス（Aristotelēs, BC.384-BC.322）は，「徳」のもうひ

とつの重要な側面として「知性的徳」をあげ，上述のような実践力である「倫理的徳」と区別している (18)。とすれば，勝田が指摘していた「自主的判断」に不可欠な科学的な知識・知性は，前者の「徳」に分類されることになる。ただし，アリストテレスのいう「知性的徳」は，実際には勝田の考えるものよりも広い射程をもっている。というのも，そこには「知慮」と呼ばれる知的能力が含まれているからである。「知慮」とは，同じ「知性的徳」の一種である「学知」と対比される言葉である。両者とも，一種の知的能力であるが，「学知」は，「他の仕方においてはあることができないもの」にかかわる (19)。つまり，それは人間がかってに変更しえない普遍的，必然的なものを対象にするのである。たとえば，潮の干満，星辰の周期，あるいは喫煙や飲酒が身体に及ぼす影響などは，人間自身によってはいかんともしがたいものである。これらは，今日では科学が対象にするものであり，それゆえ「学知」は，「科学的知識」と訳されることも多い。

　これに対し「知慮」とは，人間の力の範囲に属する個別的なもの，つまり人間がそのつど実行しうる行為や選択しうる対象を問題にする。このような一種の知的能力を例示するならば，かつて庶民の生活や子育てのなかで頻繁に用いられた「いい加減にしなさい」という言い回しと，それが求めていた一種の判断能力をあげることができる。先にふれた近代的組織のなかでは，規則への完全な適合が求められるため，「いい加減」という言葉は悪い意味で使われる。しかし，庶民の日常生活のなかでは，この言葉は程度や限度を的確に見きわめるという意味で，肯定的に用いられてきた。たとえば，飲酒に関していえば，ひどく痛飲することも，適量にとどめることも，あるいは禁酒することも可能である。そこで，その時点における自分や周囲の諸条件を勘案して，飲み方の「加減」を見いださなくてはならない。つまり，飲酒がもたらす楽しさを前提にしたうえで，それが身体に及ぼす影響や，そのつどの状況を考慮に入れて，その時点でどの行動をとることが最善であるかを的確に「選択」するような知的営みが，アリストテレスのいう「思量」であり，この知的活動を発動する「徳」が「知慮」と呼ばれるのである (20)。

　もちろん，そのさい飲酒と健康の関係に関する知識が考慮されている以上，「知慮」は「学知」と無関係ではない。それどころか，すでに述べたように，直面する状況を正しく分析し，個々の行動がもたらす帰結を的確に推論するには，科学的な知識・知性が不可欠である。しかし，それだけでことが解決するならば，事態はそれほど深刻とはいえないであろう。実際，そこで有効なのは「自主的判断」というよりは，信頼できる専門家の意見を拝聴することである。これに対して，「自主的判断」が求められるのは，あらんかぎりの科学的な知性や知識を動員しても，どうしても適切な行動方針が見いだせない場合，たとえば，1つの「社会規範」に従えば，他の「社会規範」に背反してしまう場合，あるいは1つの問題解決策が副次的に他の重大な問題を惹起してしまう場合である。もちろん，1つの基準や方針に従って一貫した解決をはかることは，誰もが望むことである。しかし，当面それが不可能で，しかもなんらかの行動の実行が迫られている場合，私たちは複数の基準や方針のなかで妥協点を探ったり，それらのバランスを勘案するなど，なんらかのかたちで折り合いのつく「加減」を見いだすことも必要になる。そのためには，科学的な知識・知性だけではなく，アリストテレスをはじめ，古代の多くの哲人たちが重視した「知慮」という「徳」が不可欠になるのである。それゆえまた，この「知慮」も，道徳教育がめざす「道徳性」の不可欠の要素とみなされなければならないのである。

　ところで，すでに示唆したように，元来「知慮」は，近代的組織にとっては疎遠な「徳」である。では，そのようなものを，学校という典型的な近代的組織のなかで形成することなどできるのであろうか。もちろん，マニュアルのごとき詳細な規則に縛られた学校では，「知慮」の形成など不可能である。しかし，学校が子どもたちと大人の共同体という性格をもつならば，それも不可能とは言い切れないかもしれない。そもそも，アリストテレスの倫理学は，マッキンタイア（A. MacIntyre: 1929–）も指摘するように，ポリスという市民共同体をより善なるものへと高めていくことを念頭にしたものである[21]。アリストテレスがその倫理学のなかで「規範」に言及することが意外なほど稀なのは，社会に通用する「規範」を遵守さえできれば，より善き共同体が実現できるといっ

た短絡思考に陥っていない証拠である。むしろ，マッキンタイアも示唆するように，アリストテレスにとって重要であったのは，単に法や「規範」に従うことではなく，それらを適切に運用しながら，共同生活をより善なる状態へと向けて向上させる能力であったといえよう[22]。この点に鑑みれば，元来「知慮」とは，規則の忠実な遵守だけを求めるような組織ではなく，その成員が全体の改善や発展に責任を負っている共同体において，はじめてはぐくまれ有効にはたらくものといえよう。とすれば，もし学校が子どもたちと大人の共同体という性格を強めることができれば，学校も「知慮」の形成の場となりうるのではなかろうか。

　本章では，「価値」，「規範」，「徳」という倫理学の基本概念を解明することを通じて，道徳教育がその目標としている「道徳性」の意味を考えてきた。子どもたちに「社会規範」を伝達し，しかもそれらを実行できる実践力を形成することが，道徳教育の重要な部分であることはむろん否定できない。しかし，それは「道徳性」のひとつの要素にすぎないのであり，いわば道徳教育の第一歩が踏みだされただけのことである。むしろ，「道徳性」のより重要な要素として，これらの「社会規範」を内面化するだけでは解決不能な状況で，「自主的判断」を可能にする「徳」が指摘されねばならない。そうした「徳」として，本章では科学的な知識・知性とともに，古代人が「知慮」と呼んだ判断能力の重要性も指摘してきた。もちろん，以上をもって，「道徳性」を構成するすべての要素を網羅できたとはいえないかもしれない。しかし反面，子どもに社会の常識や掟を身につけさせれば，それでことが足りるといった常識的で伝統的な考え方では不十分なのも確かである。現行の学習指導要領解説では，「道徳性」を「道徳的な判断力，心情，実践意欲と態度」といった諸様相から構成されるものと規定している[23]。確かに，それを玉虫色の定義であると批判するのはたやすい。しかし，少なくともこの規定は，「道徳性」の一面的なとらえ方を退けようとしている点では，十分に評価されるべきである。「道徳性」を単純に伝達可能な一定の知識とみなしたり，あるいは近年の流行のように，一

定の思考形式の発達と同一視する風潮に対して，むしろ「道徳性」を，パーソ
ナリティの多様な側面にかかわり，そうした側面の成長を前提にして初めて有
効に発揮される綜合的な力量と考えることも必要なのではなかろうか。

　最後に，強調しておきたいことであるが，勝田が注目した「自主的判断」が
問われる場合にしても，また森が指摘した第3のレベルにおける道徳的問題が
生じる場合にしても，それらは元来，それまで当然視していた行動様式に準拠
するだけでは，事態の打開ができない状況をさすものであった。つまり，それ
らは新しい行動の仕方や生き方が問われている状況，あえていえば，一種の創
造的な力量が問われている状況なのである。してみれば，道徳教育など「たて
まえ的」で，「古臭く」，「説教臭い」という常套句は，一見リベラルな印象を
与えながら，その実，このような創造的な力量としての「道徳性」を隠蔽して
しまう危険も孕んでいる。教育者にとって，その活動が他人に「たてまえ的」
で「古臭い」ものに映るか，それとも「本音」に従った「進歩的」なものに映
るかなどということは，本来どうでもよいことである。むしろ大切なのは，将
来，子どもたちがいかなる道徳的な困難に直面しても，彼ら自身が自らの力で
新しい生き方と行動を創造できるように準備することであり，そうした創造的
な力量として結実していく「道徳性」とは何であるのか，そしてその形成のた
めに，私たちには何ができるのか——それを，率直に問い続けることなのであ
る。

【宮嶋　秀光】

**注**
（1）　巻末資料の「教育ニ関スル勅語」を参照。
（2）　W. ブレツィンカ（小笠原道雄監訳）『教育学から教育科学へ：教育のメタ理論』玉
　　　川大学出版部，1990年，112ページ参照。
（3）　M. シェーラー（吉沢伝三郎訳）『シェーラー著作集1』白水社，1976年，参照。
（4）　I. カント（波多野精一・宮本和吉訳）『実践理性批判』岩波書店，1970年，50ペー
　　　ジ以降を参照。
（5）　M. シェーラー，前掲書，53ページ参照。
（6）　同書，58ページ参照。
（7）　同書，45ページ参照。

（8）　M.ハイデガー（細谷貞雄訳）『存在と時間 上 』筑摩書房，1994年，222ページ参照。
（9）　盛山和夫『制度論の構図』創文社，1995年，164ページ参照。
（10）　森昭『改訂二版　現代教育学原論』国土社，1984年，245-246ページ参照。
（11）　勝田守一「公教育における道徳教育の問題」（『勝田守一著作集4』所収）国土社，1972年，参照。
（12）　勝田守一，前掲論文，485ページ参照。
（13）　勝田守一「道徳とはなにか，どのように形成されるか」（『勝田守一著作集4』所収）国土社，1972年，398ページ参照。
（14）　勝田守一「公教育における道徳教育の問題」，467ページ参照。
（15）　同論文，469ページ参照。
（16）　M.フーコー（田村俶訳）『性の歴史Ⅱ　快楽の活用』新潮社，1977年，とくに39ページおよび112-113ページ参照。
（17）　前掲書，38-39ページ，94-95ページ，および112-113ページ参照。
（18）　アリストテレス（高田三郎訳）『ニコマコス倫理学』岩波書店，1971年，1103a参照（なお，以降同書からの引用は，ベルリン・アカデミー版のページ数で示す）。
（19）　同書，1139b参照。
（20）　同書，1112b-1113aおよび1139b-1140b参照。
（21）　A.マッキンタイア（篠崎榮訳）『美徳なき時代』みすず書房，1993年，191ページ参照。
（22）　同書，185-186ページ参照。
（23）　文部科学省『中学校学習指導要領解説　特別の教科　道徳編』，2015年，17ページ参照。

### 考えてみよう

1．私たちの身のまわりで，いくつかの社会規範が互いに矛盾・対立してしまう具体的な場面として，どのようなものがあるだろうか。
2．1で考えた場面において，私たちはどのように対処しているか。また，どのように対処すればよいのであろうか。
3．本文で取り上げた「知慮」は，どのようにすれば学校や家庭の中で形成することができるだろうか。

### 参考文献

アリストテレス（高田三郎訳）『ニコマコス倫理学』岩波書店，1971年。
A.マッキンタイア（篠崎榮訳）『美徳なき時代』みすず書房，1993年。
徳永正直他『対話への道徳教育』ナカニシヤ出版，1997年。

# 第3章　道徳性の発達理論とその臨界
## ——フロイト，ピアジェ，コールバーグ

　本章では，道徳性の発達理論を概観したうえで，それらを私たちが受けとめる際の課題を検討する。まず第1に，道徳性の発達に関する代表的理論を検討する。(1)道徳性の発達という観点を切り開いたフロイト，(2)子どもの道徳判断の発達をはじめて本格的に調査したピアジェ，(3)現代において最も重要といえるコールバーグ。そのうえで第2に，(4)彼らの発達理論を私たちが受け取る際の課題をあきらかにする。それは，道徳性の発達に関する考察とは，ただ子どもの事実を明らかにするといった性質のものではなく，私たちがどのような道徳を理想とするかという価値判断と不可分だという点である。

## 1　フロイト——超自我とその形成

　人間における道徳性の発達という観点を考える際，しばしばその端緒として言及されるのがオーストリアの神経科医であり，精神分析の創始者であるジクムント・フロイト（Sigmund Freud, 1856-1939）である。フロイト学説すなわち精神分析理論は，ヒステリーや神経症の病因論および治療法として出発したが，次第に人間に関する総合的理論として，無意識に関する洞察や夢理論から，社会理論や文化・芸術論までの多岐にわたる領域をカバーするものとなった。そのなかでも道徳性の発達に関して最も重要なのは，人間の精神構造に関する洞察である。

　以下ではまず，フロイトが与えたインパクトを概観したうえで，道徳性の発達に関するフロイト理論と，彼が創始した精神分析学派がこの主題をいかに発展させたかを検討する。

## 1　端緒としてのフロイト

　アメリカの評論家ポストマン (Neil Postman) は，子ども期の歴史的変遷を概観する著書のなかで，フロイトの最も大きな業績は，「子どもの心」という問いを科学的研究の対象として示したことだという。「フロイトは科学の枠内で，子どもの心にはなによりもそれ特有の内容とともに，打ち消しがたい構造があることを主張した」[1]。そしてフロイト以降の心理学研究の多くは，フロイト学説を批判し，その不十分さを補うかたちで発展してきた。したがって後にふれるピアジェやコールバーグを含むフロイト以後の発達研究はすべて，フロイト理論に対する注釈にすぎないとまでポストマンはいう[2]。フロイトこそは，多くの心理学的発達理論の根本にあるものなのだ。

　では，フロイトの発達理論とはいかなるものか。彼は生物学の概念を借り，性的エネルギーであるリビドーが集中する場所が年齢とともに移動することによって，身体と精神のありようが変遷する過程として，人間の精神発達を描き出した。

　フロイトによれば，子どもの活動は各時期により変化し，口唇期（0-2歳）では母乳を「吸う」ことに，肛門期（2-4歳）では排泄（トイレット・トレーニング）に，男根期（性器期，5歳頃）は男女の性差についての意識に，それぞれ集中する。これらの活動において重要な役割を占め，またこの発達自体をうながすのは「性」のエネルギーなのであり，俗にいう「性欲」は，大人だけに見いだせるものではない（幼児性欲説）。このような幼児期の性の活動は，後にふれるエディプス・コンプレックスの消滅を経て，潜伏期（5歳頃から）以降，第二次性徴前まで，私たちにはみえにくいものとなる。なお，このリビドー発達の図式がはじめて提示されたのは，教科書的には「性理論三篇」(1905) と整理されるが，実際には同論に 1915 年および 1924 年になされた追記において，より明確にされたと理解するべきだろう[3]。

　道徳に関していえば，フロイトは，人間の道徳性は生得的なものではないと考えた。このような考え方は，当時にしては新しいものだった。道徳に関して哲学史上大きな足跡を残したカント (Immanuel Kant, 1724-1804) が，人間の「内

なる良心」を天空の星空に比したように，キリスト教文化圏では，良心は神が創造した崇高なものと考える。それに対してフロイトは，カントおよびキリスト教を批判して述べる。「星座は確かに崇高です。しかし良心に関しては，神は不平等で雑な仕事をしたというべきです。なぜなら大多数の人間は，良心をほんのわずかしか，あるいはほとんどいうに足りないほどしか生まれ持っていないからです」。「良心というものは「私たちのなかに」ある何ものかであることはたしかですが，それは最初からそこにあるのではないのです」(4)。

　フロイトはこのように，個人における「道徳性の発達」という問いを開いた。では，人間において道徳性はどのように獲得されるのだろうか。

## 2　快感原則と現実原則，自我・エス・超自我

　フロイト理論のうち，道徳性の発達という問題を考える際に避けて通れないものとしては，1つに精神現象の二原則（「快感原則」と「現実原則」）があり，もう1つに心的人格の三領域（自我・エス・超自我）の定義がある。この両理論は，人間が成長の中で道徳性を獲得していくという同じ過程を，別の観点から整理したものといえる。

　まず精神現象の二原則に関して。フロイトは，「精神現象の二原則に関する定式」（1911年）にて，「快感原則」と「現実原則」とを区分し，この両者を人間の心的機能を支配する2つの原則とした。フロイトによれば，人間は誕生時には純粋に快楽を希求する「快感原則」にのみ支配されている。しかし，ただ欲望の満足のみを求めようという試みは，外界の前には挫折せざるをえない（たとえば乳幼児期の空腹は，すべてがただちに満たされるわけではない）。そこで快感原則を修正するもうひとつの原則，すなわち「現実原則」が発達し，欲望の満足を先送りするようになる。この立場からは，人間の道徳性の発達は，快感原則を現実原則へと徐々に置き換えていく過程として理解される。とはいえ，現実原則の出現後も，快感原則が完全に克服されることはなく，人間の原動力として生涯存在し続ける。フロイトによれば夢や空想，そして芸術や宗教は，人間の欲望を仮想的に満足させるものであり，快感原則と現実原則の妥協の産物で

ある(5)。

　次に，心的人格の三領域に関して。フロイトは「自我とエス」(1923年)のなかで，心的人格を「自我」「エス」「超自我」の三領域に分割した(いわゆる第二局所論)。この観点は，『精神分析入門(続)』(1933年)の「第31講　心的人格の解明」で簡潔に整理し直されているので，以下では同書からこの三領域を検討しよう。

　まず「自我」は，「私たちのもっとも固有な所有物」であり，「もっとも本来的な主体」である(6)。しかし心には，自我と対立する2つの領域が存在する。それが「エス」と「超自我」である。

　「エス」は，人間の欲動部分を代表する領域であり，いわば，そこから欲望が生まれる領域である。エスは，「私たちの人格の暗く近寄りがたい部分」であり，「自我の対立物としかいいようがない」。エスは，盲目的に自らの欲動を満足させようとする。「エスは価値判断を知らず，善を知らず，道徳を知らない」。にもかかわらずフロイトによれば，エスこそが，人間の心的構造の最古層をなすものである(7)。

　しかし，エスの欲求を満たそうとするだけでは，自我も，エス自身も破滅に向かわざるをえない。したがって，エスを調停する役割が必要になる。それがエスの対極にあり，道徳や良心・理想といった側面を代表する「超自我」である(8)。超自我は「自我のなかにある法廷」，「道徳の権化」であり，私たちが日常的に感じる道徳的罪悪感は，超自我と自我との葛藤の産物である(9)。超自我は，「あらゆる道徳的制限の代理人」であり，自己観察，良心，理想機能という3つの役割を果たす(10)。

　以上のように表現すると，超自我は人格のなかの高尚な部分のように思われるかもしれない。実際フロイトは超自我を「人間生活におけるいわゆるより高きもの」と呼んでいる(11)。しかし同時に，あまりに厳格すぎる超自我は，逆に病理の引き金ともなりうる。たとえば，躁鬱病の鬱状態では，自我は極端な無力さを感じるが，それは超自我の道徳的尺度が過度に厳しくなったがゆえである(12)。

　以上をまとめると，人間の心には，主体である「自我」，欲望を代表する「エ
ス」，道徳的機能を果たす「超自我」の三領域が存在するとフロイトは考えた。
そして，心的人格の中心を担う自我は，エスと超自我，そして外界の三者とを
調停しなければならない (13)。エスは，無制限に欲求し，超自我はその欲求を
禁止しようとする。そして外界はもちろん，個人の欲望を簡単に満たしてくれ
ることはない。したがって自我は，それらの各要求を調停しなければならない (14)。

## 3　道徳の担い手としての超自我

　では，人格における道徳の担い手である超自我は，どのように形成されるの
だろうか。

　フロイトによれば，後に超自我が引き受ける役割は，もともとは親（ないし
は保護者，以下同）がもっていたものである。親と子という外的な関係が，後に
個人の内部へと置き換えられたのが，超自我と自我（およびエス）の関係なので
ある (15)。

　親は，子どものさまざまな欲望を「禁止」することによって，子がなすべき
こと，してはならないことの方向づけを行う。子どもの超自我は，こうした親
による禁止行為によって形成される。ここで注意すべきなのは，子どもの超自
我が受け継ぐのは親自体ではなく，親の超自我であるということである。とい
うのも親が子どもを教育する際には，自らの理想や道徳に従い，禁止や抑制を
行うからである (16)。

　上記の超自我の形成過程は，すでに述べた快感原則から現実原則への重点の
移動と重なるものだが，フロイトはまた，これらの過程はエディプス・コンプ
レックスの形成および消滅と相関関係にあるとも考えた。

　エディプス・コンプレックスは，異性の親に対する欲望と，同性の親への敵
対心・嫉妬として表現される。たとえば男子の場合，母親を独占したいという
欲望をもち，その欲望を禁止する父親に対して敵対心をいだくとフロイトはい
う。このエディプス状態は，通常3歳から5歳の間にその頂点を迎えて後にい
ったんは潜伏し，思春期に再度現れる（そして自分が恋人を選ぶことによって克服

される）。超自我は，このエディプス・コンプレックスの消滅と同時に，すなわち5歳頃に形成される[17]。

　エディプス・コンプレックスは，精神分析を代表する概念の1つであるが，同時に数多くの批判にさらされてきた。この概念にはじめて接する読者は，これを文字通りのかたちでただちに承認はしがたいかもしれない。その場合，次のように解読してもよいだろう。

　すなわち，（フロイト的な枠組みでは母親へ向けられるという）子どもの欲望は，他者（社会的倫理の代表としての父親）によって禁止され，抑制を受ける。子どもは，その過程を経ることによってこそ，社会的な禁止事項や抑制を自らのものとする。この過程はまた，子どもが親の存在を内面化していく過程にも重なる。子どもは当初，親を対象として欲望するのだが（「母親を自分のものとしたい」），その欲求は次第に，親に対する同一化へと変化する（「父親のようになりたい」）。子どもはその結果，社会のルールすなわち道徳を内面化した存在として，ひとりの個人として，社会的領域へと参入することが可能になるのだ，と[18]。

　では，フロイト以降，彼の発達理論はどのような展開をみせたのだろうか。

　S.フロイト自身は，子どもを直接の分析対象とはしなかったが，彼の後継者たち，とくにフロイトの娘アンナ・フロイト（Anna Freud, 1895-1982）と，彼女のライバルとなるメラニー・クライン（Melanie Klein, 1882-1960）らは，精神分析理論を子どもに応用しようとした。そしてこの両者は，長らく論争を繰り広げることになる。

　彼女たちの意見が最も対立したのは，超自我の発達に関してであった。アンナ・フロイトは，子どもの超自我は5歳頃まで十分に発達せず，その間は，親や教師といった保護者が，子どもにとっての「超自我」の役割を果たすと考えた。すなわち，幼い子どもは自らのうちに道徳律を保持しないため，他者からの抑制や禁止によってはじめて道徳的に振る舞うことができる。したがって，親や教師は，子どもの理想とならねばならないというのである。それに対してクラインは，生後間もない乳児ですら，外界の親からは独立した超自我の働きが観察できると考えた[19]。

　この両派のうち，アンナ・フロイトが率いた自我心理学派は，教育にもとく
に大きな影響を与えてきた。自我心理学によれば，自我は外界へと適応するた
めに，生来の傾向であり欲望の充足を求める快感原則とエスの欲求を，徐々に
現実原則と超自我による抑制に置き換え，内的欲求と外界との折り合いをつけ
なければならない。このような考え方は，第二次大戦後のアメリカでは広く受
け入れられた[20]。

　以上に論じてきたように，フロイト派による道徳性の発達理論は，外界の規
律を内面化する過程として説明できる。そしてフロイト派の展開からやや遅れ
て，同様の観点をより詳細な観察で裏づけた研究者がいる。次に述べるピアジ
ェである。

## 2　ピアジェ——他律から自律へ

　スイスのジャン・ピアジェ (Jean Piaget, 1896-1980) は，児童心理学・発達心
理学の領域を切り開いた先駆者のひとりである。彼は，伝統的には哲学の主題
であった「認識論」を，人間の認識の発生 (発達) の問題として科学的に解明
しようとした。彼の説は「発生的認識論」と呼ばれ，もともとは認識の生物学
的な解明を意図していたが，研究を進めていくなかで次第に心理学的な方向へ
とシフトし，その結果，児童心理学，発達心理学や教育心理学と呼ばれる領域
を切り開くこととなった。

　ピアジェは今日にいたる心理学的研究の手法を確立し，子どもの言語，世界
観，因果関係，数や量の概念などの発達を明らかにした。そして本章の主題で
ある子どもの道徳性の発達に関して，はじめて本格的な調査を行ったのもピア
ジェといえる。

### 1　道徳性の発達段階

　ピアジェの業績はしばしばフロイトと比較される。フロイトはたしかに，子
どもの道徳性の発達に関して先駆的な洞察を数多く残した。しかし精神分析の
中心はあくまで治療であり，子ども期に関するフロイトの洞察の多くは，成人

の観察のなかで見いだされたものであった。さらにフロイト理論は物事をうま
く説明はするものの，客観的というよりは思弁的であり，その元となったデー
タの量および理論の客観性という点では，ピアジェの研究には及ばない。フロ
イトが生涯開業医として診療を行いながら空き時間を研究に充て，日常語に近
い言葉を用いて著作を著したのに対し，ピアジェは大学や研究所にて研究に専
念した。ピアジェは，研究仲間の協力を得て，多くの子どもたちの直接的観察
を行い，それらを専門用語や統計を用いて処理し，アカデミックな研究手法の
基礎を形づくったといえる。

　ピアジェの数多い業績のなかでも，子どもの道徳性に関して今なお基礎のひ
とつとされる古典的著作が，『子どもの道徳判断の発達』(1930 年) である (邦題
『児童道徳判断の発達』)。以下では，同書を中心に，道徳性の発達に関するピア
ジェの理論を検討する。

　ピアジェは，フランスの社会学者エミール・デュルケム (Émile Durkheim,
1858-1917) にならって，あらゆる道徳を規則 (ルール) であると考え，その規則
を諸個人が遵守することが，社会を成立させるという立場をとる。「すべての
道徳は規則の体系から成立っており，すべての道徳の本質は個人がこれらの規
則に対してどれほど尊敬しているかというところに求められるべきである」[21]。

　では，道徳性は諸個人においてどのようにして成立しているのか。また，子
どもはいかにして規則を身につけていくのか。ピアジェはこの「いかにして」
という課題は，児童心理学 (現在の発達心理学) の立場から明らかにできると考
えた。

　ピアジェ最大の功績は，なにより「発達段階」の提唱である。つまり個人の
認識は，一定の段階を経て発達するのであって，道徳性もその例外ではないと
いう主張である。後にふれるコールバーグは，自らがピアジェの発達段階説を
継承しているとして，その基本的な考え方を次のように要約している。

　(1)段階とは，思考と選択における質的に異なる構造と形式であり，その内容
　　とは区別される。

　(2)段階は「構造を持った統一体」である。個人の道徳判断のレベルは，葛藤

場面や規範が違っても一貫している。

(3)段階は，一定不変の連続性を示している。段階の移行は基本的に常に前進
　　的で，後退も，段階を飛び越えることもない。発達の速度に違いはあるに
　　しても，文化による発達の段階の違いはない。

(4)段階は「階層的に統合されたもの」である。高次の段階の思考は，低い段
　　階の思考をその内に包含もしくは統合している。可能な最も高い段階で思
　　考し，また最も高い段階を好む傾向がある (22)。

では，子どもの道徳性はどのような段階を経て発達するのだろうか。

## 2　マーブル・ゲーム

　子どもの道徳判断の発達という問題を調査するために，ピアジェらが用いた
のは，ひとつに「マーブル・ゲーム」という遊びであり，もうひとつに道徳的
な判断にかかわる「話」である。

　まずはマーブル・ゲームの例から，子どもたちの道徳判断がどのように発達
するのかをみていこう。マーブル・ゲームは，当時ピアジェが研究をしていた
ジュネーブ近隣の子どもたちの間に広くみられた遊びである。日本でいえばビ
ー玉遊びのようなものだが，日本のそれに比べて規則がかなり複雑だという特
徴がある。この遊びの規則を子どもたちがどのように習得していくかを調査す
ることによって，子どもがどのように道徳判断を身につけていくかを研究でき
るとピアジェは考えたのである。

　ピアジェは述べる。「子どもたちのゲームは最も立派な社会的制度を構成する」。
「マーブル・ゲームの規則は，大人のいわゆる道徳的実在のように，一つの時
代から他の時代へと継承され，そしてそれらの規則に対し，個人によって感じ
られる尊敬によってのみ支持されるのである」(23)。

　ピアジェはまず，規則がどのように実践されるかを研究するため，4歳から
12-13歳までの男子を対象とした調査を行った。彼は，子どもたち一人ひとり
に次のように問いかけた。ここにマーブルがある。どういうふうにゲームをす
るのか，教えてくれないかな。今では忘れてしまったけれど，私も小さかった

時にはよくやったし，もう一度やってみたいんだ。君が規則を教えてくれたら，いっしょにやれるんだけれど⁽²⁴⁾。

　この調査によって，子どもたちがゲームの規則を実践するには，次のような段階があることがわかった。第1段階は純粋に運動的・個人的な段階である。この段階の子どもは，マーブルの動きを愉しんでおり，その動きの規則に関して話すことはできるが，集団的規則について話すことはできない。第2段階は自己中心的段階で，2歳から5歳の間に，既存の規則の影響を受けて始まる。この段階では，すでにある例を模倣しはするが，遊び仲間をみつけずにひとりで遊ぶ。あるいは他の友だちと遊んでいる時でも，一緒にゲームをするというより，実質上は自分ひとりで遊んでいるに等しい。第3段階は初期協同の段階で7，8歳に始まる。この段階の子どもたちは，共同で遊び，仲間にも勝とうとするが，規則一般の観念はまだ漠然としている。第4の規則制定化の段階は，11歳から12歳にあらわれる。ここでは，勝負の手続き（規則）は詳細に規定され，規則は仲間全体の知るところとなる⁽²⁵⁾。

　ピアジェは上の質問と同時に，同じくマーブル・ゲームを素材とした別の調査も行っている。子どもに，マーブルを使った新しいゲームの規則を発明できるかどうかを肯定・否定の二者択一で尋ねる。肯定の場合，その新規則が「正しい」規則であるか等を聞く。「この方法で君の仲間がゲームをしたら，うまくいくだろうか」。否定すれば，もしその規則が一般化したならば「真の」「公正な」規則になりうるかを尋ねる⁽²⁶⁾。

　この調査によってピアジェは，規則実践の意識について，次の3段階を発見した。第1段階は，純粋に個人的な段階である。ここでは，規則はまだ強制的なものではない。第2段階は，自己中心的段階の頂点（4歳）から協同段階の半ば（9歳）までに対応する。規則は大人に由来する神聖なものと考えられ，子どもはその修正を試みることはない。第3段階は10歳頃からである。規則は，相互の同意に基づく法律のひとつと考えられ，子どもたちはこれを遵守する義務を感じているが，他者の同意があれば修正することができる⁽²⁷⁾。

　ピアジェは以上の研究から，次の2点を明らかにした。第1に，子どもには

2種類の道徳があること。つまり，子どもが大人や権威者に盲従する「拘束」（あるいは「他律」）の道徳と，子どもが自らを律する「協同」（あるいは「自律」）の道徳の2種である。第2に，この2種類の道徳は前者から後者へと発達するものであること。つまり拘束（他律）の道徳は，協同（自律）の道徳へと進化する。

　ピアジェは幼い子どもの特徴として，「自己中心性」をあげる。この自己中心性は，後の道徳発達の起源である。つまり，子どもは，純粋に自己中心的な段階から始まり，他律の道徳，自律の道徳へと順に発達するのである。

### 3　他律から自律へ

　次にピアジェらは，具体的な「話」を実例として，子どもの道徳的判断を分析し，拘束（他律）の道徳から協同（自律）の道徳への発展を解明した。

　この実験は，「過失」「盗み」「嘘言」を主題とする架空の話を2種類，子どもに伝えることから始まる。なおこのように，架空の話を作成して子どもに問いかけることによって，彼らの道徳性の発達を解明するという手法は，次に触れるコールバーグにも受け継がれることになる。

　ピアジェの「話」の実験のうち，「過失」の例を要約して示せば以下のようになる。まず，次の2つの話を子どもに伝える。

　(A)ジャンという小さな男の子が食堂に入ろうと扉を開けた。ところが，扉の後ろにはイスがあり，その上のお盆に載っていたコップは，落ちて割れてしまった。

　(B)アンリという小さな男の子が，お母さんの留守中に，高い戸棚の中のジャムを食べようとしたが，手が届かない。無理にとろうとしたところ，そばにあったコップに触れてしまい，コップは落ちて割れてしまった。

　この後，次の2つの質問をし，必要に応じて会話を行う。(1)この2人の子どもは同じように罪があるといえるだろうか。(2)どちらの子どもの方が，より悪いだろうか。その理由は何か[28]。

　以上の「過失」に関する質問からは，次のような結果が得られた[29]。まず第1に，10歳までの子どもには2つのタイプが見いだせる。ひとつには意図

をはなれて物質的結果によって判断するタイプ（客観的責任）——たとえば，コップを割ったことをそれ自体で悪いと考えるもの。もうひとつには，意図を考えるタイプ（主観的責任）——意図せずに割ったのかどうかを評価するもの。第2に，この2つのタイプは，明確に区分できるわけではないが，おおむね年齢の進行に対応しており，物質的結果によって判断する客観的責任は，年を追うごとに減少する。第3に，2つのタイプの平均はそれぞれ，客観的責任は7歳，主観的責任は9歳と考えることができる（ただし，6歳以下の子どもは調査が困難なため，除外してある）。

　以上は道徳的判断の発達に関する研究だが，別の「話」を題材とした研究によって，子どもの「正義感」がどのように発達するかに関しても同様に明らかになった。

　正義感の発達には3段階がある。第1段階は7，8歳までの時期で，ここでは正・不正と義務・不服従の観念とが混同されている。すなわち，正義とは大人の権威に服従することを意味し，正しいこととは大人の指示に従うことである。第2段階は8歳から10歳頃までで，漸進的平等主義と呼ばれる。この時期には自律性が発達し，権威よりも平等を重んじるようになる。第3段階は11–12歳頃から始まり，公正の感情に特徴づけられる。第2段階ではただ平等的な正義を重視していたが，第3段階では，それが公正の考慮によって緩和される[30]。

　ここで重要なことは，上述のいずれの観点においても，すでにふれた「他律」から「自律」へという道徳発達のラインは揺るがないことである。つまり，幼い子どもには他律（服従）の道徳が頻繁にみられ，成長にしたがって徐々にそれが自律（協同）の道徳へと移行していくのである。ピアジェは，個人にみられるこうした道徳性の発達（他律から自律へ）は，社会の発展（原始社会から文明社会へ）に対応していると考えた。この点には最後に再びふれるが，ピアジェによる道徳性の発達段階説は，次に論じるコールバーグによって発展的に継承されることとなる。

# ③　コールバーグ──モラル・ジレンマと3水準6段階

　ローレンス・コールバーグ（Lawrence Kohlberg, 1927-1987）は，道徳性の発達および道徳教育に関して，現在のところ最も著名でありかつまた影響力のある研究者といえる。彼は戦争体験やユダヤ人としての被差別経験を通して道徳の問題に関心をもち，シカゴ大学にて心理学を学び，人間の道徳性をその研究対象とした。

　コールバーグはピアジェの方法を継承し，道徳性の発達段階をさらに精緻に調査して道徳性の発達段階としてまとめた。その際に用いた「モラル・ジレンマ（道徳的ジレンマ）」はとくに有名であり，現代日本でもしばしば道徳の授業教材として用いられている。

## 1　3水準6段階

　コールバーグは，ピアジェの研究を2つの面から発展させることによって，道徳性発達の研究を開始した。まず第1に，対象年齢を拡張することである。すなわち，ピアジェが12歳頃までの子どもたちを対象としたのに対し，コールバーグはまず10歳から16歳の若者を対象とし，後にはその対象をさらに広げ，さらには一部の被験者については成長後も追跡調査を行った。第2に，ピアジェが行ったよりさらに複雑な場面を設定することである。コールバーグは，答えがイエスにもノーにもなるような質問を用意し，それに対する答えを分析することによって，研究を進めた。これは「話」を題材とするピアジェの研究の発展である(31)。

　この問いは「モラル・ジレンマ」と呼ばれる。その最も有名な例に，「ハインツのジレンマ」がある。要約して示せば，以下のようなものである(32)。

　ハインツの妻は難病で死に瀕していた。新しく発見された貴重な薬を使えば，彼女は助かるかもしれない。しかし薬屋は，この新薬に不当なほど高い値段をつけており，ハインツにはとても手が出せない。しかも，薬屋はその金額を譲らない。もし他に方法がないとしたら，ハインツがその薬を盗むことは道徳的

に正しいだろうか。

　被験者はこの問いに対して，賛成か反対かの二者択一で答え，理由を示さなければならない。つまり，その薬を盗むことは道徳的に正しいのか，否か。

　コールバーグはこのジレンマへの解答を分析し，それらを一定の「段階」に区分しうると考えた。そして，他律的段階と自律的段階というピアジェの区分をさらに徹底し，ピアジェの2段階（他律／自律）に加えて4つの道徳性の発達段階を見いだした。

　コールバーグによれば道徳性の発達段階は，3水準に分けられ，各水準は2段階に分割されるので，計6段階となる。この段階は基本的には，あらゆる文化に普遍的に妥当するとされる。以下，コールバーグの著作から要約して示す[33]。

　第1水準（慣習的水準以前）。行為に対する「善悪」の評価には敏感だが，それは「善悪」が報酬や懲罰の有無に結びつけられて考えられるからである。以下の2つの段階からなる。

　第1段階（罰と服従への志向）。報酬や懲罰の有無によって行為の善悪を判断し，力あるものに従うことが正しいとする。行為や判断の結果それ自体の意味は問われない。

　第2段階（道具主義的な相対主義志向）。正しさは，自分や他人の欲求をみたすための手段であり，「公正」の問題は，実用的なものにとどまる。いわば損得勘定で動く段階。

　第2水準（慣習的水準）。各人が所属する集団（家族，学校，地域，会社組織，国家等）の期待にそうことが，それ自体価値をもつものとしてとらえられる。所属する集団への忠誠心やその正当化がみられる（自分と組織集団の同一視）。次の2つの段階に分けられる。

　第3段階（対人的同調あるいは「よい子」志向）。善い行為とは，他者を喜ばせたり助けたりすることである。多数派の行動や「自然な」行為という紋切り型のイメージに自分を同調させ，「善良であること」によって他者から承認を受ける。行為は，しばしば「意図」によって判断されるため「善意」が重要とな

る。

　第4段階（「法と秩序」志向）。既存の権威や規則，社会秩序の維持を指針とする。正しい行為とは，義務を果たすこと，権威への尊敬を示すこと，すでに存在する社会秩序を維持することである。

　第3水準（慣習的水準以降，自律的，原理化された水準）。道徳的価値と道徳原理を定義しようとする。道徳的価値や道徳原理は，それらを支持する集団や人々の権威からは独立して，それ独自の妥当性をもっている。以下の2段階からなる。

　第5段階（社会契約的な法律志向）。「正しさ」は，個人の権利や，社会全体によって批判的に吟味され一致した規準によって定められる。第4段階（「法と秩序」志向）とは異なり，既存の規則を絶対視はせず，その規則を変更することもできると理解したうえで，社会的に合意された基準に従う。

　第6段階（普遍的な倫理的原理の志向）。正しさは，良心によって定められるが，この良心は「倫理的原理」に従う。ここでの倫理的原理とは，公正，人間の権利や尊厳の尊重といった普遍的な諸原理であり，論理的包括性，普遍性，一貫性を備えている。多くの宗教・道徳・哲学で見いだされる「黄金律」がこの例である。


## 2　ハインツのジレンマ

　ではこれらの各段階において，道徳的な判断はいかになされるのだろうか。あるいは，道徳的行為はいかに動機づけられているのだろうか。コールバーグ自身が引用しているレスト（James R. Rest）の研究から，ハインツのジレンマに対する反応を具体的にみてみよう[(34)]。

　第1段階では，行為は，懲罰を避けたいという動機によってなされる。判断の例は，次のようなものである。もし妻を死なせたら，他人から責められるだろう（賛成）。あるいは，薬を盗めば警察に捕まるだろう（反対）。

　第2段階では，行為は，報酬や利益を得たいという願望に動機づけられる。自分の感情は，懲罰の恐れや賞賛されたいという欲求からは区別される。例と

しては，もし捕まっても，重い刑にはならないだろうし，刑務所から出たとき
に妻がいるのならば，よいのではないか（賛成）。ないしは，もし妻が死んでも
あなたのせいではない（反対）。

　第3段階では，行為は，他人からの非難によって動機づけられる。たとえば，
薬を盗んでも誰もあなたを悪いとは思わないだろう（賛成）。または，犯罪はあ
なたや家族に不名誉をもたらす（反対）。

　第4段階では，行為は，法や規則や社会的通念，そして罪悪感によって判断
される。すなわち，もし薬を盗まなければ，彼女を死なせたという罪の意識を
いつまでももち続けることになる（賛成）。ないしは，盗みを働けば，法を犯し
たという罪の意識にさいなまれることになる（反対）。

　第5段階では，行為は，彼が所属する集団からの尊敬をうること，そして一
定程度はその社会集団に支えられた自らの自尊心を維持しうるか否かによって
判断される。つまり，もし妻を死なせたなら，他者からの尊敬と自尊心とを失
う（賛成）。ないしは，薬を盗めば，法を破り，共同社会における地位と尊敬を
失うことになる。そして長い目でみると，自尊心を失うことになる（反対）。

　第6段階では，社会による尊敬と自尊心とが分化する。自尊心はさらに，普
遍的な理性を実現していることに起因するものと，道徳原理を維持しているこ
とに起因するものに分化する。関心の的は，自らの良心に従うか否かとなる。
たとえば，薬を盗まずに妻を死なせたら，自分自身の良心の規準よりも，法律
を優先させたとして，後々そのことで自分を責めることになる（賛成）。あるい
は，薬を盗んでも他の人々によって非難されることはないが，自らの良心とい
う規準によって，自分を責めることになる（反対）。ただし後に述べるように，
第6段階では，反対すなわち薬を盗まないという選択は存在しえないという解
釈もある。

## 3　普遍的道徳へ

　コールバーグはこの発達段階が普遍的なものであり，文化や地域，人種や性
別の差に依拠しないと考えた。実際彼は複数の国での調査を行い，各段階の偏

差を示しているが，その結果には確かにある程度の共通性を見いだすことがで
きる(35)。しかしコールバーグの研究には同時に多くの批判もなされており，
研究者の評価は一致しているとはいいがたい。またコールバーグ自身も数々の
著作で微妙に論を変更している。

　コールバーグの発達段階説への批判として最も有名なものは，彼の共同研究
者だったギリガン (Carol Gilligan, 1936-) によるものである。彼女はこの発達図
式自体が，男性中心的であるという。コールバーグの発達段階説によって調査
をすると，同世代の男女では，男性の方が第4段階へと発達する割合が高く，
女性は第3段階にとどまる傾向がある。しかしこれは，女性の方が道徳的でな
い，あるいは発達が遅いということは意味しない。むしろ，コールバーグの発
達段階説が，男性的な価値観を暗に反映しているために，こうした結果が出る
のだとギリガンはいう(36)。同様に私たちは，コールバーグの道徳発達の理論が，
西欧の価値観を元につくられていることを指摘することもできるだろう。

　こうした批判は，コールバーグ理論に新たな展開をもたらした。先にふれた
発達段階でいう第6段階，すなわち最高道徳のさらなる探求である。しかし，
文化や地域，人種や性別の差を越えて，普遍的に妥当する道徳というものは，
はたして存在するのだろうか。

　コールバーグは，それは存在するという。彼のいう第6段階は，カントの3
つの道徳的定言命題を含むものであり，あらゆる文化で普遍的に妥当するとい
うのである。カントによる道徳の第1命題は，普遍性の原理である。すなわち
「すべての人が他のすべての人にしてほしいとあなたが望むことのできること
だけをせよ」。第2命題は，人間の人格と尊厳性を平等に尊重するという原理
である。つまり「すべての人間を手段としてではなく，目的として扱え」。第
3命題は，カント自身によるものというよりは，洋の東西を問わず宗教・道徳
の偉人たちに由来するものであり，古今東西を問わず普遍性をもつことから「黄
金律」と呼ばれる。たとえば，イエス・キリストの「汝の欲するところを他の
人になせ」。あるいはこれと通底する孔子の「己の欲せざるところ，他に施す
ことなかれ」。以上のカントの3命題，すなわち普遍性，人格の尊重，黄金律

の原理は，究極的には1つの道徳を示すのであり，その表現こそが第6段階なのだとコールバーグはいう(37)。

　しかしはたして，第6段階の道徳は普遍的に妥当するといえるだろうか。この大きな問いを，前出のハインツのジレンマを例に考えてみよう。すでに簡単にふれたように，ハインツのジレンマの第6段階では，反対すなわち「薬を盗まない」という解答がありうるかどうかに関して，研究者の間でも見解が分かれている。そして実はこの問いは，普遍妥当的な道徳が存在しうるのか，という問いにつながっている。

　道徳性の発達段階に関して先にふれた箇所では，かつてコールバーグ自身が依拠したレストの研究に依拠して，第6段階でも反対（薬を盗まないという選択）が存在するという立場を紹介した。しかし研究者の間には，第6段階では反対は成立しえないという解釈も存在するし，またコールバーグ自身が，第6段階の人々はみな薬を盗むと述べているともいわれる。「第六段階の人々は基本的にすべて一致できるはずであり，コールバーグ自身もそのようにのべている」(38)。しかし再び，文化や地域，人種や性別の差を越えて，普遍的に妥当する道徳というものは，はたして存在するのだろうか。いいかえれば，道徳的ジレンマは，究極的には1つの答えのあり方に収斂しうるものなのだろうか。

　本章では，個人における道徳性の発達を検討していたはずだった。しかしここにおいて，道徳性の発達とは，個人の内部にとどまる問題ではないことに気づかされる。コールバーグ自身が，徐々に社会的な「正義」や「普遍的道徳」への考察へと歩みを進めたように，個人の道徳性の発達という問題は，私たちがどのような道徳を求めるか，ひいては私たちがどのような社会を理想と考えるか，という大きな問題へとつながっているのである。

　最後の課題に取りかかろう。道徳性の個体発生理論の臨界である。

## 4 道徳性の発達理論の臨界

　以上では，フロイト，ピアジェ，コールバーグにいたる道徳性の発達理論を検討してきた。ここでそれらをふまえたうえで，これらの発達理論の臨界点を

検討する。第1に，コールバーグの「ハインツのジレンマ」の例から，道徳の問題は決して個人では完結しないこと。第2に，フロイトやピアジェらの発達理論は，実は個人の発達の背後に，それを越える社会などの発達という大きな枠組みをもっていること。第3に，道徳性の発達という事実を解明することは，必ずしも道徳という規範を明らかにすることにはならないこと。

　道徳性の発達理論は結局のところ，個々人の問題では完結せず，必然的に私たちがいかなる社会を求めるのか，という問いに開かれてしまうのである。

## 1　モラル・ジレンマを越えて

　本章では先に，コールバーグのモラル・ジレンマでは，第6段階において反対（薬を盗まないという選択）が存在するか否かに関する2つの立場があることにふれた。

　このジレンマにおいて，第6段階を表現しているといわれる3命題のひとつ，「人格の尊重」に従うならば，ハインツは，妻の生命と薬屋の財産とをともに尊重しなければならない。しかし尊重の度合いでいえば，薬屋の財産よりは，妻の生命の方が優先される。したがって生命の尊重という原理が，文化・宗教・地域の別を越えて普遍的であり，あらゆる状況下で適応しうるものだとするならば，ハインツは必ず薬を盗まなければならないという解釈が成立する。

　なるほどコールバーグは，このような解答を指示しているようにも思われる。彼はいう。「黄金律は，人間の人格尊重の原理と同様に，ハインツの葛藤場面をも解決する原理です。ハインツは，生命に対する要求と権利が危機に瀕している妻の立場から何をすべきかを考えなければなりません。この立場は，盗むことを命じます」。ところが他方でコールバーグは，次のようにも述べるのである。「また，ハインツは，財産に対する要求と権利が危機に瀕している薬屋の立場からも考えなければなりません」[39]。つまりハインツは，妻の尊厳を尊重するならば薬を盗まなければならないが，薬屋の尊厳を重視するならば薬を盗むべきではない。

　しかしこれでは結局，ジレンマはジレンマのままでなんら解決にはならない。

結局，ハインツは薬を盗むべきなのか，否か。あるいは第6段階の答えは1つに統一されうるのか，否か。

　だがここで，少し考え方を変えてみよう。私たちはこのジレンマに，二者択一で解答することを求められていたため，このいずれを選ぶかを煩悶してきた。ところが実はこのジレンマは，ハインツ一人では完全な解答がなしえないのではないだろうか。

　上に引用した文章に続けてコールバーグはいう。「しかし，すべての人は道徳的でなければならないという黄金律によって，すべての人が拘束されているということを考えなければなりません。もし，薬屋がハインツの妻の立場に身を置いて考えるならば，彼は財産の要求をあきらめるでしょう。もし，ハインツの妻が薬屋の立場に身を置いて考えるならば，財産より生命を優先するでしょう。薬屋は，自分の財産よりも自分の生命を救うことを選ぶでしょう」(40)。つまりハインツのジレンマに究極的に1つの解答が示されるか否かという問題は，ハインツにとって他者である薬屋や妻の協力を抜きにしては，すなわちハインツと彼をとりまく人々全員が道徳的な最高段階に達することなしには，解決されることはないとも考えられるのである。

　もちろん，このような状態は理想にすぎないといえばそれまでである。だがそもそも黄金律のような倫理的命題は，私たちの日常生活に当てはめて考えた場合，それ自体の実現が非常に困難なものなのである。

　にもかかわらず，第6段階に関する以上の考察は，ある重要な示唆を与えてくれる。つまり，私たちは道徳の発達を個々人の問題として考えがちだが，実はその問題は，決して個人にのみ還元されるものではない，という点である。

## 2　個人にあって個人を越えるもの

　ここで少し視点を変えるならば，上に述べた観点，すなわち発達という問題が必ずしも個人に還元されるものではないという立場は，近年の心理学の潮流でも一定の支持を受けているものである。20世紀末は，「個体」に着目してきた古典的理論の限界が指摘された時期でもあった。ギブソン（James Jerome

Gibson, 1904-1979) の影響を受けた生態心理学の展開はその顕著な例だろう。生態心理学は，「心」は個人の「中」に存在するのではなく，環境との相互作用によってつくり出されるものだと考える[41]。

　同様に本章で扱ってきた諸理論においても，完全に個体にのみ着目する立場は主流とはいいがたくなってきている。フロイトの流れを汲む精神分析では，個体の発達を重視する自我心理学派（アンナ・フロイト派）に代わって，精神内界における外界の役割に着目する対象関係論（クラインに起源がある）が主流となってきている[42]。同じく，個体を重視するピアジェ派の研究に対しては，彼のライバルであり「関係」を重視したワロン（Henri Wallon, 1879-1962）らの理論が再評価される傾向がある[43]。すでに論じたように，コールバーグは最終的に，個人を越える社会的な「正義」や「普遍的道徳」を主題とするようになった。

　ところが，個の発達はそれだけでは完結せず，個を支えるもの（関係，環境，社会など）にまで広がっているという観点は，ここであらためて指摘するまでもなく，本章で取り上げた各論者はすでに理論に組み込んでいたともいうことができる。最終的にありうべき社会の構想にいたったコールバーグにおいてはこれは明白だが，フロイトやピアジェにおいてこの観点は，「系統発生」という生物学的用語によって説明されている。

　すでに論じたようにピアジェは，子どもの道徳性の発達を他律から自律へという図式において理解した。そしてこの図式は，個人の発達と同時に，社会の発展にもそのまま対応している。ピアジェによれば，いわゆる未開社会では，首長らが絶対的な力をもち，その共同体の成員は彼に従うことによって道徳的に振る舞う。こうした「他律」的な道徳は「いわゆる未開社会に固有なものである」。それに対して文明社会では，諸個人は道徳性を内面化することによって，社会を成立させる。このような諸個人の協力を旨とする「自律」的な道徳は「文明化された連帯の典型から生じた，社会の文化と個人主義の比較的最近の産物である」[44]。

　またピアジェは，子どもから成人にいたる認知の発達と，原始時代から現代

へといたる科学の発展とを重ね合わせて論じた（発生的認識論）。つまり彼の理論では，「個体発生は系統発生を繰り返す」という生物学の命題が援用され，個体の発達は社会の発展とともに語られているのである。

　この図式はフロイトにもさらに強固な形で見いだすことができる。フロイトは，いずれも現代の成人の前駆段階であるという意味で，子どもと未開人とは同列にあると考えた。つまり子どもは発達して大人になるべきものであるし，未開人は進歩して現代人になるであろうと考えたのである(45)。フロイトは超自我についても，それが社会的伝統を受け継ぐものであることを指摘している。「超自我のイデオロギーのなかには過去が，種族および民族の伝統が生き続けている」(46)。つまり，個人の道徳性を把握する際には，個を超えた領域への理解がついてまわるのだ。

　もちろん，フロイトにせよピアジェにせよ，個人の発達と社会の発展を連結して考える枠組みの背後には，西欧中心主義が見え隠れする。というのも彼らが念頭に置いているのは，あくまで西欧文化圏を中心とした発展史だからである。彼らは，個人の発達において，他律的道徳よりも自律的な道徳の方がより高い位置にあると評価する。しかしその判断にあたっての基準には，未開社会よりも現代社会の方がより高い位置にあるという価値観が暗に用いられている。したがって彼らのモデルは，他の（西欧とは別種の）文化圏における科学や，そこでの人間の発達のありように関して，十分に評価しうる尺度をもっているとはいいがたい。このような批判は，まさにギリガンがコールバーグに対して向けたものと通底するものである。しかし，そのこと自体を看破するのは容易いことだ。

　むしろ重要なのは，私たちが個体の発達を論じる際には，私たちがどのような社会を理想とするかという，より大きな枠組みの考察から自由ではない，ということである。つまり，個人の道徳性の発達を語る際には，どうしても，私たちがどのような道徳を，ひいてはどのような社会を理想とするのかに関する考えが——それを当人が意識しているか否かにかかわりなく——混入してしまうのだ。

## 3　自然主義的誤謬

　最後にもう一点だけ，発達理論を検討する際に注意しなければならない事柄を確認しておきたい。それは，コールバーグが「自然主義的誤謬」と呼ぶ誤りである。

　哲学の古典的な議論には，「事実」（である）と「当為」（なすべき・あるべき）との区分がある。たとえばカントは，道徳法則は無条件な当為である（べきである）と考えた。ここで重要なのは，ある事柄の「事実」をどれだけ説明しても，そこから直接的に「したがって～～べきである」という命題を導き出すことはできないという点である。この両者はそもそも，異なるカテゴリーに属する問題なのだ。

　これと同じく，すでに概観したような発達理論は，発達という事実を明らかにはするが，その発達に従うべきであるという倫理的要請を直接には意味しない。科学が明らかにするのはあくまでも「事実」にすぎない。

　コールバーグは，心理学的研究によって，道徳性の発達段階が明らかになったからといって，より「高い」道徳段階がそれ自体でよりよいとはいえないという。たとえばフロイト派の発達理論では，肛門期より男根期（性器期）の方がより発達の後期に位置づけられる。この点は「事実（である）の学」に属する。しかしだからといって，したがって後者の方がよりよいのだ，と倫理的に正当化することは，自然主義的誤謬である。それは「当為（べきである）の学」へ踏み込むことにほかならないからである[47]。

　しかし実はコールバーグ自身，自らも自然主義的誤謬を犯さざるをえない，と告白している。「「である」から「べきである」へ」（1971 年）という論文は，その宣言として書かれている。

　彼は，「道徳判断はどうあるべきかについての考えは，いかなるものであれ，道徳判断が何であるかについての適切な考えに基づいたものでなければならない」と主張する。「適切で理想的な道徳判断はどうあるべきかということに関するあらゆる考え方は，人の心の中で道徳判断はどのように行われているのか，ということに関する適切な規定に基づいている」。つまり「道徳性は何である

べきかいおうとするすべての努力は，現実の道徳性はどうなのかという特性記述からはじめなければならず，その意味で「自然主義的誤謬」を犯すのである」(48)。

コールバーグは，個体における道徳性の発達理論と，社会的道徳規範の段階理論は，一方が一方に包摂されるものではないことを認める。「道徳判断は，何か道徳判断以外のものから引き出されるのではなく，規範的で独自のものである」(49)。しかし，にもかかわらず彼は，個体における道徳性と，社会倫理的な道徳は，ともに相関関係にあるというのである。「心理学理論と規範倫理学的理論はお互いにどちらかに還元できるものではないが，同型で並行的なものである」(50)。このコールバーグの主張は，心理学理論（事実）と道徳（当為）とを一応は区分しつつも，結局は両者に相関関係を求めてしまうものにほかならない。

私たちはここで再び，個体主義的な道徳性の発達理論の臨界に直面する。そしてつまるところフロイトやピアジェにおいても，コールバーグにおいても，示されている問題は同一であるように思われる。すなわち，個人における道徳性の発達を考えることは，どのような道徳を私たちが求めるのか，という価値判断と不可分なのである。というのも，個人を対象とするにせよ，共同体や社会を対象とするにせよ，結局のところ道徳の問題を評価する基準として用いられるのは，つまるところ私たち自身の理解枠組みにほかならないからである。

本章では，道徳性の発達に関するフロイト，ピアジェ，コールバーグの理論を検討してきた。もちろん彼らの示唆は，今日の子どもを理解するうえでも重要な観点を提供している。しかし同時に彼らは，単に個人の心理発達を明らかにしたのではない。私たちがこれらの発達理論から受け取るべきなのは，道徳の問題を考慮する際には，ただ個体にのみ注目するのではなく，個と全体との連関を自覚しなければならないという点ではないだろうか。というのも，本章で示してきたように，私たちが個体の発達を考える際には——意識的にせよ，無意識的にせよ——私たちがどのような道徳や社会を理想とするかという，よ

り大きな判断の枠組みから自由ではないからである。

　教育は，ただ個人の幸福のためにだけなされるものでもないし，また社会の利潤のためだけになされるものでもない。教育は個人と社会の双方にとって，よりよき未来を築くための営為であるといえよう。教育に際して，私たちが子ども個々人の心や発達に配慮することはもちろん大切ではあるが，それだけでは十分とはいえず，私たちがいかなる社会を求めるかという点も，同時に念頭に置いておく必要がある。

　とはいえこのことはもちろん，個よりも社会や共同体の倫理を重視すべきだということではないし，注入主義的な道徳教育を行えばよいということでもない。重要なのは，私たちが意識しようとしまいと，子どもをみつめることは社会をみつめることにつながっているということであり，結局のところ，子どもを理解する際にも，社会について考える際にも，用いられるのは自分自身の枠組みにほかならないということである。

　私たちは子どもたちを，自分自身とは異なる客観的対象として理解することはできない。子どもを理解する枠組みは私たちのうちにあるからである。そして社会や道徳も，それを自分自身からは切り離された実在として（たとえばデュルケムのように）考えることは困難である。私たちはほかならぬその内側にいるからである。

　であるならば，私たちに求められているのは，結局は私たち自身の理解と認識の枠組みを反省し続けること，とはいえないだろうか。　　　　　【下司　晶】

注
（1）　ニイル・ポストマン（小柴一訳）『子どもはもういない』新樹社，1995年，95ページ。
（2）　同上書，97ページ。
（3）　ジクムント・フロイト（懸田克躬・吉村博次訳）「性欲論三篇」，懸田克躬・高橋義孝編訳『フロイト著作集5』人文書院，1969年，7-94ページ。
（4）　ジクムント・フロイト（懸田克躬・高橋義孝訳）「精神分析入門（続）」，懸田克躬・高橋義孝編訳『フロイト著作集1』人文書院，1971年，387-536ページ，437ページ。
（5）　ジクムント・フロイト（井村恒郎訳）「精神現象の二原則に関する定式」，井村恒郎・小此木啓吾他編訳『フロイト著作集6』人文書院，1970年，36-41ページ。

（6）　フロイト「精神分析入門（続）」, 前掲書, 434 ページ。

（7）　同上書, 447-448 ページ。

（8）　正確にいえば, 自我も超自我も, 役割の変化したエスの一部である。

（9）　フロイト「精神分析入門（続）」, 前掲書, 434-436 ページ。

（10）　同上書, 441 ページ。

（11）　同上書, 441 ページ。

（12）　同上書, 436 ページ。

（13）　同上書, 450 ページ。

（14）　なお, 日本語使用者である私たちは「自我・エス・超自我」という言葉を, 日常から遊離した学術的用語と感じる。こうした事情はそれらの概念がそれぞれ, ラテン語を転じて ego（エゴ）, id（イド）, super ego（スーパー・エゴ）と訳された英語圏でも同様である。しかしフロイトはもともとこれらの用語を, ドイツ語の日常語から転じたのであって, そこには生活者としての実感が込められていた。「自我（das Ich）」とは, 英語の I に相当するドイツ語の一人称 ich を名詞化したものであり, 日常的な「私」「自分」を理論化したものである。同じく「超自我（das Über-Ich）」は, 「私」に対応する「上位の私」であり, 英語であれば above-I ないしは upper-I とでも表現すべきものである（ブルーノ・ベテルハイム（藤瀬恭子訳）『フロイトと人間の魂』法政大学出版局, 1989 年, 70-84 ページ）。

　　同様に「エス（das Es）」は, ドイツ語の非人称代名詞 es を名詞化したものである。非人称代名詞は日本語ではなじみが浅い用法ではあるが, たとえば「雨が降っている」を, ドイツ語では es regnet, 英語では it rains と表現する。この時の「es」や「it」は, 特定の個人を越えている。このように, 〈私には十分意識できない何かが私を突き動かす〉ということを表現するために, フロイトは das Es（それ）という言葉を用いたと考えられる（ベテルハイム, 同上書, 85-88 ページ）。

　　余談ながら, Mr.Children のヒット曲「es 〜 Theme of es 〜」（1995 年）は, このフロイトの概念に着想を得たものである。

（15）　フロイト「精神分析入門（続）」, 前掲書, 437 ページ。

（16）　同上書, 441 ページ。

（17）　同上書, 439 ページ。

（18）　このような現代的解釈の例としては, 山竹伸二『「本当の自分」の現象学』日本放送出版協会, 2006 年を参照。

（19）　下司晶『〈精神分析的子ども〉の誕生－フロイト主義と教育言説－』東京大学出版会, 2006 年, 第Ⅱ部第一章参照。ただしクラインの観察した多くの例では, 乳幼児期の超自我は, 過度に厳格すぎるために自己懲罰的になってしまっている。

（20）　ジェラルド・ピアソン（北見芳雄他訳）『精神分析と教育』岩崎学術出版社, 1967 年。またアンナ・フロイトは, 自我の発達過程を明らかにしようとしたが, この試みは,

エリック・エリクソン（Erik H. Erikson, 1902-1994）によってさらに精密な研究が進められた。エリクソン自身は，必ずしも道徳性のみを考察の対象としたわけではないが，人間の「アイデンティティ」の確立と，ライフサイクルの各段階の特徴を描き出すなかで，フロイトが描いた発達図式をさらに詳細に，かつ一般にも納得しやすい形で叙述することに成功した。エリクソンに関しては，たとえば西平直『エリクソンの人間学』東京大学出版会，1993年を参照。

(21)　ジャン・ピアジェ（大伴茂訳）『児童道徳判断の発達』同文書院，1954年，1ページ。

(22)　ローレンス・コールバーグ（岩佐信道訳）「道徳性の発達段階」，コールバーグ（岩佐信道訳）『道徳性の発達と道徳教育—コールバーグ理論の展開と実践—』広池学園出版部，1987年，19-35ページ，23ページ。

(23)　ピアジェ『児童道徳判断の発達』，前掲書，1954年，1-2ページ。

(24)　同上書，15-16ページ。

(25)　同上書，19-20ページ。

(26)　同上書，16-17ページ。

(27)　同上書，20-21ページ。

(28)　同上書，145-148ページ。

(29)　同上書，148ページ。

(30)　同上書，465-469ページ。

(31)　ローレンス・コールバーグ（岩佐信道訳）「普遍的道徳を求めて」，コールバーグ『道徳性の発達と道徳教育』，前掲書，3-17ページ，10ページ。

(32)　ローレンス・コールバーグ（永野重史監訳）『道徳性の形成—認知発達的アプローチ—』新曜社，1987年，49ページ。および，コールバーグ「普遍的道徳を求めて」，前掲書，3-4ページ。

(33)　コールバーグ『道徳性の形成』，前掲書，44ページ。および，ローレンス・コールバーグ（内藤俊史訳）「「である」から「べきである」へ」，コールバーグ著，永野重史編『道徳性の発達と教育—コールバーグ理論の展開—』新曜社，1985年，1-123ページ，22-23ページ。

(34)　コールバーグ『道徳性の形成』，前掲書，48-51ページ。および，コールバーグ「「である」から「べきである」へ」，前掲書，31-32ページ。

(35)　コールバーグ『道徳性の形成』，前掲書，53-55ページ。および，コールバーグ「「である」から「べきである」へ」，前掲書，34-35ページ。

(36)　キャロル・ギリガン（生田久美子・並木美智子訳）『もうひとつの声—男女の道徳観のちがいと女性のアイデンティティー』川島書店，1986年。

(37)　コールバーグ「普遍的道徳を求めて」，前掲書，4-5ページ。

(38)　隅元泰弘「認知発達の基礎構造」，佐野安仁・吉田謙二編『コールバーグ理論の基底』世界思想社，1993年，87-112ページ，101ページ。

(39)　コールバーグ「普遍的道徳を求めて」，前掲書，4ページ。

(40)　同上書，4-5ページ。

(41)　河野哲也『「心」はからだの外にある―「エコロジカルな私」の哲学―』日本放送出版協会，2006年参照。

(42)　下司晶『〈精神分析的子ども〉の誕生』，前掲書，2006年参照。

(43)　林泰成「道徳教育における他律から自律への発達図式についての哲学的検討」『上越教育大学研究紀要』25(1)，2005年，271-284ページ。浜田寿美男『発達心理学再考のための序説』ミネルヴァ書房，1993年。浜田寿美男『ピアジェとワロン―個的発想と類的発想―』ミネルヴァ書房，1994年。

(44)　ジャン・ピアジェ（原田耕平・岡野雅雄・江森英世訳）「道徳教育の方法」，ピアジェ著，シルビア・パラット＝ダヤン，アナスタシア・トリフォン編『ピアジェの教育学―子どもの活動と教師の役割―』三和書籍，2005年，19-52ページ，26ページ。

(45)　下司晶『〈精神分析的子ども〉の誕生』，前掲書，第Ⅰ部第三章参照。

(46)　フロイト「精神分析入門（続）」，前掲書，436ページ。

(47)　コールバーグ「「である」から「べきである」へ」，前掲書，107ページ。

(48)　同上書，105-106ページ。

(49)　同上書，105ページ。

(50)　同上書，106ページ。

## 考えてみよう

1．学習指導要領の道徳に関する記述から，各学年での内容を検討しよう。

2．コールバーグのいう道徳性の発達段階はそれぞれどの年齢に位置づけられるかについて，本論で示した文献などによって調査してみよう。

3．フロイト，ピアジェ，コールバーグの発達理論を，年齢によって統一してみよう。

4．学習指導要領の内容（1）と，フロイト，ピアジェ，コールバーグらの各発達段階（3）とを比較してみよう。

## 参考文献

小此木啓吾『フロイト思想のキーワード』講談社現代新書，2002年。

　（フロイトおよび精神分析理論の入門書として）

浜田寿美男『発達心理学再考のための序説』ミネルヴァ書房，1993年。

浜田寿美男『ピアジェとワロン―個的発想と類的発想―』ミネルヴァ書房，1994年。

　（本章の注でもあげたが，ピアジェやワロンなどの発達心理学への導入にもよい）

荒木紀幸編著『コールバーグ理論とその実践』北大路書房，1988年。

荒木紀幸編著『コールバーグ理論の発展とモラルジレンマ授業』北大路書房，1997年。

　（コールバーグ理論の概説と，道徳の授業への応用に関して）

# 第4章　道徳教育はどうあるべきか

## 1　はじめに

　いわゆる「いじめ」問題に象徴される子どもの問題行動に対処するためという口実の下に，道徳教育強化の必要性が強調され，これまで特設「道徳の時間」として展開されてきた「道徳」授業は，「特別の教科　道徳」として教科化されることになった。すでに2015年3月27日には学習指導要領改正の告示がなされ，小学校においては2018年度から，中学校においては2019年度から，道徳は正式に「教科」に格上げされた。それでは何故「特別の教科」とされるのか？　通常の教科であれば，①検定済みの教科書を用いて，②教科担当者としての免許を持った教員が教え，③5段階で評価するのであるが，教科書は作成されるが，②と③の条件は省略されているからである。もちろん，③については，数字による評価がなされることはなくても，何らかの評価が導入されることになる。そして，道徳的価値を一方的に教え込む従来の「道徳」授業（教え込み，inculcation）に対する批判を踏まえて，「考え，議論する道徳」に改善していこうというのであるから，「特別の教科　道徳」は，あまり評判の良くない現状の「道徳」授業の在り方を質的にも量的にも改善することにつながるのかもしれない。

　しかし，子どもの問題行動が激増しているとか，道徳教育を強化すれば子どもの問題行動の発生件数を抑制できるという主張には，明確なエヴィデンスがない。近年マスコミが大きく取り上げた大津市立中学校における「いじめ・自殺」事件の第三者調査委員会の報告書（2013年1月31日）によれば，当該中学校が道徳教育に関する文部科学省の指定研究校であったことから，学校におけ

る道徳教育がいじめ問題には無力だという認識が示されている。

　そもそも「いじめ」自殺問題が社会的に注目されるようになったのは，1986年に発生した東京都中野区S君「いじめ・自殺」事件(1)からである。「いじめ」の一環として行われた「葬式ゴッコ」には担任の教師までが加担していたことが判明した。その後も「いじめ」による自殺事件が相次ぎ，1994年の愛知県西尾市O君「いじめ・自殺」事件(2)をきっかけにして，日本教育学会のシンポジウムで初めて「いじめ」問題が取り上げられたのである。だが，「不登校」や「校内暴力」や「いじめ」などの問題行動の背景には「管理主義教育」があったことを忘れてはならない。管理主義教育とは教師の懲戒権と成績評価権を一方的に行使することによって，子どもたちの行動を強引に規制するような教育の在り方を意味する。理不尽で非合理的な校則と校則違反に対する機械的な懲戒権の行使によって，学校で子どもたちは「恒常的な人権侵害状況」に置かれているとまで批判されていたのである。

　その後，「子どもの権利条約」が批准され，とりわけ1990年に起こった「神戸T高校女子生徒校門圧死事件(3)」をきっかけに管理主義教育に対する批判が高まって，学校における子どもの人権に対する十分な配慮が要請されるようになった。それにもかかわらず，1997年の神戸市須磨区児童連続殺傷事件(4)以後，「子どもがわからない」「良い子が危ない」といわれるようになり，「心の教育」や「道徳教育の充実」を訴える声が次第に大きくなっていったのである。

　このような道徳教育強化の動きとは無関係に，1990年代後半から「児童虐待」が社会問題化し，それに連動するかのように「心的外傷後ストレス障害」(PTSD)，「自閉症」，「学習障害」(LD)，「注意欠陥多動性障害」(ADHD)などの「発達障害」と診断される子どもたちが増加しており，道徳教育を強化するだけではこうした子どもの問題行動に対処できないのも確かである。

　もちろん，道徳教育は無意味だとか不必要だというのではない。むしろ道徳教育はますます重要になっている。なぜなら，「神の死」を宣告したニーチェ(Fr. W. Nietzsche, 1844-1900)以来，人類は科学技術の急激な発達によって物質的な

豊かさを獲得したのであるが，しかし，その一方で善悪・美醜などの価値判断の絶対的な基準を失い，人間として，人間らしく生きることの意味を見失って，今日では極めて不安な精神的状況に陥っているのである。18 世紀の啓蒙主義以降，理性さえ信頼すれば，科学技術は飛躍的な進歩を遂げて，人類は「幸福」を手に入れるはずであった。しかし，ニーチェが比喩的に次のような挿話によって示唆したように，人類は科学技術による「神の殺害者」となってしまった。

「諸君はあの狂気の人間のことを耳にしなかったか，一白昼に提灯をつけながら，市場へ駆けてきて，ひっきりなしに「おれは神を探している！ おれは神を探している！」と叫んだ人間のことを。「…神がどこへ行ったかって？」，と彼は叫んだ「おれがお前たちに言ってやる！ おれたちが神を殺したのだ一お前たちとおれがだ！ おれたちはみんな神の殺害者なのだ」」(5)。

科学技術による自然支配，「より良いものを所有することに人生の意義を見出す」大量生産・大量消費の経済活動が，地球温暖化に象徴される地球的規模での深刻な環境問題を生じさせて，1976 年にフロム (E. Fromm, 1900–1980) が判然と警告したように，われわれは「モノとカネ」を際限なく追求する従来の生き方を根本的に改めて，「素朴に人間として存在すること自体に，人間らしく生きることの意味を見出すのでなければ」人類は破滅しかねないのである。まさに「人間的に生きるとはどういうことであるのか」，「われわれは何をなすべきであり，何をしてはならないのか」を問い直さなければならない。したがって，人間としての生き方あり方を深く反省する重要な機会を提供するとともに，基本的人権の尊重を最優先に考える民主的な社会の主体的な担い手たる自律した市民の育成に貢献する道徳教育の意義はますます大きくなってくるであろう。

そこで本章では，(1)特設「道徳の時間」導入の歴史的背景を明らかにし，(2)評判の芳しくない「道徳」授業に対する代表的な批判を踏まえて，(3)「道徳」授業改善の重要な手がかりとして注目されてきた「モラル・ジレンマ授業」の意義と問題点を解明し，(4)晩年のコールバーグが提唱した「ジャスト・コミュ

ニティ・プログラム」がいわゆる「市民性教育」に貢献できることから，道徳教育は「対話能力を身につけた自律した主権者としての市民」の育成に寄与すべきだという結論に導きたい。

## 2 特設「道徳の時間」導入（1958年）の歴史的背景

太平洋戦争以前の日本の公教育体制が「教育勅語」（1890年渙発）によって規定されていたことは周知のことである。「朕惟フニ我カ皇祖皇宗國ヲ肇ムルコト宏遠ニ徳ヲ樹ツルコト深厚ナリ」で始まる教育勅語には，「父母ニ孝ニ兄弟ニ友ニ夫婦相和シ朋友相信シ」という儒教道徳，「國憲ヲ重ンシ國法ニ遵イ」という近代市民社会の道徳，そして「一旦緩急アレハ義勇公ニ奉シ」という国家主義道徳が謳われており，これらの徳目が「修身科」と「御真影」や「奉安殿」に象徴される学校行事を通じて教え込まれたのである（皇民化教育）。その結果「天皇の忠良なる臣民」に育てられた国民は，自分自身の頭で考えることをしない他律的な状態に置かれ，「御上の命令に忠実に従う無思慮な従順さ」を身につけて，太平洋戦争を遂行し，日本国民はもちろん近隣のアジアの諸国にも多大な犠牲を強いることになった。この歴史的な事実を歪曲することなく，二度と繰り返してはならない「事実」として「心に刻むこと」は，道徳的にもきわめて重要である。

戦後になって，1945年11月に発足した「公民教育刷新委員会」はGHQの指示によることなく，自主的に戦後の道徳教育の方針を打ち出した。「道徳は元来社会における個人の道徳なるが故に，「修身」は公民的知識と結合してはじめてその具体的内容を得，その徳目も現実社会において実践されるべきものとなる。したがって，修身は「公民」と一体たるべきものであり，両者を結合して「公民科」が確立されるべきである。」(6) ここには，個人の身のまわりの社会生活を疎かにし，いたずらに愛国心ばかりを強調した修身科に対する反省の意識が反映されてはいるが，教育勅語の精神は未だに否定されていないことが窺えるであろう。GHQはこの動きにすばやく対応する形で，教育に関する「四大指令」を発し，「修身，日本歴史及ビ地理停止ニ関する件」（1945年12月31日）

によって修身科の授業停止と教科書の回収，教科書の書き換えを命じたのである。

　公民教育構想は，修身科に代わる新たな目的，内容，方法等の十分な検討がなされないままに 1946 年 8 月に「社会科」が導入され，公民科は社会科に引き継がれたのである。

　1946 年 5 月 3 日に公布された日本国憲法の精神を普及し実現するために 1947 年 3 月には教育基本法が制定された。そこでは「人格の完成」と「平和的な国家及び社会の形成者として，真理と正義を愛し，個人の価値をたっとび，勤労と責任を重んじ，自主的精神に充ちた心身ともに健康な国民の育成」が教育目的として掲げられた。この段階においても教育勅語の地位は不明確なままであったが，1948 年 6 月 19 日に衆参両議院において教育勅語の排除ないし失効が決議された。「教育勅語は明治憲法を思想的背景にしているため，その基調において新憲法の精神に合致しない」とする森戸辰男文部大臣の下でのことであった。しかし，このことは戦後の道徳教育のあり方を曖昧にしてしまった。「公民科」の構想は「社会科」に引き継がれたのであるが，社会科が扱う内容はあまりにも多様であり，社会科で道徳を扱うことには限界があった。

　そのようななかにあって，朝鮮戦争 (1950年) 以後アメリカとソビエト連邦の対立が顕著になり，いわゆる東西の冷戦が始まった。1953 年の池田・ロバートソン会談では，日本を「防共の砦」にしようとするアメリカの防衛戦略の変更に応じる形で，愛国心教育を進めるための道徳教育の実施が約束された結果，1958 年に特設「道徳の時間」がスタートしたのである。もちろん，「道徳の時間」の特設に対しては，当時の代表的な教育学者がさまざまな批判を展開した。梅根悟は，戦後の「社会科」と「生活指導」を中心とする道徳教育体制から，戦前の「修身」と「訓練」を中心とする教育勅語体制への逆行であり，社会認識に基づかない超越的な倫理的教条の押しつけになる危険性を指摘し，勝田守一は子どもの問題行動が生じる原因を科学的に分析することなく，人間の理想的なあり方を建前的に上から教え込もうとしている点を批判した。また，宗像誠也は 1947 年に制定された教育基本法第 10 条の Support Without Control の精神，すなわち「行政権は価値観に踏み込むべきではない」との立場から「道徳の時間」の特設に反対した。現場の多くの教師たちも，学校の教育活動のあらゆる機会をとらえて道徳の指導はなされるべきであり，「道徳の時間」を意図的に設定することは，教育活動全体で行う全面主義の否定につながるとの危機意識から強く反対したのである。

　現在，「道徳の教科化」を含む道徳教育の強化を一貫して積極的に推進しようとしている押谷由夫でさえ，特設「道徳の時間」の導入に際して学校現場で大きな混乱が起こった原因は，「子どもたちと学校教育の現実を直視しながらの教育論が十分に議論されることがなく，文部省があまりにも早く学校現場での実施を急いだことも含めて，政治的側面からの相互不信及び対立が激しく，ことさらに政治的論争（批判）にさらされたためとみることができる」(7)と述べている。そして，「道徳の時間」が特設された 1958 年には，学習指導要領の法的拘束力が強調されるようになるのである。

## ③ 「道徳」授業批判

　さまざまに批判されてきた「道徳」授業の教材に江橋照雄作「手品師」(8)がある。小学 6 年生対象の作品であり，指導内容は学習指導要領にしたがって 1-(4)と定められている。1は「主として自分自身にかかわること」を，(4)は「誠実に，明るい心で楽しく生活する」を意味する。腕はいいのだが，その日のパンを買うのもやっとという貧しい手品師が主人公である。彼の夢は大劇場で手品を演じることだ。ある日のこと手品師は父親が死に，母親が仕事に出かけてずっと帰ってこないという寂しそうな小さい男の子に出会う。その子を励ますために手品を披露し，明日も手品を見せることを約束するが，その日の夜，「少し離れた大きな町に住む」友人が電話で大劇場にでられるチャンスを知らせ，「明日の演技に間に合うように直ちに出発せよ」と告げる。手品師は迷ったが，比較的簡単に「残念だが明日は行けない」と答えてしまう。すなわち，小さな男の子との約束を優先して，自分自身の夢を断念した手品師の態度を「りっぱで誠実だと」教えるための教材のようである。

「パンも買えない貧しい手品師の家になぜ電話が引いてあるのか」「少し離れた大きな町」は「どれくらい離れたところにあるのか」「手品師が約束した小さな男の子を探し出すことはできないか」等の子どもからの質問が予想される教材である。しかし、授業の導入に際して、約束を守ってもらえなかった時の気持ち等を子どもたちに話し合わせておけば、ほとんどの子どもが手品師の対応を「誠実でりっぱだ」と答えるであろう。

松下良平は、「読み物資料を用いた「道徳」授業では一般に、既存の考え方にとらわれることなく、よりよき行為・より正しい選択肢を探し求めていこうとする姿勢が求められません。目の前にある選択肢の中で登場人物が迷い悩む姿はよく描かれますが、それを見て、学習者が状況を再度分析して問題を立てなおしたり、新たな選択肢・解決案を考えだしたり、といった知的で創造的な探究が求められることはふつうありません。そもそも読み物資料の登場人物はあまり自己主張をしません。むしろ、苦境や困難にあっても不平をいわない人間、自分のやましい心を見つめて自分自身を責める人間が好んで描かれます。」[9] と鋭い指摘をしている。読み物資料を用いた道徳（以下では「資料道徳」と表記）が子どもたちに模範として示す人間像や理想的な態度は、生き物である以上当然すべての人がそれに従っている自己愛さえも否定して、他者や社会のために尽くす自己犠牲を美化することが少なくない。その結果、「「自らの利益を放棄して他人に尽くすほど思いやりがある」とみなされると、それはたちまち滅私奉公を正当化するようになり、権力者や他者による「支配や抑圧を進んで受け入れるための道徳」になってしまう。」[10] のである。松下は、このように資料道徳の前提あるいは根底に潜む人間観・道徳観の問題点を顕にしているのである。

ところで、「道徳教育論」（京都大学）の担当者（1999〜2009年）として学生たちに自分が受けてきた「道徳」授業の感想を書いてもらうと次のようなものが少なくなかった。

「小学校・中学校と道徳の授業を受けてきましたが、私はいつもなぜこんなことを勉強するのだろうと思っていました。道徳の時間になると、私はいつも

"いい子"になって,「こんなとき,あなたはどうしますか」という問いには,普段の自分そっちのけで模範解答と思われる答えを発表していたように思います。先生にほめられることを意識したいい子になっていました。それから私には道徳の時間のねらいがあまりよくわかりませんでした。**教材に出てくる話は当たり前だと思うことばかりだったし,先生の言うことも当たり前と思えることばかりでした。**」(経済学部2回生)

「小学生の頃,私も道徳の授業を受けた。その授業は,今思うと非常に形式的で,くだらないものだった。道徳の教科書を読み,感想を論じ合う,もしくは書いて提出するというものだったが,その**教科書の内容は,生徒にある一定の感情を強制するだけのものだった。他の授業と同様に教師は生徒に「正答」を求め,生徒は教師の期待に反しない回答を必死で模索する。また,教科書も「正答」のある問題しか載せていなかった。**それは決して良い授業といえるものではなかったように思う。私はいつも,何かしら違和感を抱きながら,教科書を読み,先生が褒めてくれそうな,良い点がつきそうな答えを探した。自分の心の底に問いかけたり,悩んだりということはまずなかったように思う。こういった授業形式は,生徒にとっても,教師にとっても非常に「楽な」ものだろう。答えの見えない問題を手探りで解決しようと試みるよりは遥かに楽なものであることは確かだ。しかし,これでは「道徳」の授業の存在意義がない。**この授業は,教師の,そして教科書を書いた大人の価値観の,子どもに対する押しつけでしかない。「道徳」の授業は,価値観だとか,人間の生き方に直接かかわる内容を扱う以上,このような簡単で,楽な授業形態は相応しいとは言えない。**」(教育学部2回生)

自分自身が受けてきた「道徳」授業に対する学生たちの感想はもちろんさまざまであるが,良い授業で感銘を受けたとするものは,残念ながらきわめて少数であった。そして,上記の学生の感想には,本質的な「道徳」授業批判が表現されている。すなわち,第一に,「道徳」授業が,自分の本心を偽って教師にとっての「良い子」を演じることを強制することで,教師や親の前では「偽りの自己」としての「良い子」を演じればよいのだということを教える「隠れ

たカリキュラム」(hidden curriculum) になっていることが示されているのである。

　宇佐美寛による「道徳」授業批判の正当性を確信させる内容である。彼は『「道徳」授業批判』(明治図書，1974 年)，『「道徳」授業をどうするか』(明治図書，1984 年) そして『「道徳」授業における言葉と思考—「ジレンマ」授業批判』(明治図書，1994 年) において，一貫して，現実に行われている「道徳」の授業が，かえって非教育的で不道徳なものになっている点を厳しく批判している。

　なぜなら，「文章を正確に読むことを妨げ，自分の頭で考えることを禁じ，教師の意図に迎合したたてまえを発言させる授業」(11) が「道徳」授業であることが少なくないからである。資料道徳では，子どもたちに主題名のついた一定の資料を読ませ，それに基づいて主人公の気持ちの動きや行動の意味，また，事件や出来事について深く掘り下げて考えさせることを通じて，具体的な社会的状況における適切な意思決定の方法を学ばせ，正しい道徳的判断力を養成しようと努めるべきである。しかし，資料自体が「現実離れした貧弱な内容」になっているため，正しい判断を下すための情報が決定的に不足しており，資料の読み方も予め設定されている「徳目」や「ねらい」に拘束されることになって，結局，子どもたちの自由な発想や創造的思考を妨げてしまうことになりやすいのである。「道徳」授業は「教え込み」(inculcation) や「巧妙な (情報) 操作」(manipulation) に陥りがちだということである。

　2008 年告示の学習指導要領は，「学校の教育活動全体を通じて，道徳的な心情，判断力，実践意欲と態度などの道徳性を養うこと」が道徳教育の目標であると規定し，道徳の時間においては，「各教科，特別活動及び総合的な学習の時間における道徳教育と密接な関連を図りながら，計画的，発展的な指導によってこれを補足，深化，統合し，道徳的価値の自覚を深め，道徳的実践力を育成するものとする」と述べている。そして 2015 年には次のように改訂された。「道徳的諸価値についての理解を基に，自己を見つめ，物事を多面的・多角的に考え，自己の生き方についての考えを深める学習を通して，道徳的な判断力，心情，実践意欲と態度を育てる。」

　このような要請に応えて，近年の「道徳」授業は，単なる資料道徳にとどま

らず，「環境教育」「人権教育」さらには「死への準備教育」(death education)
などとも関連させながら，「いのちの尊さ」について具体的に考えさせるよう
な興味深い優れた実践を生み出している。しかし，教室で行われている資料道
徳では「ロールプレイング授業」や「モラル・ジレンマ授業」などの新しい取
り組みがなされる場合でも，実際には宇佐美寛の批判に耐えられるような授業
になっておらず，旧態依然とした退屈な実践に陥っていることも少なくない。

　ところで，先に紹介した学生の感想のなかに，「道徳」授業の「平板さ，陳
腐さ」を指摘したものがあった。これに関連して，高久清吉は次のように述べ
ている。「わかっていることをわからせる，または，わかっていることを教え
られるというのでは，教える方にも学ぶ方にも張り合いが出ないのが当然であ
る。この点に道徳授業のむずかしさがある。また，この点に「道徳」の指導や
学習に対する魅力が失われやすい原因があるのではないかと思う。」(12) したが
って，「すでにわかっている。そんなことはあたりまえだ」という子どもたち
の思い込みに揺さぶりをかけ，「驚きと発見と感動」が生まれるような資料を
精選したうえで，教師による適切な指導がとりわけ重要になるのが「道徳」授
業であるといえる。

　高久清吉によれば，「はっきりわかる」と「深くわかる」という要素が結び
ついたときに，初めて「よくわかる」ということになるのである。前者は「構
造的理解」，後者は「全心的理解」と称される。「学習内容の本質によって心が
ゆり動かされる」わかり方は，「共鳴，感動，興奮がよび起こされるわかり方
である。わかるという心のはたらきは，そのわかり方が深まるにつれて単なる
知的，悟性的な層にとどまらず，情意の層にまで及ぶ全心的理解となる」(13)。
この全心的理解を「道徳」授業のなかで生み出すことが求められているのであ
る。

## 4 モラル・ジレンマ授業の意義と問題点

　教師が中心となって，一定の徳目や道徳的価値を教えようとする資料道徳は，
インカルケーションやマニピュレーションに陥りやすく，宇佐美寛が厳しく批

判するように，かえって非教育的で不道徳なものになることが少なくない。そこでこのような批判を克服する可能性がある「道徳」授業として注目されてきたのが「モラル・ジレンマ授業」である。第3章で紹介されているコールバーグ（L. Kohlberg, 1927-1987）の道徳性の認知発達理論に基づいて提唱された「道徳」授業である。

　道徳教育の分野では「ヘンゼルとグレーテル」と同じくらいに著名な「ハインツのジレンマ」という心理テストがある。第3章でもみたが，道徳授業の視点からもう一度詳しくみてみよう。「ヨーロッパで，一人の女性が非常に重い病気，それも特殊な癌にかかり，今にも死にそうでした。しかし，彼女の命が助かるかもしれないと医者が考えている薬が一つだけありました。それは，同じ町の薬屋が最近発見したある種の放射性物質でした。その薬は作るのに大変なお金がかかりました。しかし，薬屋は製造に要した費用の十倍の値段をつけていました。彼は単価200ﾄﾞﾙの薬を2000ﾄﾞﾙで売っていたのです。病人の夫のハインツは，お金を借りるためにあらゆる知人を訪ねて回りましたが，全部で半額の1000ﾄﾞﾙしか集めることができませんでした。ハインツは薬屋に自分の妻が死にそうだと訳を話し，値段を安くしてくれるか，それとも，支払いの延期を認めてほしいと頼みました。しかし，薬屋は「だめだね。この薬は私が発見したんだ。私はこの薬で金儲けをするんだ。」と言うのでした。そのためハインツは絶望し，妻のために薬を盗もうとその薬屋に押し入りました。」(14)

　ハインツの行為に賛成か反対か，立場を定めてその理由を述べなさい，というテストである。

　ここには妻の命を最優先に考えれば盗みも赦されるはずだとする生命価値優先の「道徳」の立場と，盗みを禁じている法令を遵守するのでなければ，社会秩序が保たれないという「法律の立場」の対立，価値的には「道徳的価値葛藤」（モラル・ジレンマ）が盛り込まれているが，類似の構造をもった資料を通して，子どもたちに「正義」を推論させ，子どもたちの議論（モラルディスカッション）を通じて，道徳的判断のレベルを一段階向上させようとする授業が「モラル・ジレンマ授業」である。詳細は第3章に委ねるが，この授業の前提にな

っている道徳性の発達段階は以下のごとくである。

　慣習以前の水準（自己中心的）

　　第1段階「罰の回避と権威への服従」志向

　　第2段階「道具主義的相対主義」志向

　慣習的水準（社会中心的）

　　第3段階「対人関係の調和あるいは「良い子」」志向

　　第4段階「法と秩序」志向

　慣習以後の自律的，原理的水準

　　第5段階「社会契約的遵法主義」志向

　　第6段階「普遍的な倫理的原理」志向

　たとえば，「僕がハインツだったら，薬を盗みません。なぜなら，薬屋さん
は薬の値段を自由に定めることを法律で認められていますし，ハインツと同じ
ような立場に置かれている人が皆ハインツのように薬を盗むことになれば，法
律の権威と社会秩序が根本的に損なわれてしまうから」という意見を述べてい
た生徒（第4段階）が，「確かに薬屋さんには薬の値段を自由に定める権利が認
められているにしても，ハインツから妻の事情を聴いた上のことであれば，十
倍もの定価をつける道徳的権利は認められず，妻の命を救うことができる大き
な可能性を秘めた薬を所有しているのであれば，当然その薬をハインツに譲る
べきだし，仮にハインツが薬を盗んだとしても，圧倒的多数の人々がその行為
を支持するはずだ」という別の生徒（第5段階）の意見に触れ，議論を深めるこ
とができれば，前者の生徒の道徳的判断は一段階向上する可能性が大きいと考
えられているのである。コールバーグ研究においては周知の「ブラット効果」
（the Blatt effect）である。

　ジレンマ教材自体がフィクションであり，道徳的価値葛藤を子どもたちの発
達段階に応じて際立たせるために，「現実離れした内容」になり，正しい道徳
的判断を行うための情報が不足しているという宇佐美の批判を回避できないこ
とが少なくないにしても，モラル・ジレンマ授業の意義は次のように要約する
ことができる。

　第一に，現在行われている「道徳」授業が授業のなかでのみ「教師の意図に迎合した良い子を演じればよい」ということを教える「隠れたカリキュラム」になっているという批判は，教師が特定の道徳的価値や心情を押しつけるのではなく，「オープンエンド形式」であるため，子どもが本音で意見を述べることができ，子どもたち自身の思考や発想を大切に育てることができるので，克服される可能性が大きい。そもそも授業のなかで「偽りの自己」としての「良い子」を演じる必要がない。

　第二に，自分とは異なる考え方をする子どもたちとのモラルディスカッションを通じて，一段階上の子どもたちの判断や意見に触れることで，道徳的判断を向上させることができる有意義な授業であるということである。

　第三に，子どもたちの議論が停滞するような場合には，「立場の転換を図らせる」（役割取得を促す）とか，「対比的に考えさせる」とかの教師の臨機応変で適切な発問によって，子どもたちの思考を深めるように働きかけることができるが，その場合にも教師は自分自身の意見を押しつけないように努めるため，子どもたちの思考や発想を十分に尊重できることである。教師はどこまでも子どもたちの議論を活性化させ，判断のレベルを向上させる「促進者」（facilitator）の役割を担うだけである。

　「特別の教科　道徳」が「考え，議論する道徳」を推進しようとするのであれば，「モラル・ジレンマ授業」はある意味ではそのモデルになるといえるのかもしれないが，この授業にも次のような問題点がある。

　第一に，松下良平が指摘しているように，「モラル・ジレンマ授業」が「子どもたちに"正答"を求めず，各自の意見を自由に言わせるだけの授業」に変質してしまえば，子どもたちの道徳的判断を向上させるという目的を達成することができないだけではなく，無責任な授業になるのである。「「オープンエンド」（答えを一つに決めない）形式の授業の意義を勘違いしている「言いっぱなし」の授業では，子どもたちの学びが深まることは期待できません。逆に稚拙な見解がそのまま容認される危険性すらあります」[15]と松下はいう。

　第二に，授業で用いられる資料のなかに明確な「モラル・ジレンマ」（道徳的

価値葛藤）を読み取らせようとするあまり，子どもたちの理解が教師によって操作される可能性はゼロではない。「考え，議論する道徳」も子どもたちの議論自体が巧妙に操作されるのでは，かえって非教育的であり不道徳である。

　第三に，「モラル・ジレンマ授業」に対する最も本質的な批判がある。すなわち，生徒の暴力や窃盗やいじめ等の問題行動が目立つ教育困難校においても，モラル・ジレンマ授業の実践を通じて，確かに生徒たちの道徳的判断の向上を促すことはできたのだが，その判断が道徳的行為の実践に結びつかないという重大な問題である。

## ⑤　ジャスト・コミュニティ・プログラムと市民性教育
### ──鍵概念としての「対話」

　コールバーグ自身もこの問題を明確に認識し，その結果晩年になって彼自身が提唱したのが「ジャスト・コミュニティ・プログラム」（just community program）である。道徳的行為の実践は，道徳的な問題が生じている状況に対して責任や責務を負うという判断がなされるかどうかで決まる。「義務判断」（deontic judgement）は「責任の判断」（judgement of responsibility）を介してのみ義務判断に即した行為に結びつくのである。実験室的状況での仮想的なモラル・ジレンマの課題解決では行為と義務の一致を見出すことは困難であり，行為に直接つながる「責任の判断」は，具体的な状況のなかでの他者への共感や愛情や責任ある対応が求められるコミュニティへの参加を通して初めて生じるのである。「ジャスト・コミュニティ・プログラム」は学校や教室の「道徳的雰囲気」（moral atmosphere）を変えることで，個人の行為を変化させようとするのである。

　ジャスト・コミュニティは「正義の共同体」と訳されるが，端的にいえば，学校や学級のなかで民主主義の精神が何よりも尊重され，「公正と正義」の実現をめざして共同体の構成員すべてが協力する共同体である。モラル・ジレンマ授業におけるディスカッションでは，子どもたちの発言はある意味では言いっぱなしでよく，発言に対する責任が問われることはほとんどないのに対して，仮想的なモラル・ジレンマではなく，学校や学級において生じた具体的な問題

の民主的な解決をめざすディスカッションにおいては，子どもたちの自由な発言は尊重されるにしても，問題に対する子どもたちの関心や利害の対立が予想される。そこで子どもたちの対立する意見を可能なかぎり尊重しながら，正義と公正の実現のために教師は包括的な提案を行う。ジャスト・コミュニティにおける教師は「提唱者」（advocator）としての役割を果たさなければならないのである。ただし，教師の提案はどこまでも「正義と公正の精神」を実現するための合意形成のためになされるのであり，生徒たちとともに「正義の共同体」を構成するための1つの提案として位置づけられる。教師の提案が教え込みになることを回避するためにも，ジャスト・コミュニティの実践においては「教室や学校に参加型民主主義の確立」が求められるのである。

　要するに学校や学級で生じるさまざまな問題や課題の解決に子どもたち自身が取り組むことを通じて学校や学級のあり方を改善し，その過程を通じて子どもたちの道徳性をも同時に向上させようとする道徳教育の実践がジャスト・コミュニティの実践である。そこで重要になるのは，子どもたちの自由な意見表明を促進する場の雰囲気であり，意見の対立や相違をむしろ大切にしつつ，問題を解決し，課題を克服するための合意形成力，すなわち「差異から出発し合意を探るコミュニケーション（communication）」[16]の能力であり，「問題が起きた時に，何が善い／正しいことなのかを話し合いを通じて考え，そのつどより善い答えを導きだそうとする態度自体は，絶対的に正しいことである」[17]とする確信である。

　ところで，以上のような道徳教育の実践，すなわちジャスト・コミュニティ・プログラムは，近年注目されている「市民性教育」（citizenship education）にも寄与することができると思われる。2002年にイギリスの中等教育に導入された「市民性教育」のねらいは，政治や社会の動向に無関心な青年世代の増加が，ひいては国家や社会の不安定化につながるとの危機意識から，「社会のなかで課題を発見し，行動する学習」を通じて市民参加型の民主主義社会の担い手，すなわち「能動的市民」を育成することであった。したがって，ジャスト・コミュニティの実践は，コミュニケーション能力の育成を通じて「市民性教育」

の実践に結びつくことができるのである。

　ところで，グローバリゼーションの進展とともに多民族・多文化国家がます ます増加し，そのようななかで「人間の尊厳と平等性への確信，寛容の実践， 討論や証拠に照らして自己の見解や態度を変えていくことへの開かれた積極性， 機会の平等やジェンダーの平等への関与等々」(18) の社会的道徳的価値の普遍 的な承認が求められているが，その一方では「神の死」がもたらしたニヒリズ ムの浸透によって，「何をすべきであり，何をしてはならないか」を示す明確 な善悪の価値基準が失われ，あらゆる価値の相対化が急速に進んでいるのであ る。

　そもそも人間のいのちと死にかかわる問題への人為的介入が「神への冒涜」 と見なされた時代はすでに遠い過去となって，いまや生殖医療技術の急速な進 展は，男女が愛し合うという過程を省略して，理想的な資質と能力をもつこと が将来に期待されるデザイナーベビーの創造を可能にしている。また，「生命 の質」(QOL) を最優先することによって「生命の神聖性」(SOL) が軽視される 危険性が格段に高くなっている。安楽死の是非が問われる場合でも，「①判断 能力のある大人なら，②自分の生命，身体，財産にかんして，③他人に危害を 及ぼさない限り，④たとえその決定が当人にとって不利益なことでも，⑤自己 決定の権限を持つ」(19) という倫理学における自由主義の原理によってその是 非が判定されることが少なくない。生命倫理学の分野では，「技術的に可能な ことを別の観点からしてしない」ということでなければ，人間の尊厳が守られ ない事態が生じているが，「別の観点」とは何であろうか？

　また，人類全体の生存可能性を原理とする環境倫理学は，人間の自己中心主 義を改め，人類以外の生物との共生を模索し，未来の世代に対する責任から， 地球の生態系の保全を基準として人間の行為が決定されるべきだとするのであ る。したがって，個人の自己決定権の尊重と地球全体主義の立場は根本的に対 立せざるをえない。民主的な社会においては多様な価値観が可能な限り尊重さ れねばならないが，そこに必然的に含まれる価値観の対立を重要な教育の機会 に変換する新しい教育のパラダイムが求められている。それは社会生活におい

て法律が果たしている役割を理解し，同時に遵法主義の意義と限界を認識したうえで，ルソー的にいえば，「自分の眼で見，自分の耳で聞き，自分の感情で感じ，自分の理性以外には他にいかなる権威も認めない」「自律した市民」の育成であり，同時に異質な「他者」との真の意味での「対話」ができる「他に開かれた市民」の育成に寄与する「別の観点」からの教育にほかならない。

【徳永　正直】

注
（1）　1986年2月1日東京都中野区の中学2年生S君が盛岡駅構内で遺書を残して自殺した。遺書にはグループ内で「いじめ」を受けており，このままでは「生きジゴク」になる。でも自分が自殺しても他の友人が犠牲になったのでは意味がないので，「いじめ」をやめるよう悲痛な訴えがこめられていた。しかし，このいじめに関連する「葬式ゴッコ」には担任を含む4人の教師が加担していたことが判明した。この事件に対する1991年の東京地裁の判決は，「いじめ」のような困難を通して生徒は人間的に成長するのであり，「葬式ゴッコ」も「ひとつのエピソードにすぎない」と評して話題になった。その後，1994年5月20日の東京高裁判決で，初めて「いじめ」と「自殺」の因果関係が認められた。
（2）　1994年愛知県西尾市の中学2年生O君が，凄惨で，しかも多額の金銭を強要される「いじめ」を受け，遺書を残して自殺した。脅し取られた金額は総額114万円にも及んでいた。愛知教育大学の折出健二は翌年の日本教育学会シンポジウムで，「いじめは，重大な人権侵害行為である。それは異質排除と差別によって始まり，（相手の人間性を）貶め，従属させ，ついには生きる希望を奪うところにまで進行していく」と述べた。
（3）　遅刻防止のための校門指導の際に，女子生徒が230kgを超える鉄製の門扉と門柱に頭部を挟まれ死亡した事件。校門指導に携わった教諭は門扉を閉める前にカウントダウンをしていたという。
（4）　人間の壊れ易さを確かめるための実験と称し，中学2年生の少年Aが小学生の女児2名をハンマーで襲い一人には重傷を負わせ，他の一人を殺害した。また，小学5年生の男児を絞殺した後，頭部を切断し，その口に警察とマスコミに対する挑戦状を挟み込み，自らが通う中学校の正門に晒した。少年Aの幼少期に虐待に近い激しい「しつけ」があったことでも話題になった事件である。
（5）　ニーチェ（信太正三訳）『悦ばしき知識』（ニーチェ全集第8巻）理想社，1962年，123ページ。
（6）　貝塚茂樹『戦後教育改革と道徳教育問題』日本図書センター，2001年，92ページ。

（7）　押谷由夫『「道徳の時間」成立過程に関する研究』東洋館出版，2001年，200ページ。

（8）　「道徳」編集委員会『明日をめざして　道徳6』東京書籍，2000年，64-67ページ。

（9）　松下良平『道徳教育はホントに道徳的か？「生きづらさ」の背景を探る』日本図書センター，2011年，68ページ。

（10）　同上，48ページ。

（11）　宇佐美寛『「道徳」授業をどうするか』明治図書，1989年，5ページ。

（12）　高久清吉『教育実践学』教育出版，1990年，205ページ。

（13）　高久清吉『教育実践の原理』協同出版，1978年，115ページ。

（14）　L. コールバーグ，アン・ヒギンズ（岩佐信道訳）『道徳性の発達と道徳教育』広池学園出版部，1994年，181ページ。

（15）　松下良平，前掲書，69ページ。

（16）　渡邊満「シティズンシップ教育とこれからの道徳教育─鍵的概念としての討議過程創出という課題」小笠原道雄編『教育哲学の課題─「教育の知とは何か」』福村出版，2015年，284ページ。

（17）　野平慎二「コミュニケーションと道徳教育」小笠原道雄・田代尚弘・堺正之編『道徳教育の可能性─徳は教えられるか』福村出版，2014年，117ページ。

（18）　渡邊満，前掲書，287ページ。

（19）　加藤尚武『現代倫理学入門』講談社学術文庫，1998年，167ページ。

**考えてみよう**

1．「考え，議論する道徳」授業はどのようなものでなければならないか。

2．「生命の質」（QOL）を「生命の神聖性」（SOL）に対して優先すべき場合を具体的に考えてみよう。

3．子どもの問題行動にはどのようなものがあるだろうか？　なぜ「問題」だとされるのだろうか？

**参考文献**

高橋哲哉『教育と国家』講談社現代新書，2004年

宇佐美寛『宇佐美寛　問題意識集12「価値葛藤」は迷信である─「道徳」授業改革論』明治図書，2005年

宇佐美寛『宇佐美寛　問題意識集13「道徳」授業をどう変えるか』明治図書，2005年

西原博史『良心の自由と子どもたち』岩波新書，2006年

小笠原道雄・田代尚弘・堺正之編『道徳教育の可能性　徳は教えられるか』福村出版，2014年

# 第5章　道徳教育の方法 (1)

## 1 国家主義的道徳教育と民主的道徳教育

　「そのときどきの政策が教育を支配することは，大きなまちがいのもとで
ある。政府は教育の発達をできるだけ援助すべきであるが，教育の方針を
政策によって動かすようなことをしてはならない。……ことに，政府が，
教育機関を通じて国民の道徳思想をまで一つの型にはめようとするのは，
最もよくないことである」（文部省著作高等学校用教科書『民主主義　下』1949
年）。
　文部省はかつてこのように述べて，戦前の国家主義的道徳教育を否定した。
戦後否定された戦前の国家主義的道徳教育とはどのようなものであったのか，
その特徴を簡潔にみておこう。なお詳しくは第7章を参照してほしい。

### 1 戦前の国家主義的道徳教育

　第1に，引用にもあるように，道徳とは何かを国家が上から定め（道徳の国
定化），その内容を学校教育を通じて国民に押しつけ，国民の道徳思想を1つ
の型にはめようとしたことである。それによって，国家にとって都合のよい人
間（支配に従順な人間）をつくり上げようとした（国民の教化）のであった。
　第2に，戦前の道徳の内容の根幹，いわば道徳の教典にあたるのが教育勅語
で，皇国史観に基づく神格化された天皇制こそが日本の国のあり方（国体）で
あるとの前提のもとに，国民の守るべき徳目を示した。「父母に孝に」で始ま
る一連の徳目は，「一旦緩急あれば義勇公に奉じ以て天壌無窮の皇運を扶翼す
べし（いったん国に事ある場合には，勇気をふるいおこして，命をささげ，君国のため

につくさなければなりません）」という最高の徳目に収斂され，国（天皇）のため<br>
に命をささげることが国民の最高のつとめとされた。親より先に死ぬことは親<br>
不孝であるが，天皇のために死ぬことはそれを上回る徳目とされたのである。

　第3に，このような道徳を教え込むために，「修身」という教科が設けられ，<br>
あらゆる教科のなかで最も重要な教科（首位教科）とされた。修身では，教育勅<br>
語等に示された個々の徳目に対応する格言・例話で一課を構成する国定教科書<br>
が使われ，一課ごとにその徳目を教え込む（徳目主義）授業が行われた。教科で<br>
あるから，成績評価の対象とされ，修身の成績が悪いと上級学校に進学できな<br>
かった。学力以上に，人格評価が入学試験の合否を左右したのである。逆にい<br>
えば，教師の主観に大きく左右される成績評価の圧力によって，子どもを教育<br>
勅語が求める人格に仕立て上げたのであった。

　第4に，教育のなかで徳育が最も重要である（知育に対する徳育の優位）として，<br>
学校教育全体を道徳教育で染め上げていたことがあげられる。1つは，修身だ<br>
けでは不十分であるとして，各教科（とくに，国語，日本歴史，地理，唱歌）に道<br>
徳教育の目標が持ち込まれ（教科の道徳教育化），国民教化の手段に組み込まれ<br>
たことである。もう1つは，教科以外の場（今日，特別活動と呼ばれている領域）で，<br>
体に覚え込ませる，訓練主義的道徳教育が徹底して行われたことである。とく<br>
に重視されたのは，儀式と集団訓練的学校行事であった。「君が代」斉唱，「御<br>
真影（天皇・皇后の写真）」への最敬礼，正装した校長による教育勅語の奉読，<br>
校長訓話などが神秘的な雰囲気のなかで続く儀式は，天皇への無条件の忠誠を<br>
植えつけるマインドコントロールの機能を担った。集団訓練では軍隊式服従訓<br>
練が導入され，歩き方も含め，号令による一糸乱れぬ行動が求められた。神社<br>
清掃などの校外での奉仕活動が課せられたのも特徴である。

　第5に，このような道徳教育を徹底するために，教育内容と，実際に教育を<br>
行う教員を上から統制する仕組みが確立されていたことである。修身の内容に<br>
ついては，国定教科書というかたちで全国一律の画一的内容が定められていた<br>
し，教授細目や校長の検閲によって，教案や教師の実践を管理・統制する仕組<br>
みが確立されていた。

　以上のような特徴をもつ戦前の国家主義的道徳教育は，アジア太平洋戦争の時期に，「わが死わが死にあらず，天皇への帰一である」という「死の教育」（東京高等師範学校附属国民学校内初等教育研究会編『国民科修身教育の実践』1941年12月，60ページ）を徹底することによって，多くの若者を死地に追いやるうえできわめて重要な役割をはたした。本来，道徳教育とは，人間の命や人権をなにによりも大切にすることが人の道であることを教えるべきものであるとするならば，戦前の国家主義的道徳教育は，道徳教育の名に値しない，むしろ徹底した反道徳教育であったといえる。

## 2　戦後の出発点における道徳教育

　戦後，1946（昭和21）年11月3日，戦前の軍国主義と，民主主義も基本的人権の保障もない絶対主義的天皇制の反省のうえに立って，①国民主権，②基本的人権の尊重，③平和主義の3原理を掲げる日本国憲法が公布され，翌年3月，この憲法の精神にそって教育を進めるため，「教育の憲法」といわれる教育基本法が制定された。では，戦前の教育の反省のうえに構想された，戦後の出発点における道徳教育とはどのようなものであったのか，その特徴を簡潔に見ておこう。

　第1に，本節の最初に引用したように，国家による，学校教育を通じた国民への道徳思想の押しつけ（道徳の国定化）を否定したことである。

　第2に，戦後の道徳教育の理念は，憲法や教育基本法の示す平和，民主主義，基本的人権の尊重を基調とするものとなった。1947年教育基本法は前文で，「個人の尊厳を重んじ，真理と平和を希求する人間の育成を期する」とうたい，第1条では「人格の完成をめざし，平和的な国家及び社会の形成者として，真理と正義を愛し，個人の価値をたつとび，勤労と責任を重んじ，自主的精神に充ちた心身ともに健康な国民の育成」を教育目的として掲げている。注意しておきたいのは，教育基本法には，抽象的，理念的な「教育の目的」についての条文は盛り込まれたが，戦前の道徳の国定化の反省に立ち，教育現場をしばる「教育の目標」を条文に盛り込むことは慎重に避けられたことである。

　第3に，戦前の修身のような，形式的・画一的に徳目を教え込む道徳教育の
ための教科は否定され，設置しないことになった。

　第4に，道徳教育を，社会生活についての知識・理解で基礎づけ（知育との
結合），自主的・合理的判断力を育成することが重視された。そのため，「具体
的な生活の場面で生きた生活にそって生きた指導をしていく」「実践指導」（生
活指導と自治の修練）と，社会生活についての「知的指導」を結合して行うこと
が強調された（文部省『国民学校公民教師用書』1946 年）。戦後の道徳教育は，新
しい教科である社会科と，自治活動をその重要な柱とする生活指導を中心に，
学校教育の全面を通じて行われることになったのである。

　第5に，戦後最初の学習指導要領は，「上の方からきめて与えられたことを，
どこまでもそのとおりに実行するといった画一的」な戦前の教育のあり方の反
省に立って，現場の教師の「創意や工夫」（文部省『学習指導要領一般編（試案）』
1947 年）を広く奨励したが，道徳教育においても，その具体的な目標や指導の
観点は「個々の教師自身の研究にまつべきもの」（文部省『道徳教育のための手引
書要綱』1951 年）とされ，教育内容や教育実践に対する上からの統制は否定さ
れた（教師の教育の自由）。

## 3　今日強められようとしている国家主義的道徳教育

　戦前の反省のうえに構想された，戦後の出発点における道徳教育についての
このような考え方は，1950 年代後半の戦後の民主的諸改革に対する「逆コース」
の流れのなかで再び逆転させられていくようになる。大きな転換点は，1958（昭
和 33）年の「道徳」の特設と学習指導要領への法的拘束力の付与である。これ
以降，文部省は，再び上からの国家主義的道徳教育を推進していくことになる。

　道徳教育の強化，徹底は，その後の文部省の一貫した政策であるが，2006
年 12 月に教育基本法の全面改定が行われ，2015 年 3 月の学習指導要領の改訂
で道徳科が設置されたことによって，今後，国家主義的道徳教育の本格的，全
面的な強化，徹底が図られようとしている。現在進められようとしている，国
家主義的道徳教育の特徴を次にみておこう。

　第1は，道徳の内容を国が定め，それを学校教育を通じて教え込んでいくという国家主義的道徳教育の枠組みの強化である。すでに，1958年の「道徳」の特設と学習指導要領への法的拘束力の付与以来，道徳の内容を国（文部（科学）省）が定め，それを学校教育を通じて教え込んでいくという国家主義的道徳教育の枠組みが確立されているが，政府は，この強制力をさらに強めるため，教育基本法の全面改定を通じて，従来の教育基本法では慎重に避けられていた「教育の目標」の条文を新設し，道徳の内容を「教育の目標」に盛り込み，その「達成」を学校教育に法的に義務づけた。

　第2に，教育基本法の全面改定を通じて盛り込まれた道徳の内容が，国家主義的，戦前回帰的特徴を強めていることである。前文の「めざす教育」からは，「平和」の理念が消され，代わりに「公共の精神」や「伝統」が盛り込まれている。第2条では，「国を愛する態度（愛国心）」，「公共の精神」などの徳目が法律で定める「教育の目標」とされ，その「達成」が学校教育に義務づけられた。戦後の「愛国心」教育の復活の背景には，アメリカの占領政策の転換にともなう再軍備要求と，それに応えた，1953（昭和28）年の池田・ロバートソン会談での日本側の，「防衛の任にまずつかなければならない青少年」への「愛国心」教育徹底の約束があった。その後，1991（平成3）年の湾岸戦争後，アメリカから「血を流す」国際貢献を求められ，国連平和維持活動，イラク戦争などへの自衛隊の海外派兵が行われてきたが，憲法上の制約で海外での武力行使には参加できないでいた。その制約を取り除くため，2014（平成26）年7月の閣議決定で集団的自衛権の行使を可能にする解釈改憲を行い，多くの憲法学者や歴代の内閣法制局長官，元最高裁長官らが違憲性を指摘したにもかかわらず，2015（平成27）年9月に安全保障関連法の成立を強行し，海外での武力行使を可能にしたなかでの「愛国心教育」強化の動きである。

　第3に，2015（平成27）年3月の学習指導要領の改訂で「特別の教科　道徳」（道徳科）が設置され，事実上の修身教育の復活が行われたことである。「道徳」の特設以降，文部省は，道徳の授業の定型化，資料の画一化を推進し，読み物資料を使って，1時間の授業に1つの徳目を対応させる指導の基本形を普及し

ていった。2002（平成14）年には，小学校の低・中・高学年向けと中学校向け
の4種類の『心のノート』という，事実上の国定道徳教材を発行し，現場に使
用を義務づけ，2014（平成26）年にはその改訂版として『私たちの道徳』が発
行されている。そして，いよいよ次の段階として2015（平成27）年に道徳の教
科への格上げが行われたのである。道徳の教科化によって，検定教科書の使用
と生徒の成績評価が義務づけられる。教科書を通じて国の求める徳目を教え込
み，成績評価を通じて国の求める人格へと誘導していく危険性が高まる。

　第4に，上からの国家主義的道徳教育を強化するため，学校教育全体を道徳
教育で染め上げようとしていることである。1989（平成1）年版の学習指導要領
の改訂以降，各教科や特別活動のなかでも道徳教育の強化をはかろうという動
きが強められてきたが，2008（平成20）年版の学習指導要領の改訂では，1891（明
治24）年の小学校教則大綱にならい，全教科・全活動に道徳教育の指導が位置
づけられた。学校儀式での「日の丸・君が代」の徹底や，「奉仕活動の義務化」
の動きなど，戦前の訓練主義的道徳教育と同じような道徳教育の再現も進めら
れようとしているのである。

　第5に，教師の実践への統制の強化である。1989年版の学習指導要領から
「道徳教育の全体計画と道徳の時間の年間指導計画」の作成の義務づけが盛り
込まれた。個々の教師の創意・工夫を許さず，上からの画一的な道徳教育を現
場に徹底させるための仕組みである。道徳の教科化によって，上からの統制が
一気に強められる危険性をはらんでいる。

　これらの特徴を戦前と対比してみると，今日進められつつある上からの道徳
教育は，戦前の国家主義的道徳教育と非常に似通ったものになりつつあること
がわかる。しかし，この間文部（科学）省が進めてきた道徳教育は必ずしも十
分な効果をあげていないという事実がある。

## 4　上からの国家主義的道徳教育のかかえる矛盾

　1995年に全国の小学校12校（2046人），中学校9校（4550人）を対象に実施さ
れた調査（『道徳教育』1997年4月号）では，道徳の授業が「楽しい」と答えた者は，

次に示すように，学年を追って低下している。

| | 小　　学　　校 | | | 中　　学　　校 | | |
|---|---|---|---|---|---|---|
| | 低学年 | 中学年 | 高学年 | 1　年 | 2　年 | 3　年 |
| 楽しい | 55.2% | 36.5% | 18.9% | 15.7% | 6.0% | 5.2% |
| 楽しくない | 5.9% | 9.6% | 20.0% | 27.4% | 44.0% | 48.2% |

　1998（平成10）年の中央教育審議会答申「新しい時代を拓く心を育てるために」は，このデータを深刻に受け止め，道徳教育の現状分析と改善提言を行い，「現在の資料は……その内容が子どもにとって結論の見え透いた空々しいものも少なくなく，例えば，実話を題材にするなど子どもたちに自分で考えることを促すようなものへと改善を図っていく必要がある」，「道徳教育が子どもたちの心に響かないものになってしまっている例を見ると，教室内のいわゆる座学によって，単に徳目を一方的に教え込むような指導に頼っている場合がしばしばある。……道徳的価値の大切さの自覚を促すために，日常の生活や体験に即して子どもたちがそれについて考えていくようにすること，そして，道徳教育で学んだことが日常生活に生かされ，実践に結び付くようにしていくことが強く求められる。」などと指摘した。

　これは，上からの徳目の教え込みのような，戦前型の国家主義的道徳教育では教育効果をあげられないこと，教育効果をあげるためには，子どもたちの心に響く教材の開発，子どもたちの日常生活や体験と結びついた実践を追求せざるをえないことを示している。ここに，民主的道徳教育の実践を切り開く可能性が開かれている。では，そのような道徳教育にどのように取り組めばよいのか，さまざまな実践に学びつつ，道徳教育の指導形態と計画のあり方の問題として，次節以降で検討する。

## ②　道徳教育の指導形態

　道徳教育というと，週1時間の「道徳」の時間に，副読本（教科化によって今後は教科書）の資料を使って子どもたちに話し合いをさせ，最後に教師がまと

めの説話を行うものというイメージが根強く存在する。これは，1958（昭和33）年に文部省が特設「道徳」を導入して以降につくり上げられたものである。現場の教師には，徳目主義的な文部省の特設「道徳」に対する反発から，「道徳教育」という言葉そのものへのアレルギーも広範に存在する。しかし，それらの教師たちも，それぞれに，「このような人間に育ってほしい」という願いをもって日々の実践を行っており，実践のなかで子どもたちの人間形成にかかわるさまざまな働きかけを行っている。戦後の民主教育運動のなかで取り組まれてきた生活綴方教育，学級集団づくり，生活教育，文学教育，平和教育，人権教育，人間と性の教育などの運動は，いずれも「道徳教育」と銘打ってはいないが，それぞれの立場からのすぐれた道徳教育実践を生み出してきている。これらの実践の蓄積にも学びながら，学校教育の場での民主的道徳教育のイメージをより豊かに構想していくことが求められている。

　そこで最初にしっかりと押さえてほしいのは，「道徳教育」イコール「道徳（科）の授業」ではない，「道徳（科）の授業」は「学校の教育活動全体を通じて行う道徳教育」全体のごく一部分を構成するにすぎないということである。

### 1　生活のなかで学ばせる指導

　道徳教育の目標が，子どもたちのなかに道徳性（道徳的行為を行うために必要な諸能力・資質）を育成することにあるならば，実生活のなかでの実践的指導が最も重視されなければならないし，子どもへの影響力も最も大きいのである。

#### (1) 行動の指導（生活指導）

　これは，実生活のなかでの子どもたちの行動そのものに対する実践的指導であり，生活指導と呼ばれているものにほぼ対応する。これには次のような4つのものをあげることができる。

① 基本的生活習慣・礼儀作法などの指導

② 具体的行動に即して，教師が直接，個人あるいは集団をほめたり，しかったり，励ましたりする，教師による直接的指導

③ 問題行動やトラブルなどの子ども集団による解決（相互批判，自己批判を含

む話し合いや，問題克服のための運動など）の指導（間接的指導）

④　民主的学級集団づくりを通じて民主主義的行動能力を発達させる指導

　①～③を含みながら，学級集団づくりに焦点を当てて独自の方法論をつくり上げてきた全国生活指導研究協議会のさまざまな学級集団づくりの実践の蓄積に学ぶことができる。

実践例として，小学校高学年の女子の私的グループ化のなかでの「仲間はずし」や「いじめ」に取り組んだ浅井定雄実践（「小学校高学年のクラス集団づくり――女子のグループ化に焦点を当てて」加藤西郷他編『思春期と道徳教育』法律文化社，1990年），「人間の尊厳を教えるため」に，中学校の生徒のなかに「暴力を許さない力」を形成するという視点で取り組んだ大平勲・栗原敦実践（「「子どもが主人公」の学校づくり――暴力追放集会の取り組みに視点を当てて」同上書），人権教育・平和教育とも結びつけて中学校での暴力克服に取り組んだ福井雅英実践（「人権・平和教育を通して――平和・人権・民主主義・連帯を柱に」青木一他編『道徳教育実践の探求』あゆみ出版，1990年），いじめなど，クラスで起こるトラブルを解決する力を子どもたちに育てることに取り組んだ金森俊朗実践（「第1章　トラブルの解決」『希望の教室』角川書店，2005年）をあげておく。

　金森には，文章を綴らせるという点では，後述の「内面をていねいに見つめさせる指導」と似ているが，その文章がクラスの仲間（または担任）を名宛て人にして書かれるという点で，子どもの仲間に対する意見表明（批判や称賛，助言等）を促している実践といえる「手紙ノート」の実践（『いのちの教科書』角川書店，2003年）もある。かつて，フレネ（C. Freinet, 1896-1966）が，子どもたちに週に1度，壁新聞に批判，称賛などの意見を書き込ませ，その内容について話し合わせ，クラスや学校で起きた問題の解決をはからせた（C.フレネ『手仕事を学校へ』黎明書房，1984年，100ページ）のと共通する面がある。「手紙ノート」（事前に教師が目を通せるという利点はあるが）のかたちをとらなくても，毎日の「終わりの会」などで，一日を振り返り，クラスの仲間に対する批判，称賛，助言などを自由に語り合う取り組みを日常化できれば，相互に高め合う仲間関係をつくり上げることにつながるであろう。

## ⑵ 道徳的価値にかかわる豊かな体験の組織とその表現・交流

　自然，人間，文化，労働，いのちなどにかかわるさまざまな豊かな経験を組織し，また，その体験のなかで感じたことや考えたことを，日記，詩，作文などに表現し，それを相互に交流し合うこと（学級通信を通じて，親にも伝えていくことで，親子の対話も生まれてくる）を通じて，人間としての豊かな情操をはぐくむことを目的にする。特別活動や総合的な学習，生活綴方的指導として位置づく。

　2008（平成20）年版までの小（中）学校学習指導要領の総則１の２でも「豊かな体験を通して児童（生徒）の内面に根ざした道徳性の育成」をはかることが重視されてきたが，民主的道徳教育の立場から「豊かな体験」の組織化に積極的に取り組む必要がある。この分野ではこれまでさまざまな蓄積があるが，次の３つの柱で整理しておこう。

　① 地域の自然や文化，人々との豊かなふれ合い体験の組織化

　「地域に根ざした教育」として取り組まれてきたさまざまな蓄積から学ぶことができる。地域の老人（祖父母学級など）や障害児学級との交流，働く人々の労働現場の見学や聞き取り，職場体験，地域の歴史の掘り起こし，戦争体験の聞き取り等，多様な可能性が追求できる。ボランティア活動（奉仕活動）も，上からの押しつけや内申点稼ぎ，単なる労働の下請けにならないように注意しながら，積極的に位置づけることができる。

　厚生労働省が行っている保健福祉体験学習（中高生に，乳幼児検診などの場に行ってもらって，お母さんに頼んで赤ちゃんをだっこさせてもらったり，いっしょに遊んでもらうことを市町村補助事業として実施している）なども活用するとよい。

　② 子どもたち自身による生活文化活動の豊かな創造

　学級（学年・学校）レベルでの，子どもたち自身による遊び，文化活動，スポーツ活動，労働的活動などで，生活教育運動などの分野での豊かな蓄積に学ぶことができる。地域から異年齢子ども集団が消えてしまって久しいが，それに代わるものとして，小学校で，学年縦割りの遊びグループの組織化などがもっと試みられてよい。

③ 学校行事のなかでの豊かな体験の組織化

　修学旅行，宿泊合宿，運動会，文化祭などの学校行事も豊かな可能性を秘めている。広島・長崎・沖縄への修学旅行での戦争学習，語り部さんとの交流など，平和教育運動のなかでの豊かな蓄積や，子どもたちが自主的につくり上げる宿泊学習や文化祭の取り組みなどの実践に学ぶことができる。

実践例として，豊かな体験がいっぱい詰まっている金森俊朗実践（『太陽の学校』教育史料出版会，1988 年）や「わらでなった大蛇づくり」「けん玉遊び」「原始の火おこし」などに挑戦させた森川紘一実践（「連帯と団結のなかで育つ道徳」右島洋介編『小学校道徳教育の実践』あゆみ出版，1983 年），沖縄学習旅行 20 年の歩みをまとめた和光小学校・和光鶴川小学校の実践（丸木政臣・行田稔彦監修『沖縄に学ぶ子どもたち』大月書店，2006 年）などがある。

「道徳的価値にかかわる豊かな体験の組織」とは，「体験の組織」を特定の徳目を教えるための手段にすることではなく，「豊かな体験」を組織することを通じて，そのなかで子どもたちが，道徳的価値にかかわるさまざまな事柄に気づいたり，感動したり，考えたりすることで，結果として，人間としての豊かな情操が育まれること，また，地域の人々などとの交流を通じて，自然に礼儀作法などが身についていくことをねらいとしているのである。1989（平成 1）年版学習指導要領の解説書のなかにある次の指摘は正論として受け止めておきたい。

　　「遠足でクラス全員が助け合い，汗を流して登山したというような共通の経験があったとしても，計画を立てる，準備をする，登山の苦しさ，協力や助け合い，登頂の喜び，自然の美しさへの感動など，総合的であるとともに児童の受取り方も個別的である。それを教師が一方的に価値づけ，協力とか努力とか美しさへの感動とかへ結論づけようとしても無理である。それはかつての徳目主義と何ら変わるところがない」（熱海則夫・菊川治編『改訂 小学校学習指導要領の展開　総則編』明治図書，1989 年，84 ページ）。

### (3) 自己や他者の内面をていねいに見つめさせる指導

主として生活綴方教育のなかで取り組まれてきた指導で，次の 2 つの面で道

徳性の発達に重要な役割を果たす。

　第1に，日記や生活ノートなどに自分の言葉で表現するという作業を通じて，自己の内面（矛盾や弱点も含め）をていねいに見つめさせ，それに対して教師が，揺れ動く子どもの気持ちに寄り添いながら赤ペンを入れることを通じて，その子のもっている「より良く生きたい」という思いを励ますことで，子どもの内面に，みずからそのような生き方を選択していくことができる力を発達させていくことができる。

　第2に，クラスの仲間の綴方を読んで話し合うことを通じて，クラスの仲間や家族など，身近な人々のさまざまな思いを深く知り，考えることができ，他者への共感能力を発達させることができるとともに，身近な他者の思いを鑑として，自分の生き方を見つめ直させることができる。

　実践例として，子どもたちが書く日記から，みんなで共有できるものを毎日発行する学級通信に載せて，みんな（親も含め）で読み合っていくなかで，仲間の悩みや頑張り，素晴らしさをお互いに発見し，共有し，成長していくドラマを描いた笠原紀久恵の小学校の実践（『友がいてぼくがある』一光社，1981年），やはり，つらい思いや喜びなどを詩や作文に綴らせ，みんなの前で読ませていくことをベースにしながら，非行，いじめ，登校拒否，家庭崩壊，性などの今日的問題に取り組んだ中俣勝義の中学校の実践（『先生！　行き場がない』エミール社，1991年），クラスで毎月行うお誕生日会の日に，親から，自分の子どもが生まれてから今日までのさまざまな喜びや苦労を手紙のかたちで書いてもらい，教師がみんなの前で読んであげる河野幹雄の「子育ての記」実践（右島洋介編，前掲書）と土佐いく子の「生いたちの記」実践（青木一他編，前掲書），また，映像化されたものとしてNHKドキュメントにっぽん「小さな詩人たち・北上山地20人の教室」（1999年7月9日放映）などがある。

## 2　他者の生き方を教材にした指導

　道徳的価値にかかわる具体的生きざま（ノン・フィクションおよびフィクション）を提示し，考えさせる指導である。子どもたちが日常の生活のなかで体験でき

ることには限界があり，また個人差がある。そのため，1の「生活の中で学ば
せる指導」に加え，子どもたちが日常生活のなかでは体験できない（あるいは
共通の教材として提示した方がよい），他者の生き方を教材にした指導が必要になる。
子どもたちに新鮮な感動を与えることができる多様な教材を，たくさん発掘し
ていくことが大切である。

　道徳科の設置にともない，検定教科書の使用が義務づけられるが，学習指導
要領の定める道徳の内容項目（小学校低学年 19 項目，中学年 20 項目，高学年 22 項目，
中学校 22 項目）をすべて扱えばよいことになっているので，年間 35 週の内の残
りの 13〜16 週については，教科書教材以外の教材を使用した授業も可能である。

　教材になるものとしては，詩，手記，随筆，新聞記事，ドキュメンタリー，
絵本，漫画，文学作品など，文字や絵で表現されたもの，映画，テレビ，ビデ
オなど映像で表現されたもの，歌，演劇，朗読など，さまざまなジャンルのも
のがある。これらを素材にした指導は，朝の会や終わりの会などの学級指導，
道徳科の授業，国語や社会などの教科指導，総合的な学習の時間，演劇鑑賞，
映画鑑賞などの学校行事，平和教育や人権教育などの特設授業，読書指導など
の場で行うことができる。

　内容的には，どのような道徳的価値が中心テーマになるかによって，「努力」
「誠実」「勇気」などの徳を身につけた生き方（そのような生き方を追求しようと思
いながらも，自分の弱さから果たせなかったマイナス体験の追体験も含め），「友情」「家
族愛」などの日常道徳を体現した生き方（さまざまな葛藤も含め），「人権」「平和」
「真理」などの人類史的道徳的価値を追求した生き方などに分けることができ
るが，副読本の資料によく見受けられる，特定の徳目を教えることを意図した，
つくりもの的で平板なストーリーよりも，具体的な生きざまを，よりリアルに
描いたもの（文学的形象化も含め）のほうがよい。本物の生きざまは，さまざま
な道徳的価値が，生きた人間のなかで統一的に人格化された姿を示してくれる。
さまざまな弱点をもちながらも，より良く生きたいと願う人間の思いや姿，日
常の何気ない行動の裏にひそむ思いやりややさしさ，真理の探究や芸術作品，
スポーツの記録，職人の技など，さまざまな人々の仕事にかける情熱と努力，

障害を乗り越えて人間としてのあらゆる可能性を追求する障害者の姿，差別や迫害を乗り越えて人間としての尊厳を守り通そうとする姿など，人間のすばらしさが伝わってくるさまざまな生き方，子どもたちにぜひ伝えたい，考えさせたいと教師が惚れ込めるようなすぐれた教材をどれだけ発掘できるかが鍵である(2)。

　一例として，1988年に，NHK教育テレビで6回シリーズで放映された，アメリカ公民権運動のあゆみのドキュメンタリー番組をあげてみよう。人種差別の廃止，生きる権利，自由や幸福を追求する権利，人間としての平等の権利の確立を求めて，白人による暴力にひるまず，非暴力主義を掲げて立ち上がっていく黒人（とそれに連帯する白人）の姿を描いたこの番組は，社会科の教材としてだけでなく，道徳教育の教材としてもすぐれた教材といえる。人権という人類史的価値の追求を軸に，「正義とは」「勇気とは」「不屈さとは」「人間の尊厳とは」「真に人間の名に値する生き方とは」といった道徳の核心的問題を，歴史の事実の重みをもって問いかけてくる内容になっている。

### 3　道徳的価値・行為・判断力および生き方そのものの取り立て指導

　道徳教育がその育成を目的とする道徳性の内容のなかには，道徳的行為を行うのに必要な知的判断力や技術的能力，また，道徳的行為を支える価値意識が含まれている。これらは，実生活のなかや，学校での教科教育，特別活動などのなかで総合的に，結果として形成されるものであるが，とくにそれらの育成を直接の目的とした指導を道徳教育のなかに積極的に位置づけていくことも研究していく必要がある。また，思春期，青年期には，性や進路の問題，政治や社会の問題，友情論，恋愛論，人生論など，生き方そのものにかかわる問題への関心も高まっていく。

### (1) 人類史的道徳的価値を中心にした，道徳的価値の大切さの指導

　生命，人権，平和，環境などの人類史的道徳的価値の大切さについて，社会科等の教科や総合的な学習の時間における指導と連携しながら，道徳科のなかでも積極的に位置づけて指導していく必要がある（2015年改訂版小中学校学習指

導要領のいう「現代的な課題」もここに位置づけることができる）。とくに近年，子
どもによる殺人や自殺が社会問題化しており，子どもたちに「いのち」の大切
さをどう指導していくかが重要な教育課題となっている。従来，人権教育や平
和教育などの特設授業で行われてきた取り立て指導もこのなかに位置づけて考
えてみたい。たとえば，人権にかかわった取り組みとして次のようなものが考
えられる。

- 日本国憲法が保障する基本的人権の内容を，それが「人類の多年にわたる
  自由獲得の努力の成果」（第97条）であることが歴史的具体的な事実を通し
  てよく分かるように教えていき，今日的問題点などについて考えさせる。
  たとえば，女性の人権の歴史や選挙権の拡大の歴史などは扱いやすく，18
  歳選挙権の問題なども議論させたい。
- 人権に関する国際的合意の到達点，たとえば，子どもの権利条約やILO
  条約での労働時間に関する取り決めなどについて学び，今日の日本の校則
  の問題や，「過労死」「長時間労働」などについて調べたり，考えたりさせ
  る。
- 人権の価値が家庭や身近な地域などでどのように実現されているか，また
  問題点はないかなどについて調べさせる。たとえば，男女平等とかかわっ
  て，家庭や職場等での男女差別的慣習の残存について調べたり考えたりさ
  せるとか，地域社会における障害者の社会参加の保障のための環境整備（視
  覚障害者のための点字ブロックや，車イス用のエレベーター，スロープ等）の実態
  やその問題点などを調べ，地域社会に対して，子どもたちなりに改善のた
  めのアピールをさせるなど。
- 人権の価値に照らして，自分たちの学校生活そのものを見つめ直させるこ
  とも大切である。校則の妥当性，「いじめ」「暴力」「上級生による下級生
  の支配」「教師の体罰」など，さまざまな問題がありうる。
- 価値の学習と関連して，新聞記事などを素材（「教育に新聞を」(Newspaper
  in Education) として，教育現場での意識的取り組みが進みつつある）に，現実の
  社会では，人権の価値が必ずしも大切にされていない事実にも目を向けさ

せ，社会のあり方についても考えさせる。ただし，現実の社会問題については，教師の考え方を押しつけるようなことがないよう，慎重な配慮が必要である。

　近年注目されるようになった「いのち」の大切さの指導に取り組んだ実践例を見ておきたい。「涙と笑いのハッピークラス――4年1組　命の授業」としてNHKスペシャル（2003年5月11日）で紹介された金森俊朗は，30年以上にわたって「いのちの学習」に取り組み，子どもたちと「生と死を一貫して考える学び」を実践してきた。本物にふれることを重視し，妊娠中のお腹の大きなお母さんを教室に招き，いのちの誕生を迎える思いを語ってもらうとともに，片や末期ガンの患者を教室に招き，死とぎりぎり向き合っている人に生きることについて語ってもらうというインパクトのある授業で有名（金森俊朗・村井淳志『性の授業　死の授業』教育史料出版会，1998年）であるが，これにとどまらず，日々の実践のなかで子どもたちに「生の実感」を味わわせることを重視しながら，日常的に，機会あるごとに，子どもに生と死の問題を見つめ，考えさせている点が重要である。子どもが身近に経験する家族やペットの死を見つめさせ，その思いをクラスで発表させたり，子どもによる殺人事件や自殺が起こるとすぐにクラスで話し合わせたり，人間のいのちの誕生のプロセスを科学的に学習させたり，給食の食材から，人間が他の生き物のいのちを食べて生かされている存在であることに気づかせたり，土の学習（死体の腐敗と分解）を通じていのちの循環を学ばせたりと，金森の指導の下で子どもたちはさまざまな角度から生と死を学んでいく。ある子どもが，自分は小さいときに病気で死にかけたという話をしたことをきっかけに，まず自らが2人の赤ん坊を亡くしたつらい体験を語り，子どもたちに，「家族全員の誕生に《死》が関係していなかったか，調べてみよう」と呼びかけ，自分の誕生のルーツといのちのリレーについて，家族への聞き取り調査をさせている。病弱だったおばあさんが，産むか産まないか迷った末に命がけで産んだのがお母さんだったことを語った子ども，おじいさんもおばあさんも戦争で死んでいたかもしれないことを語った子ども，これらの話を聞いて，今，その子たちのいのちがあるのは「奇跡だ」という叫び

がみんなから生まれ,「もっと今ある命を輝かせよう」が学級の合言葉になっていった。めざされているのは,「私, 友, 家族そして人間とは, 世界にたったひとりの個性的で奇跡的な存在なんだと, いのちをとらえる学び」(前掲『いのちの教科書』22 ページ) である。

### (2) 道徳的行為の実践的指導

　道徳的行為の指導は, 1 の「生活の中で学ばせる指導」が基本であるが, 内容によっては,「取り立て指導」で行為の仕方そのものを教えることが必要な場合もある。たとえば, 交通ルールの指導や障害者への正しい援助の仕方の指導などである。

　副読本資料に, 障害者への援助を題材に,「勇気」を出して「親切」にすることの大切さを心構えとしてだけ教えようとするものがあるが, 障害者に実際にどのように援助すればよいのか, 正しい援助の仕方を教えないようでは道徳的行為につながらないのである。子どもたちに, アイ・マスクをかけて歩かせてみたり, 車イスに実際に乗せてみたりして障害者の立場を疑似体験させ, 健常者がふつうに生活していたのではわからない障害者の立場を理解させるとともに, どのようにすることが正しい援助の仕方かを教え, 疑似体験させたり, 障害者の協力を得て実際に体験させてみることが大切である。

　火事や交通事故の通報の仕方, 水に溺れかけたときの身の守り方(着衣水泳), 溺れた人の救助の仕方など, 実際に模擬体験させておくことがいざというときに役に立つことはいろいろある。

　また, 道徳が守られていない現実(交通ルール, 自転車の暴走, 電車・バスの座席のマナー, ゴミのポイ捨てなど)を素材にして, 非道徳的行為について議論させることもできる。タテマエではなくホンネの議論をさせることが大切で, どうすれば改善できるかの知恵を学ぶことも大切である(NHK 番組「難問解決・ご近所の底力」に興味深い事例がある)。生徒会による, 自転車通学のマナー向上運動などに発展させることもできる。

### (3) 一定の状況設定のもとでの道徳的判断力の指導

　道徳的行為をするうえでとくに重要な要素のひとつである道徳的判断力は,

さまざまな経験や知識を蓄積するなかで養われるものであるが，いろいろな状況設定を提示することである程度訓練することもできる。したがって，一定の状況設定を提示し，それに対してどう行動するか考えさせたり，道徳的葛藤事例を素材にして考えさせたりする，道徳的判断力の育成を行う取り立て指導をもっと工夫してもよい。提示する素材は，つくりものよりは，実際にあった出来事の方が望ましい。「この場面であなたならどうする」という提起である。

　道徳的判断力に焦点を当てた実践として，荒木紀幸らのグループによる，初期のコールバーグ理論に基づく「モラル・ジレンマ資料」を使った道徳の授業（荒木紀幸『ジレンマ資料による授業改革──コールバーグ理論からの提案』明治図書，1990年等）がある。2つの道徳規範の二者択一を無理に迫る授業方法に特徴があり，そのため，どちらの選択も成り立つように，状況設定をあいまいにしてある。「モラル・ジレンマ資料」とは，元来，個人の道徳性の発達段階を判定するために考案された資料であり，判定資料として使われるかぎりは，二者択一を迫ろうと，状況設定があいまいであろうと，とくに問題は起こらないが，それを集団的討論の場である道徳の授業の資料に転用したため，判断を根拠づける状況認識が子どもによってバラバラで，議論が噛み合わない授業になったり，第3の解決方法を考えるなどの開かれた議論は許さず，無理矢理に二者択一の枠組み内で考えさせる，なんとも違和感のある授業運営に陥ってしまうのである[3]。

　「モラル・ジレンマ資料」を道徳科の授業で有効に使用するためには，①資料そのものがリアリティをもっていること，逆にいえば，荒木らの主張するような，「曖昧な状況設定」の（したがって，責任ある判断をくだしようがない）資料ではないこと，②資料を使った討論が，二者択一の閉じられた枠組みの討論としてではなく，具体的状況と突き合わせながら，何が最善の解決方法かを集団的に探求する，開かれた討論として行われることが大切である。そして，そのような授業のひとつの具体的あり方として，現実の社会で出会うことが予想されるモラル・ジレンマ場面を想定し，要請される2つの道徳規範を最大限尊重した解決方法を，さまざまに条件設定を変えながら検討する，「シミュレーシ

ョン的方法」を提唱したい。クラスの集団的英知を集め，状況に応じた最善の方法を探求させるこのようなプロセスを通じて，的確な状況認識を踏まえた的確な道徳的判断をくだせる能力が育成されるのではないかと考えている（広瀬信「「モラルジレンマ資料」は「道徳」授業に有効か」『富山大学教育学部紀要』第49号，1997年）。道徳的判断力の育成には，「道徳的ジレンマの判断」よりも，一定の状況下（道徳的葛藤状況も含む）での，宇田川宏のいう「知的な判断」（宇田川宏『生きる意味を学ぶ道徳教育』同時代社，1998年，109ページ）の訓練の方が重要であるという見解である。

### (4) 生き方そのものについて考えさせる指導

　思春期から青年期にかけては，生き方そのものに対する関心が高まり，他者の生き方などを鑑としながら，自分なりの生き方（人生観，世界観）をつくり上げていく時期である。2の「他者の生き方を教材にした指導」と結びつけて，あるいは，友情，親子関係，恋愛，結婚，人生の目的，自分のめざす職業などのテーマを設定したり，それらのテーマに関連するある状況設定を提示して，自分ならどうするか，人間としてどうあるべきか話し合わせたりする指導を，人間的自立に不可欠なものとしてもっと重視してよい。

　高校の宗教の時間の実践だが，有馬平吉の「愛についてのディスカッション」（渡部淳・和田雅史『帰国生のいる教室』NHKブックス，1991年，58ページ）を紹介しておこう。「二組の婚約中のカップルがいたが，一組目は彼女が事故で半身不随となってしまったため彼は婚約を破棄した。二組目は彼女が子宮癌であることがわかり子宮摘出手術の結果不妊の体になったが，彼は彼女との婚約を果たして結婚した（二つとも実話）。さて皆がこれと同じようなケースにおかれることになったとしたらどうするか」と問題提起して，婚約破棄するという現実派と，愛を貫くという理想派に分かれてディスカッションさせる。教師は，各派にそれぞれ別の立場からのコメントを突きつけて，本当にそれでいいのかと揺さぶっていくというものである。

　雑誌や新聞の中高生の悩み相談コーナーに寄せられる相談（本になったものとして朝日新聞学芸部編『ティーンズメール』教育史料出版会，2003年がある）を生徒

にぶつけ，「君たちならどのようなアドバイスをしてあげるか」「君たちも同じ
ような悩みをもっているか」などと問いかけていくのもよいだろう。

# 3　道徳教育の計画

## 1　学習指導要領が義務づける道徳教育の計画とその問題点

　1989（平成1）年版学習指導要領以来，「道徳教育の全体計画」と「道徳の時
間の年間指導計画」（2015年版学習指導要領からは「道徳科の年間指導計画」）の作成
が義務づけられた。道徳教育も，意図的に行われる教育であるかぎり，あらか
じめ年間指導計画を立て，計画的に行われなければならないのは当然であるが，
知識や技能を順番に積み上げていく教科教育とは異なり，1時間1時間の授業
に厳密な順次性があるわけではなく，また，子どもたちの日々の実生活や子ど
もたちの間で起こるさまざまな事件などと噛み合ったかたちで行われなければ
十分な効果をあげることができないという特性をもっているため，その計画は，
個々の教師レベルで柔軟に変更できる，きわめて弾力的なものとして扱う必要
がある。

　1989年版学習指導要領では，これら2つの計画について「固定的なものと
考えず，必要に応じて計画に弾力性をもたせる」ことができるとしていたが（1998
年版ではこの部分は削除されている），同年発行の指導書（法的拘束力がないにもかか
わらず，事実上，文部（科学）省が全国の学校の教育内容・方法を統制するための手段
の役割を担ってきた）では，個々の教師の判断では年間指導計画は変更できない
（『小学校指導書道徳編』1989年，45ページ）と釘をさしていた。2015年版と続く
2017年版『小（中）学校学習指導要領解説　特別の教科　道徳編』も個々の教師
の判断では年間指導計画は変更できないというこの縛りを維持している。2つ
の計画の作成を義務づけた真のねらいは，全国の学校に，同じ学年の全学級で，
同じ主題，資料，展開の大要および指導方法による画一的な道徳の授業を，1
時間1時間確実に実施させることにあったのであり，上からの国家主義的道徳
教育の徹底のための仕組みである。

　子どもたちの生活や意識の実態，直面している問題などは学級ごとに微妙に

異なるものであり，学級が指導の単位であるという自明の事実を踏まえれば，道徳教育の指導に当たっては，学級の子どもたちの実態に応じた弾力性や，教師の個性に応じた創意・工夫が保障されることが不可欠である。このように，同じ資料と展開の大要および指導方法による画一的な道徳の授業を，同学年の全学級に強いるようなやり方では，結局，子どもの生活実態とかけ離れた，上からの機械的な徳目の押しつけにならざるをえないことを指摘しておこう。

## 2　道徳教育の計画をどのように作成すればよいか

　では，民主的道徳教育の立場から，道徳教育の年間指導計画をどのように作成すればよいのであろうか。

　2017 年版学習指導要領で縛られているのは，全体計画については，「児童（生徒）や学校，地域の実態を考慮して，学校の道徳教育の重点目標を設定する」とともに，道徳科の指導方針や内容との関連を踏まえた各教科等の指導内容及び時期，並びに家庭や地域社会との連携の方法を示すことである。道徳科の年間指導計画については，学習指導要領が「示す内容項目について，各学年において全て取り上げること」だけである。教科化にともなって，道徳科では検定教科書の使用も義務づけられるので，年間 35 週の内，小学校低学年で 19 週，中学年で 20 週，高学年と中学校で 22 週は教科書教材を使ってすべての内容項目を扱っておくことになる。残りの 13〜16 週については，特段のしばりのない各教科や総合的な学習の時間，特別活動などにおける道徳教育と関連づけて各学校でいろいろ創意工夫する余地がある。

　それらについては，1 時間 1 主題 1 資料という固定的な道徳教育観，道徳の授業観を打破するとともに，学習指導要領の内容項目から出発し，それを年間に割り振って計画を立てるという発想を捨てることである。大切にしたいのは，学習指導要領の内容項目からではなく，目の前の子どもたちが必要としているものは何か（学年に応じた発達課題，地域的特性や学年，学級の子どもたちのかかえる問題状況）という問題から出発することである。そのためには，各学年の教師集団で，またそれを踏まえて，養護教諭や教員以外の職員も含めた全教職員集

団で，子どもたちの心や身体の発達，学力などについて総合的な現状分析のための話し合いを行うことが不可欠である。本来はこのような子どもの現状認識を踏まえて，その学校の全体的な教育方針が作成され，それとの関係で道徳教育の方針，全体計画が作成されることになる。

　全体計画を立てるにあたっては，学年ごとに，その学年の発達課題や問題状況などを考慮したうえで，学校行事や特設授業，総合的な学習の時間の活動などを核にして，年間に複数のテーマを設定（それらを大きな年間テーマでくくることも可能）し，そのテーマに，学級活動や日々の生活指導，総合的な学習の時間，各教科の指導，道徳科の授業等を有機的に関連づけた年間指導計画を作成する。「道徳の年間総合指導計画」というかたちで全体計画を作成するわけで，「道徳科の年間指導計画」，とくに教科書教材に必ずしも縛られない授業は，これとの関係で位置づけていくことになる。

　核となる取り組みとしては，入学・進級時の指導，遠足，修学旅行，宿泊合宿，夏休み登校日に行う特設平和教育，夏休み体験発表会，運動会・体育祭，学芸会・文化祭，映画・演劇鑑賞，憲法週間・人権週間・環境月間などに合わせた特設授業，総合的な学習の時間で取り組む人権，環境，国際理解，福祉などにかかわる活動など，いろいろなものが考えられる。

　テーマとしては，生命，平和，人権，環境などの人類史的道徳的価値にかかわるものや，日常的道徳にかかわるもののなかで，友情，家族愛，協力・共同，公衆道徳（公徳心）など，共通テーマとして適切なもの，とくに思春期以降の発達課題とかかわるものとして，性や男女両性のかかわり方・社会的あり方，進路・職業選択，生き甲斐・生き方などをあげることができる。これらのテーマには，年間を通じて継続的に扱うものと，一定の時期に集中的に扱うものがあってもよい。

　そして，これらのテーマのもとに，徳にかかわる道徳的価値（誠実，勇気，努力など）とも関連づけられた複数の教材（映像資料や体験活動，クラスの子どもの綴方なども含む）をうまく配列していくようにする。学習指導要領の内容項目については，それらにうまく関連づけておけばよい。

イメージしやすいように，小学校高学年を対象に，「人権」の大テーマのもとで，「視覚障害者の社会参加」をテーマに組み立てた試案を示してみよう。

(1)ビデオを使ったり，視覚障害者から直接話を聞いたりして，障害をもちながらも一生懸命生きている生きざま（「努力」）に接するとともに，同じ人間としての積極的な社会参加に対する願いや，健常者の援助のあり方に対する期待を学ぶ（「思いやり」「親切」などの基盤となる障害者への共感的理解）。

(2)アイ・マスクなどを使って，目の見えない状況を疑似体験させる（障害者の立場の理解）とともに，視覚障害者の正しい誘導の仕方を学習し，クラスで相互に疑似体験（道徳的実践力を支える知識・技能）させる。

(3)以上を踏まえた感想，あるいは話を聞かせていただいたことへのお礼の手紙（「礼儀」）などを書かせる（一人ひとりの内面的掘り下げ）。

(4)感想や手紙，手紙への返事の内容をクラスで交流し，仲間の感想を通じて自分の気づかなかった面にも目を向けさせる（他者を通じたさらなる掘り下げ）。

(5)視覚障害者の社会参加を保障するために，どのような工夫や努力がされているかを学習する（視覚障害者協会，ライトハウスなどの訪問調査等も）。そのなかで，点字翻訳・朗読テープの吹き込みなどのボランティア活動（「社会奉仕」），点字翻訳のコンピュータ入力の開発（「創意工夫」），盲導犬の活動およびその訓練，点字ブロックや鳥の声による信号の合図，シャンプーとリンスの印，缶ビールへの点字表記，お札の印などについて学習する。盲導犬を主人公にした映画の鑑賞（人間と動物の交流・「動物愛護」）などを位置づけることもできる。

(6)グループ別に，自分たちの地域のなかの点字ブロックの設置状況や問題点の調査を行い，公共施設の設置状況の不備や，点字ブロックを自転車や荷物がふさいだりしている実態などに目を向けさせる。調査結果をもとに話し合い，地域への改善の訴えや議会への請願，ポスターの制作（図工の授業などとの関連）などによる地域への啓蒙活動（地域との連携・道徳的実践活動）を行う（調査活動の中で，挨拶や依頼，お礼などのマナーも実践的に身についていく）。

⑺学習をさらに深めるために，障害者の社会参加についての国際的合意内容や他の先進国での取り組みなどについて学習したり，視覚障害以外の障害者の問題についてグループ別に調査研究を行わせ，発表させたりしてもよい。

⑻学級文庫に『ヘレン・ケラー物語』や星野富弘さんの作品集など，障害を克服して一生懸命生きている人々を題材にした本を置き，紹介したり，一部を読み聞かせるなどの読書指導を行う。読後の感想などの交流もできる。

⑼全体のまとめとして，以上の取り組みを通じて自分の学んだこと，感じたことなどを文章にまとめさせ（一人ひとりの内面的掘り下げ）クラスで文集にする（仲間の感想を通じて，さらに多面的に掘り下げる）。

⑽以上の過程や子どもの感想文などを適宜学級通信に載せて，家庭との連携をはかる（親からの手紙，感想なども掲載する）ことで，家庭での親子の対話も生まれる。

　一例をあげたが，子どもたちが，頭も身体も使い，心を豊かに耕し，また，家庭や地域の人々との結びつきも強めることができる多彩な実践を工夫することが大切である。なお，これらの活動をすべて週1時間の道徳科の時間に行うのではなく，朝の会や帰りの会，学級活動や総合的な学習の時間，関連教科での学習など，いろいろな時間帯を総合的に活用することを工夫しよう。また，学習指導要領にいうように，「創意工夫を生かした時間割を弾力的に編成」（総則）し，ある週に道徳科の時間を2時間とったりしてもよい。　　【広瀬　信】

注
（1）　本稿は，吉田一郎・井ノ口淳三・広瀬信編著『子どもと学ぶ道徳教育』ミネルヴァ書房，1992年の第5章の一部を，大幅に加筆・修正したものである。
（2）　近年，現場の教師の間で活発な教材開発が試みられていることは喜ばしいことである。教育サークル「道徳教育改革集団」に参加する教師たちが作成した道徳教育の授業書（日本標準から小学校編（佐藤幸司編著）と中学校編（桃崎剛寿編著）の『とっておきの道徳授業』シリーズとして出版されている）には，興味深いさまざまな教材（中にはお薦めできないものや十分にこなれていないものもあるが）が紹介されている。
（3）　道徳判断がくだされる際の，特殊，具体的な「状況」の重要性や，自由な討論の重

要性を認めるに至った後期コールバーグ理論に照らしても，荒木らの手法は誤っている。

## 考えてみよう

1．国家が，道徳教育を利用して，子どもたちを，国家にとって都合のよい人間に仕立て上げようとする時，どのような方法が使われるか，過去の歴史も踏まえて考えてみよう。
2．「道徳」が教科に格上げされたことで，何が変わるのか，また，どのような問題が生まれるのか考えてみよう。
3．学年が上がるにつれて，道徳の授業を「楽しい」と考える子どもが減少していくのはなぜだろう。自分たちの経験を踏まえて話し合ってみよう。
4．第2節を読んで，子どもたちにぜひ出会わせたいと思える教材を発掘し，それを使った授業の指導案を作成してみよう。
5．第3節を読んで，一つのテーマの下に，5回程度の連続した一連の道徳の授業計画を立ててみよう。

## 参考文献

笠原紀久恵『友がいてぼくがある』一光社，1981年。
金森俊朗『太陽の学校』教育史料出版会，1988年。
金森俊朗『いのちの教科書』角川書店，2003年。
金森俊朗『希望の教室』角川書店，2005年。
山中　恒『子どもたちの太平洋戦争』岩波新書，1986年。

# 第6章　道徳科の授業

## 1　道徳授業の前提となる諸要素

### 1　道徳科の目標

　2017 (平成29) 年3月に告示された小学校，中学校それぞれの学習指導要領によれば，「特別の教科　道徳」(以下「道徳科」) の目標は，「第1章総則の第1の2の(2)に示す道徳教育の目標〔教育基本法及び学校教育法に定められた教育の根本精神に基づき，自己の生き方を考え，主体的な判断の下に行動し，自立した人間として他者と共によりよく生きるための基盤となる道徳性を養うこと〕に基づき，よりよく生きるための基盤となる道徳性を養うため，道徳的諸価値についての理解を基に，自己を見つめ，物事を多面的・多角的に考え，自己の生き方についての考えを深める学習を通して，道徳的な判断力，心情，実践意欲と態度を育てる」(以下，学習指導要領および同解説からの引用は，小学校，中学校で共通) ことである。

　ちなみに，引用の最後にある道徳性の3要素の配列順は，2008 (平成20) 年版学習指導要領までは「心情，判断力，実践意欲と態度」の順であった。これを改め，(道徳的) 判断力を先頭にもってきたことに，「発達の段階に応じ，答えが一つではない道徳的な課題を一人一人の児童 (生徒) が自分自身の問題と捉え，向き合う『考える道徳』，『議論する道徳』へと転換を図る」(「学習指導要領解説特別の教科道徳科編」——以下『解説』——ほか) という，いわゆる道徳「教科化」(上記の学習指導要領全体の改訂に先立って2015年に行われた，道徳関連部分のみの「一部改正」) の趣旨が象徴的にあらわれている。

## 2　「主たる教材」としての教科書

　道徳「教科化」による授業への最大の影響として，検定教科書が導入されたことが挙げられる。もとより，教科書以外の教材の使用が禁止されているわけではないが，とはいえ，教科書には法令上使用義務が課せられており（学校教育法第34条），大半の時間はそれを用いて授業を行うことになる。

　しかし，本書刊行時点での道徳科教科書の状況をみる限り，収録されている教材にはまだまだ課題が多く，授業者側での批判的な教材研究（本章**3**参照）の必要性は大きいといわなければならない。とくに，道徳科初の検定となった小学校の第1回分（2018〜19年度使用の教科書が対象）で「学習指導要領に示す内容に照らして，扱いが不適切である」という検定意見が多用されたことにより，各内容項目の説明文の要素を網羅すること（たとえば小学校中学年［感謝］であれば，感謝の対象に「家族」と「高齢者」とを必ず含めるなど）が過剰に意識され，教材文が内容項目の敷衍・説明に傾斜していることは，「考える道徳」，「議論する道徳」という趣旨とは乖離をきたしているといわざるを得ない。

## 3　道徳教育の全体計画と年間指導計画

　道徳科を「要」とする道徳教育の実施にあたっては，全体計画および年間指導計画を作成し，それに基づくことが求められている。まず，全体計画には，児童・生徒，学校，地域の実態を考慮しつつ，「学校の道徳教育の重点目標」，「道徳科の指導方針」，「〔道徳科の内容項目との関連をふまえた〕各教科，外国語活動〔小学校のみ〕，総合的な学習の時間及び特別活動における指導の内容及び時期」，「家庭や地域社会との連携の方法」を含めることとされている（学習指導要領「総則」第6）。

　そして，道徳科の授業に密接に関連する年間指導計画については，以下の諸要素が含まれる（「解説」）。

　　ア　各学年の基本方針
　　イ　各学年の年間にわたる指導の概要

　⑺指導の時期，⑷主題名，⑾ねらい，⑾教材，⑺主題構成の理由，⑼学
　習指導過程と指導の方法，㈕他の教育活動等における道徳教育との関連，
　⑼その他

　ちなみに，「その他」の例として挙げられているのは，校長・教頭など担任
以外の教師の参加，保護者・地域住民との連携など指導体制，複数時間にわた
る場合の各時間の間の関連，年間指導計画改善にかかわる備考欄の設置である。
　さて，ここでひとつ問題になるのは，主題，ねらい，教材といった授業を直
接規定する要素について，事前に指導時期を定めるべきとされていることであ
る。しかも，「解説」によれば，年間指導計画については，「弾力的な取扱い」
への配慮の必要が説かれる一方，実際の変更にあたっては「指導者の恣意によ
る不用意な変更や修正」は認められず，「学年などによる検討を経て校長の了
解を得ることが必要」とされている。また，授業をより直接に規定する教材に
ついても，「少なくとも同一学年の他の教師や道徳教育推進教師と話し合った
上で，校長の了解を得て変更することが望ましい」と，極度に「慎重な」姿勢
をとっている。しかし，実は指導者（基本的には学級担任）の判断による柔軟な
対応は，道徳科においてこそ強く求められるものである。
　というのは，道徳科の内容項目は，時々の学級内の雰囲気や人間関係，個々
の児童・生徒のプライヴァシーなどに密接に関連するので，年間指導計画作成
時点に，児童・生徒の実態を真に反映した指導時期を定めることが原理的に困
難だからである。たとえば「C　主として集団や社会との関わりに関すること」
の項目「家族愛，家庭生活の充実」は，小学校・中学校とも，「父母，祖父母
を敬愛し」なる句で始められており，また小学校中学年では「家族みんなで協
力し合って楽しい家庭をつくること」と締めくくられている。
　しかし，児童・生徒の中には，家庭内の不和，あるいは極端な場合には虐待
など，家族問題を背景にもつものもある。そうした児童・生徒がいると判明し
た学級で，たとえば年間指導計画で4月に「家族愛，家庭生活の充実」を扱う
ことになっているからといって，計画通りの授業を行うことが妥当だろうか。

「解説」でのいささか硬直的な記載は，「道徳の時間」期にしばしばあったような授業の不実施を防止し，時数を確保させようとの意図によるものと思われる。しかし，それで教育効果が減退するのでは本末転倒であろう。それだけならまだしも，たとえば上述の「家族愛・家庭生活の充実」など，場合によっては児童・生徒の心に深い傷を残しかねない。その意味で，年間指導計画への過度の固執はむしろ有害であるという点は強調しておきたい。

## ② 道徳科の指導案

道徳科においては，各学年段階（小学校では低，中，高学年 2 年ごと，中学校では 3 年間）に配当された内容項目（小学校低学年 19 個～中学校 22 個）を，各々の学年ですべて扱うこととされている。さらに，「道徳の時間」時代と同様，「一つの主題を 1 単位時間で取り扱うことが一般的」（「解説」）とされている。年間授業時数（小学校 1 年生のみ 34 単位時間，他は 35 単位時間）との関係では，この「一般的」な姿を無批判に踏襲する限り，本格的に「考え」，「討論」する授業を実現するための時間を確保することは容易ではない。

もっとも，一方で，「解説」では，1 つの内容項目を複数時間で扱うこと，あるいは逆に，「内容によっては〔1 単位時間で〕複数の時間の関連を図った指導」も可能とされている。こうした点を最大限に活用することが，よりよい道徳科の授業をつくるための重要な視点である。

以上のことをふまえたうえで，道徳科の授業の指導案には，一般的にどのようなことが含まれるかを，以下，「解説」も参考にしながら示しておく。

⑺ 主題名

主題名とは，当該の時間に考えさせ，討論させたい事柄を端的に示したものであり，資料名や内容項目名ではない。ただし，実際の指導案では，主題名の後に該当する内容項目を付記することが多い。

⑻ ねらいと教材

当該の時間の終了時にこうなってほしいという児童・生徒の姿に関する記述である。資料名，学習活動の名称等を付記することが多い。

(ウ) 主題設定の理由

　　年間指導計画における当該主題の位置づけ，「①ねらいや指導内容についての教師の捉え方，②それに関連する児童のこれまでの学習状況や実態と教師の願い，③使用する教材の特質やそれを生かす具体的な活用方法など」(小学校「解説」)などを記載する。とくに①については，「解説」や教師用指導書の引き写しにとどまるのか，内容についてのより多面的な分析が行われるのか，教師自身の教育内容研究・教材研究の深まりが問われるところである。

(エ) 学習指導過程

　　一般には「本時の展開」などと呼ばれる，当該時間についての具体的な指導計画である。主要な発問や学習活動と予想される児童・生徒の反応，板書計画，指導上の留意点，評価の観点と方法，準備物などが，「導入」，「展開」，「終末」といった時系列的な段階区分に沿って記載される。学校現場では，(ア)～(ウ)および(オ)も含めた詳細な指導案を「全案」，(エ)のみのものを「略案」などと呼ぶ。教育実習や本格的な研究授業では全案が，日常的な教師同士の相互参観などでは略案がつくられることが多い。

(オ) その他

　　他の教師や保護者等との連携，教育課程上の他領域との関連，複数時間にわたる指導の場合は時間相互の関連などを記載する。

　近年，自治体の教育センターや各種団体，個人のウェブサイトで指導案が数多く公開されているので，具体的なイメージについてはそれらを参照されたい。

## 3　道徳科の「教育内容・教材研究」──2つの事例をもとに

　授業をつくるうえで重要な要素として，教育内容研究，教材研究という営みがある。道徳科でいえば，授業で扱う内容項目についての倫理学研究の到達点や論争点，その内容項目が現実社会においてどのような道徳的問題として現れているかなどを押さえつつ[1]，教材を選定・開発したり，発問や学習活動を設定したりという作業になる。

　ここでは，ウェブサイトで本文が容易に入手できる文部科学省編『私たちの
道徳　中学校』所収で，2019 年使用開始の中学校道徳科教科書の多くにも採
用されている（「言葉の向こうに」は 8 社中 5 社，「二通の手紙」は 8 社）が，一般的
な指導資料等での扱いには多分に問題が含まれている 2 つの教材を例に，批判
的な教材研究の例を提示しておく。

## 1　事例①「言葉の向こうに」

教材文の粗筋は以下の通りである。

　　主人公の加奈子は，インターネットで，ヨーロッパのサッカーチームの
　　A 選手のファン仲間との交流を楽しんでいる。ある試合をきっかけに，〔A
　　選手を中傷する〕心ない書き込みが続いたことに怒った加奈子は，自分も
　　ひどい言葉で応酬し注意されてしまう。インターネット上での言葉のやり
　　取りの難しさに直面した加奈子だったが，「言葉の向こうにいる人々の顔
　　を思い浮かべてみて。」という言葉から，言葉の受け手の存在を忘れてし
　　まっていた自分に気付くという資料である(2)。

　文科省が『私たちの道徳』と併せて刊行した『私たちの道徳　活用のための
指導資料　中学校』では，この教材文に配当された内容項目は，中学校学習指
導要領でいえば［相互理解，寛容］（自分の考えや意見を相手に伝えるとともに，そ
れぞれの個性や立場を尊重し，いろいろなものの見方や考え方があることを理解し，寛
容の心をもって謙虚に他に学び，自らを高めていくこと）である。ちなみに，同資料
では，「それぞれの立場を尊重し，いろいろなものの見方や考え方があること
を理解して，寛容の心をもとうとする態度を育てる」ことを「ねらい」として，
「加奈子の思いを通して，他の人の考え方を尊重することについて考える」，「い
ろいろなものの見方や考え方があることについて考える」という 2 つの展開例
を紹介している(3)。
　ここで問題となるのは，「尊重」されるべき「それぞれの個性や立場」，「い

ろいろなものの見方や考え方」として教材文で想定されているのは誰（何）なのか，この教材文の状況における「寛容」とは何なのか，といった点である。

　加奈子に注意するサイトの参加者，さらには「あなたが書いた言葉の向こうにいる人々」(4)は，教材文から読み取れる限りではA選手のファンか，少なくとも彼に反感はもっていないサッカーファンであり，その点では比較的同質的な「他者」である。しかしながら，現実社会において「寛容」はむしろ，「本来は『許し難い』ような相手に対してこそ問題になるはず」(5)のものである。

　この教材文のなかでその「異質な他者」である可能性のあるのは，A選手に対して批判的な書き込みをして加奈子と言い争いになった者たちである。では，その者たちの「ものの見方や考え方」は，はたして「尊重」された——たとえばそのなかに，A選手に対する的を射た批判という要素が皆無であったのかどうかが真剣に考慮された——のだろうか。換言すれば，「中傷を無視できない人はここに来ないで」(6)という発言に象徴される「中傷には取り合わない」という姿勢は，道徳科で重視するとされている「情報モラル」の，特定の局面でのあり方の事例としては承認し得るとしても，そもそも「寛容」の事例として適切なのだろうか。

　もとより，「言葉の向こうに」における「中傷」は，「Aのプレイは卑怯だ」，「人気だけで優遇されている」，「Aのファンはサッカーの素人だ」といった類の他愛のないものなので，娯楽の場としての掲示板の作法としては「無視」という対応がことさら非難に値するわけではない。しかし，現実社会に目を転ずれば，サッカーを含むスポーツへの熱狂は時として，ヘイトスピーチに類する言動と結びつくこともしばしばである。とすれば，「言葉の向こうに」で描写されている状況には，たとえば「他者に対する不寛容への『寛容』はあり得るか」とでもいった問題が伏在している。

　このように考えてくると，「言葉の向こうに」を用いて「考え」，「議論する」道徳授業を実現しようとするならば，前述の指導資料の展開例のように，加奈子に注意した参加者たちの言動を無批判に肯定するのではなく，これらの参加者たちの姿勢が無条件に「善い」ものといえるのか，という点について発問し，

討論させることが求められるのではないだろうか。

## 2　事例2「二通の手紙」

　上記の「言葉の向こうに」についての事例は，教材文や指導資料での教育内容の掘り下げが不十分なので，教育内容・教材研究でそれを補うというものであった。しかし，比較的広く使用されている教材文のなかには，実はより深刻な問題をはらむケースがある。ここではそうしたものとして，「二通の手紙」をとりあげる。粗筋は以下である。

　　　〔定年後再雇用された動物園職員の〕主人公の元さんは，動物園の規則を知っていながら，幼い姉弟の思いに同情し，〔「小学生以下は保護者同伴が必要」，「入園終了時刻」という2つの規則を破って〕入園を許してしまう〔その結果，姉弟が一時行方不明になり，職員総出で捜索する羽目になる〕。元さんの行為は，母親からは感謝されることになったが，規則を破って入場させたことから大騒ぎとなり，その結果懲戒処分を受けることとなった〔処分は「停職」であったが，元さんは自ら退職する〕(7)。

　教材に配当された内容項目はもちろん，中学校学習指導要領でいう［遵法精神，公徳心］（法やきまりの意義を理解し，それらを進んで守るとともに，そのよりよい在り方について考え，自他の権利を大切にし，義務を果たして，規律ある安定した社会の実現に努めること）であり，前掲指導資料でも，「法やきまりの意義を理解し，秩序と規律のある社会を実現しようとする態度を育てる」という「ねらい」が設定されている。
　しかし，家庭の事情で保護者に連れてきてもらえないという幼い姉弟の境遇への「同情」という動機にはみるべきところがあるとしても，教材文に描写された元さんの行為には，およそ「徳」は見出せず，それどころか，最後の「自ら退職」という行為は，「遵法精神」やその他の「徳」と対立すらしかねない。
　第1に，「規則や通例をあえて枉げて例外的な処理をする」という場面は，

現実の社会生活にはしばしば存在する。学校現場に即していえば，特別なニーズを有する児童・生徒への「合理的配慮」はわかりやすい例であろう。「二通の手紙」でいえば，姉弟を入園させるにしても，元さん自身が同伴すれば，少なくとも「保護者同伴」という規則の根底にある精神（危険防止）は尊重できたはずなのに，元さんはそれをせず，姉弟を2人だけで行動させている。およそ道徳が現実社会に「善い」状態をもたらすための知恵であるならば，この元さんの行為の，社会人としてありえない軽率さは道徳的とはお世辞にもいえず，「元さんの判断」に「道徳的な葛藤」(8)など見出しようがない。

　第2に，結末部分での元さんの「自ら退職」という行為は，「二通の手紙」で描かれている状況に潜在する，作者自身や指導資料の執筆者がおそらくは意識していない「きまり」を軽視するものであり，「遵法精神」にはむしろ反するとすらいってよい。というのは，公的な組織（舞台である動物園は市営）における「処分」は，相応の「きまり」に則って下されるもののはずだからである。とするなら，その処分への「遵法精神」に則った対応は，「処分が妥当であると判断するなら従う」，「不当であると判断するなら所定の手続きに沿って異議申立を行う」のいずれか以外ではありえない。

　もちろん，個々の労働者には退職の自由はあるので，元さんの行為は違法ではないが，しかしそれは，職場のきまりを「守る」というよりは，きまりが支配する場からの「離脱」というべきものである。さらにいうなら，「問題を起こした者は自ら身を退く」ということが前例になるならば，動物園の職員の労働者としての権利への悪影響，たとえば，些細なミスを盾にとった退職強要が横行するなどのことも懸念される。したがって，元さんの行為は実は，内容項目の「自他の権利を大切にする」ことにも反する可能性が高い。

　このようにみてくると，「二通の手紙」について，作成者や指導資料の執筆者が想定する，元さんの行為の上記のような深刻な問題を考慮することなく「法やきまりを守ることの大切さを考える」(9)ことに帰着させるような扱いで授業を行うことは，およそ「道徳教育」にはなりえないことになる。したがって，別の教材を探すということも有力な選択肢になるが，ここでは，この教材をあ

えて使用せざるをえない場合の改善案を1つ提案しておく。

　それは，教材文を，姉弟の母親からの手紙のくだりの後，「ところが，喜びもつかの間，元さんは上司から呼び出された」[10]までで切り，「あなたたちが上司だったら，元さんにどのような処分を下しますか？」とでも発問するというものである。その際には，「口頭注意」，「文書による戒告」，「減給」，「停職」，「(懲戒)解雇」といった選択肢と，各々の簡単な解説を付すことが必要だろう。この発問をめぐって討論することで，園の規則の存立根拠，すなわち，それが実現しようとしている価値，破られることによって生じる問題や侵害される他者の権利などについて考えることができる。さらには，上でも少しふれた，「規則を枉げて例外的な処理をする」ことが許される範囲はどこまでか，その際の留意点は何か(たとえば「もともとの規則の根本精神を毀損しない」など)といった点も討論することができるだろう。

# 4　道徳科における評価

## 1　指導要録・通知表における評価の枠組

　2019年3月の文部科学省初等中等局長通知「小学校，中学校，高等学校及び特別支援学校等における児童生徒の学習評価及び指導要録の改善等について」によって，2017・18年版学習指導要領に即した指導要録の形式が定められた。しかし，道徳科については，学習指導要領全体の改訂に先がけて「教科化」が実施されたことに伴い，2016年7月に初中局長通知「学習指導要領の一部改正に伴う小学校，中学校及び特別支援学校小学部・中学部における児童生徒の学習評価及び指導要録の改善等について」によって指導要録が一部改訂されており，上記の全面改訂でも道徳科についてはこれが踏襲されている。そこで以下，16年通知での道徳科の評価の枠組を説明しておく。

　同通知では，道徳科の評価については「学習活動における児童生徒の『学習状況や道徳性に係る成長の様子』を，観点別評価ではなく個人内評価として丁寧に見取り，記述で表現すること」としつつ，その際の留意点を，①道徳性の育成という目的に照らし，育成する資質・能力を分節的に観点別評価すること

は望ましくない，②学習活動における取組状況を，一定のまとまりの中で，児童生徒が見通しをもって振り返る場面を設定しつつみとること，③成長を認め・励ます個人内評価として行うこと，④内容項目ごとでなく，大くくりなまとまりをふまえた評価とすること，⑤多面的・多角的な見方への発展，自分自身とのかかわりでの道徳的価値の理解の深化にとくに注目すること，の5点にわたり提示している。

　道徳科，そしてそれを要として行う道徳教育の目標は「道徳性の育成」ではあるが，一方で，「解説」では，「道徳性が養われたか否かは，容易に判断できるものではない」，「小（中）学校の段階でどれだけ道徳的価値を理解したかなどの基準を設けることはふさわしくない」と，道徳性そのものを立ち入って評価することには禁欲的な姿勢が示されている。

　加えて，2018年改訂の指導要録には，それまでと同様，「行動の記録」欄は存続しており，「自主，自立」，「責任感」などの項目について，日常の学校生活で「十分満足できる状況にあると判断される場合」に○印を記載することになっている。したがって，道徳科の評価の対象はあくまで，道徳科の授業における学びの姿に限定すべきであることをまずは確認しておきたい。

## 2　評価の「前提」としての授業の質

　教師が学習者を「評価」するという行為が成立し，またそれが正当化される前提として，教育内容，教材，授業のそれぞれについて，教育者（教科書の作成・検定等の関係者も含む）側がその時点での最善を尽くして教育活動に臨むことが求められる。とくに道徳科についていえば，いまだ「教科」としての発展途上にあるもとで，教育内容としての内容項目，さらにそれをふまえた教科書教材，教科書付属の「道徳ノート」の課題設定等に問題が含まれている場合も多々ある。そうした問題に無自覚に実施された授業での学習者の発言やワークシートの記載等を「評価」するなど，茶番でしかない。

　逆にいえば，授業過程での学習者からの発言が活発でなかったり，ワークシート等の記述が乏しかったりといった場合，それは学習者側の問題ではなく，教

材の質，課題設定など授業者側の諸要素の問題を示唆している可能性が大である。

## 3 評価にあたっての留意点

以上をふまえたうえで，ここでは，指導要録・通知表での道徳科の評価にあたっての留意点を述べておく。

第1に，道徳科の評価に過剰な手間をかけることは必要でもなく，望ましくないということである。道徳性の成長・発達にとって重要なのは，まずは日々の教育活動での教師からのはたらきかけや他の学習者との相互作用なのであり，道徳科の授業や評価の役割はごく限定されたものでしかない。また，評価資料の収集のため，ワークシート等に「書かされる」回数や1回ごとの記述量が急増した結果，「道徳の授業が嫌いになった」という学習者が出るなど，本末転倒の事態も学校現場ではすでに生じている。

第2に，評価にあたっては，各々の学習者が関心を強くもった教材等にかかわる学びなど，本人のベストを拾い上げていくというスタンスで臨むとよい。道徳「教科化」が決定した直後は，教科教育で広く実施されている「パフォーマンス評価」が評価手法として例示されることもあったが，この評価手法の場合，全員共通の「パフォーマンス課題」が評価場面として設定される。

一方，道徳科の評価は「成長を認め，励ます個人内評価」なので，とくに統一的な評価場面，課題等を設ける必要はないし，むしろそうしない方がよいといえる。

また，個々の学習者の課題への指導は，原則的にその都度の口頭等での指摘によって行うべきものであり，指導要録や通知表で固定化することにはなじまないと考えるべきだろう。

第3に，内容項目や教材作成者の意図に同調的な意見だけでなく，たとえば教材で暗黙裡に「善い」とされている主人公の行為への疑念，「こうした方がもっとよい」という代案，内容項目に示された「徳」の実社会での機能不全などを率直に表明ないし指摘した意見も，「考える道徳」，「議論する道徳」とい

う道徳科の趣旨からすれば積極的に評価されるべきである。ちなみに「解説」には，「内容項目は，道徳科の内容を構成するものであるが……単に知識として観念的に理解させるだけの指導や，特定の考え方に無批判に従わせるだけの指導であってはならない」，「内容項目は，道徳性を養う手掛かりとなるもの」といった文言もある。

　第4に，前述のように「道徳ノート」では，設定された課題が不適切であることもあるが，冒頭部分に「当該学年で学んでみたい内容項目」を選んだり，自分自身の長所，直したいところなどについて記載したりする欄が設けられていることも多い。学習者によっては，こうした欄の記載と，授業での発言や記述とにそれなりの一貫性がみられるケースもあるので，評価への活用が考えられてよい。

## 4　評価結果から授業づくりへのフィードバック

　教育評価の機能として，個々の児童・生徒の学力についての判定だけでなく，学級全体の状況の評価（アセスメント）や，教師自身による自らの授業についての省察，改善も重要である。

　とくに道徳科にかかわっては，授業で扱う内容項目に示された「徳」が，実際の学校生活でどの程度実現しているかには留意が必要である。たとえば，授業で「自主・自律」を説く一方で，学校・学級では極度に管理的な生徒指導が行われているならば，授業で説かれる「自主・自律」は偽善としてしか響かないだろう。

　さらに，道徳科で重視される「いじめ」についていえば，元小学校教師の今泉博の実践は示唆的である。彼は，いじめ，暴力などに関する児童の体験を匿名で書かせ，それへの感想という形で討論を組織する「紙上討論」という手法で児童たちの「荒れ」に切り込んでいった。こうした取り組みが効果を挙げるための条件として，今泉は，「授業や学校生活を通して，それなりに一定の信頼関係を築いておく」こと，「解決してくれそうだという思い」を子どもたちがもつことを挙げている[11]。学級の状況についてのこうした把握，それに基

づく見通しがあってこそ，道徳科の授業は効果を挙げ得るのである。

# 5 道徳科授業の「落とし穴」

　本章の最後に，かつての「道徳の時間」期に道徳授業が陥ったいくつかの誤りを，反面教師として簡単に振り返っておきたい。

　第1に，1時間の授業など短期的・即時的に「望ましい」発言・行為を児童・生徒に求めるあまり，道徳教材や授業がしばしば擬似科学・虚偽と癒着してきたことである。直近の例でいえば，『私たちの道徳　小学校5・6年』に収録された教材「江戸しぐさに学ぼう」がある。そこでは，「江戸しぐさ」を，実在した生活習慣として扱っている。しかし，原田が詳細に明らかにしている⁽¹²⁾ように，「江戸しぐさ」は，1980年代に特定の人物・団体によって創作されたもので，まったくのフィクションである。

　第2に，授業研究の立ち遅れもあり，道徳授業においてはとくに，時々の文科省教科調査官の主張が絶対視されたり，指導主事などの私見，たとえば「授業の終末には教師の説話を配するべき」，「授業の終末は必ず『内容項目』に児童・生徒を納得させなければならない」などが研究授業を通じて現場に押しつけられたり，といったことが，他教科では考えられないほど頻繁に生じてきた。

　道徳科への転換にあたっては，しばしば「問題解決（的）学習」が呼号されている。しかしながら，教師からの発問や論題の提示が「○○（教材文の登場人物）はどうすべきだろうか？」，「あなたならどうしますか？」等々の「問い」の形式を取っているからといって，そこで提示されているものが真に道徳的に重大な，考えるに値する「問題」であるとは限らない。さらにいえば，真に考えるに値する問題に対する児童・生徒たちの考えや議論は，一定の結論には収束しない可能性も多分にある。今後，内容項目の枠内に予定調和的に帰着させる似非「問題解決学習」がさまざまなメディアを通じて喧伝されると予想されるが，その種のものに騙されない見識をもちたいものである。　【山崎　雄介】

**注**

（1）　近年，現実社会の諸課題を倫理学の視点から考察する「応用倫理学」という分野が
　　　発展を遂げており，道徳科の教育内容研究においてぜひ参考にしたい。手ごろな文献
　　　として，たとえば浅見昇吾・盛永審一郎編『教養としての応用倫理学』丸善出版，
　　　2013年をあげておく。

（2）　文部科学省『私たちの道徳　活用のための指導資料　中学校』2014年，56ページ。

（3）　同上書，56-57ページ。

（4）　文部科学省『私たちの道徳　中学校』2014年，81ページ。

（5）　中野敏男「無条件な寛容はありうるのか」佐藤康邦・溝口宏平編『モラル・アポリ
　　　ア』ナカニシヤ出版，1998年，105ページ。

（6）　前掲『私たちの道徳　中学校』80ページ。

（7）　前掲『私たちの道徳　活用のための指導資料』76ページ。

（8）　同上。

（9）　同上。

（10）　前掲『私たちの道徳　中学校』144ページ。

（11）　今泉博『「荒れる」子どもたちに教えられたこと』ひとなる書房，1998年，40-41
　　　ページ。

（12）　原田実『江戸しぐさの正体』星海社，2014年。

**考えてみよう**

1．自分が小・中学校時代に受けた道徳授業のなかで印象に残っているものはあるだろう
　か。もしあるなら，その授業のどのような点が，なぜ印象に残っているか考えてみよう。
　もしないなら，なぜ印象に残らなかったかを考えてみよう。

2．『私たちの道徳』やその他の教科書の読み物資料を，本章3節のような視点で批判的
　に検討してみよう。

3．日々の生活のなかで気になるニュース，感銘を受けた小説や映画・ドラマなどについ
　て，道徳科の内容項目のどれに関連するかを考えてみよう。

**参考文献**

松下良平『道徳教育はホントに道徳的か』日本図書センター，2011年。

# 第7章　道徳教育の歴史

## 1　道徳教育の歴史をなぜ，問うのか

### 1　同時代のこと

　2006（平成18）年12月，第1次安倍政権下，政府与党の「教育基本法改正案」が成立した。教育基本法という教育の根幹にかかわる法律の改正が，「100時間以上の審議」を経たとして，現場の教員の慎重審議を求める声や，教育学関係者の「反対声明」に耳を傾けることなく，タウンミーティングでの「やらせ質問」等の実態をさらしつつ，強行可決された。準憲法（現行の日本国憲法の）としての性格をもち，教育の根本法である教育基本法の「改正」である。この「改正」に対しどのような見解をもつかを考えることは一人ひとりの市民の責務であろう。

　マスメディア等もそれぞれの立場で報道してきた。しかし，常に歴史的視点からの報道であったとはいいがたい。敗戦後の青空教室，それから60年を経て，時代は変わった，だから「改正」が必要であるという流れである。しかし，歴史的視点をもてば，評価は変わってくる。青空教室は敗戦の結果生まれた光景である。敗戦は大日本帝国による国家政策の誤りの結果である。社会の動きに敏感になることは市民の責務であり，透徹した歴史的視点が不可欠である。歴史責任を踏まえた応答でないかぎり，古代の「衆愚政治」を生みかねない。現代のポピュリズムである。

　道徳教育の歴史を問うことは，国家・社会のあり方を問い，ものごとの本質を探ることである。時代や社会の転換期に必要なことは教育の条理や原理という振出しに戻ることである。道徳教育とは価値選択の主体性の形成をめざす教

育である。危機的な時代であればこそ，批判精神が求められる。はじまりがわかれば，行く先はみえる。道徳教育はどこから来て，どこへ行こうとしているのか。

　現在，小・中学校では毎週1時間「道徳の時間」がある。「道徳の時間」は1958（昭和33）年から実施されてきた。戦後教育は，1945年の敗戦直後の混乱期を経て1947（昭和22）年に制定された教育基本法や学校教育法が示す教育体制のもとで出発していた。しかし，道徳教育のための特別な時間，教科は設定されなかった。なぜか。これまで実施されてきた「領域」としての「道徳の時間」は，なぜ生まれ，どのような教育的な成果を生んだのか。それがなぜ，2018年度から「道徳科」という特別な教科となったのか。

## 2　道徳教育の歴史を問う視点

　道徳教育は，戦前は「修身」の名で呼ばれ，大日本帝国臣民の国家意識の形成に大きな役割をはたした。甚大な影響を与えた修身であったからこそ，戦後そのままのかたちでは継承されなかったのである。一例をあげる。日本人に馴染の深い野口英世は道徳の格好の教材となってきた。その少年時代の英世像は時代状況によって扱われ方が異なっている。立身出世を強調する1930年代においては，「立派な人」になることが目標となり，太平洋戦争期には，「お国のために」尽くすことがめざされた。いずれも英世自身の固い決意による。ところが，戦後は，優しい母親に諭される軟弱な人物として描かれる[1]。

　道徳教育は，人間の内面に最もかかわるものであるゆえに，最も時代や社会の価値観による影響を受ける。成果も大きいが，危険性も大きい。したがって，道徳教育の歴史を問う視点は自ずと決まってくる。道徳的価値を決定する主体は誰か。いかなる道徳的価値を重視するか。その価値をいかなる方法によって次世代に社会化してゆくか。道徳のための特別な教科を設定するのか，学校教育全体のなかでその実現をめざすのか。どのような道徳的人間像を構想するのか。これらの問題は，より根源的には道徳を必要とする人間を，また子どもとはいかなる存在なのかを問うことになる。

## ② 明治期の道徳教育

### 1 「学制」の発布と道徳教育

　1872（明治5）年，明治維新政府は欧米列強の帝国主義政策のもと，殖産興業，富国強兵，文明開化を合言葉に，西欧型の近代国家実現をめざした。モデルはフランスの中央集権的制度であり，上からの教育政策を実施した。「学制」の発布による国民皆学政策である。西洋式の近代的学校制度の誕生である。「学制」の理念は，その前日に出された太政官布告（「学制序文」，いわゆる「被仰出書」（巻末資料，177ページ）にあるように，五倫の道を重視する伝統的，前近代的人間観，教育観を否定し，主知主義，功利主義，実学主義の立場を強調するものであった。人智の開発をめざす主知主義への教育観の転換である。四民平等を謳い，立身出世主義を志向した，『学問のすゝめ』の著者福沢諭吉ら開明派官僚の考え方がこれに影響を与えた。

　道徳教育にかかわる教育内容をみると，初等教育の教科は，下等小学14教科，上等小学18教科である。道徳については，下等小学の第6番目に「修身」という教科が掲げられた。具体的な実施要領である「小学教則」によれば，下等小学第八級15級に修身口授（ギョウギノサトシ）として，1週2時間配当されていた。時間的には，下等小学の総時間数のわずか3％弱を占める程度であった。また，上等小学には教科としての「修身」は設置されていなかった。

　教材は福沢諭吉訳『童蒙教草』，箕作麟祥訳『泰西勧善訓蒙』など，欧米の倫理書物の翻訳が大半であった。授業方法は教師による教説が主で，実際の授業では教訓型往来物の道徳書が用いられていた。基本的な倫理についての知識理解に重点があったといえる。このように近代日本における道徳教育の歩みは，教科としての修身の設置として始まった。

### 2 徳育論争

　明治初期の教育改革は朝令暮改の様相を呈した。この頃から一連の教育改革に対する世論の風潮は好意的ではなかった。理念先行の「学制」の土着化は進

　まず，学校建設への財政的負担等の受益者負担主義，教育内容の生活面からの遊離等が原因となって，民衆からは不評であった。かくして1879 (明治12) 年に「学制」は廃止された。

　代わって1879 (明治12) 年に「教育令」が布告された。これは「自由教育令」といわれるように，教育体制全体が自由で進歩的性格を有していた。教育の権限を大幅に地方に委譲し，地方の自主性を認めたものである。そのため，前近代的な性格の修身はその教科としての位置は低く，読書，習字，算術，地理，歴史の必修教科の最後に置かれた。

　明治10年代から20年代はじめにかけて道徳教育の問題も論争の種になり，公教育における徳育の方針，内容，方法を巡る論争が展開された。いわゆる徳育論争である。論争は主として，主知主義的教育を批判し，儒教倫理に基づく忠孝仁義の徳育中心主義への転換とその国教化を主張する天皇侍講元田永孚と，これに反対する開明派である内務卿伊藤博文との論争であった。元田らは天皇の名によって「教学聖旨」(巻末資料，177ページ) を示し，知識才芸よりも仁義忠孝に基づく儒教的道徳を確立することを強調した。教育方法的には絵図を活用して仁義忠孝の心を「其幼少ノ始ニ脳髄ニ感覚セシメ」ようとした。他方，伊藤らは「教育議」によって元田らの考えを批判した。結果的にはこの論争は，その後の日本の教育の基本を示す明治天皇の名による「教育ニ関スル勅語」(「教育勅語」) の発布をもたらす前提となった。

　自由教育令は地方の自治と自由を大幅に認めるものであったが，この方針はかえって教育の混乱を生み，廃校や就学率の低下をもたらした。この事態に鑑み，政府は就学率を向上させ，道徳教育を重視する文教政策を行うこととなった。当時，盛んになりつつあった自由民権運動を抑圧し，国民教育を普及徹底するために教育に対する政府の干渉を強化した。1880 (明治13) 年には，前年制定の「教育令」を改正，「改正教育令」を発布した。ここにおいて，修身科は教科目の筆頭に置かれ，1945 (昭和20) 年の敗戦にともなう修身科廃止まで，この位置づけが続いた。教育内容の面では儒教倫理が支配的となった。授業時間も増え，総時間数は読方に次いで第2位の地位を占めるようになった。修身

最優先主義の教育体制の成立である。

　これと同時に，教員の品行に対する政府の関与は強化された。1881（明治14）年文部省達「小学校教員心得」は教員をして道徳教育に力をいれ，「生徒ヲシテ皇室ニ忠ニシテ国家ヲ愛シ父母ニ孝ニシテ長上ヲ敬シ朋友ニ信ニシテ卑幼ヲ慈シ及自己ヲ重ンスル」ことを求めた。こうした動向には，福沢ら開明派が強く反発した。

### 3　教育勅語の発布と道徳教育

　1885（明治18）年，内閣制度が対立し，初代伊藤博文内閣の文部大臣に就任した森有礼は，国家主義的な教育制度の確立に向けて，さまざまな改革を行った。森は教育を国家経営の大本，基底とみなし，その普及による国民的統一の確立，有能で忠誠心に富む国民の育成をはかることによって国家的独立の実現をめざそうとした。森は個別に独立させた諸学校例の制定を行った。1886（明治19）年の「帝国大学令」「小学校令」「中学校令」「師範学校令」の4勅令（天皇の命令）の制定である。

　帝国大学令は，大学の使命が国家目的に応じた学術技芸の教授，研究にあることを明確にした。また，小，中学校教育の命運を左右する教員の養成をめざす師範学校令では，順良，信愛，威重の3気質の形成を目標とする師範学校の基本的性格が示された。森は普通教育の本源として師範学校をとくに重視した。全寮制による軍隊的教育，兵式体操の実施等によって，いわゆる「師範タイプ」と呼ばれる教師を輩出していった。

　既述のとおり，明治20年代前後は道徳教育のあり方をめぐる多様な見解が出され，収拾のつかない混乱状態が続いていた。こうした状態を政府は国民支配体制の危機ととらえ，不変的な教育の指針をたて，混乱の収拾をはかろうとした。こうして出され，その後，58年間にわたり日本の教育の指針になったのは，1890（明治23）年に明治天皇の「おことば」である「勅語」として出された，「教育ニ関スル勅語」（略称　教育勅語）であった（巻末資料，178ページ）。1890年，地方長官会議で，「徳育涵養ノ議ニ付建議」が提出され，これを契機

に同年 10 月 30 日に教育勅語は発布された。「不磨の憲法」としての教育勅語
である。ここに日本における道徳教育中心の国民教育制度が成立した。

　本文 315 文字からなる教育勅語は，内容的に 3 段に分けられる。前段で「国
体ノ精華」を「教育ノ淵源」すなわち，教育の基本理念に置き，中段で臣民の
守るべき徳目 14 項目を列記し，さらに，後段でこれらが歴史性，普遍性，永
遠性をもつものと述べている。教育勅語は臣民が守るべき多くの徳目を揚げて
いるものの，それらの徳目が収斂されるのは，天皇制イデオロギーの遵守であ
った。「一端緩急アラバ義勇公ニ奉ジ以テ天壤無窮ノ皇運ヲ扶翼スベシ」の字
句にある通り，主な目的は忠君愛国や滅私奉公の徹底であった。この内容は，
教育勅語発布の前年，1889（明治 22）年発布の「大日本帝国憲法」が規定する
ように，「万世一系ノ天皇之ヲ統治ス」（第 1 条）の実質化であった。天皇制イデ
オロギーへの盲従を強制する教育体制がここに確立された。

　学校教育への浸透は，同 1890 年制定の改正「小学校令」において，道徳教
育を小学校教育の目的とすることによってはかろうとした。まず，小学校の目
的は「小学校ハ児童身体ノ発達ニ留意シテ道徳教育及国民教育ノ基礎並其生活
ニ必須ナル普通ノ知識技能ヲ授クルヲ以テ本旨トス」（第 1 条）と規定された。
従来の小学校の目標に「国民教育ノ基礎」を付加したものである。ここにいう
「国民教育ノ基礎」とは，「尊王愛国ノ士気」を意味する。こうして主知主義を
主体とした小学校観は，道徳教育と愛国心を重視する方向へ転換してゆく。

　翌 91 年の「小学校教則大綱」は，「修身ハ教育ニ関スル勅語ノ趣旨ニ基キ児
童ノ良心ヲ啓培シテ其徳性ヲ涵養シ人道実践ノ方法ヲ授クルヲ以テ要旨トス」
と，修身科は教育勅語に即して行うものと規定した。また，具体的な指導目標
として，教育勅語の徳目，国家に対する義務などが明確にされた。修身科は名
実ともに直接的にこの目的達成のために位置づけられた。しかも，教育勅語は
修身科の授業にとどまらず，学校内外のあらゆる機会にその普及，浸透がはか
られた。とくに，儀式や学校行事は重要な臣民教化の場となった。1891 年の
「小学校祝日大祭日儀式規定」は，「学校長教員及生徒／天皇陛下及／皇后陛下
ノ　御影ニ対シ奉リ最敬礼ヲ行ヒ且／両陛下ノ万歳ヲ奉祝ス……」と規定され

た。儀式や学校行事において独得な神秘的・宗教的雰囲気のもと勅語の理念は
繰返し，教えられた[(2)]。

　文部省はその謄本を作成し，全国の学校に配布，学校行事の際に奉読する体
制が整えられた。奉安殿の設置によって儀式性を増した。徳目主義，人物主義
の検定教科書が用いられた。

## 4　修身教科書の国定化

　1902（明治 35）年の教科書疑獄事件を契機に翌 03 年から，教科書は検定制か
ら国定制に変わった。これによって教育勅語の精神を普及・徹底させようとす
る国家権力の価値観が全面に出されるようになった。国体主義に基づく臣民教
育の強化である。

　その国定修身教科書の改訂は 5 期にわたってなされた。各改訂は，各時代の
歴史的，社会的，政治的状況を反映しているものの，基本的には教育勅語の精
神に立脚して「国体ノ精華」を強調するものであった。橋口英俊の研究によれ

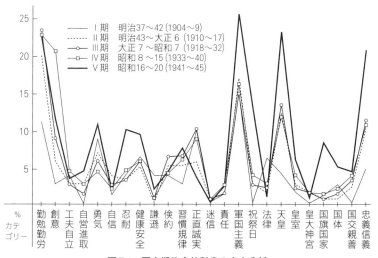

**図7.1　国定期修身教科書の内容分析**

（出典）橋口英俊「道徳的社会化」菊池章夫他『社会化の理論』有斐閣，1979 年，126 ページ

ば，5期の内容別の特徴は図7.1の通りである<sup>(3)</sup>。

　第Ⅰ期では，課の題目は徳目主義，内容は人物主義であった。学年ごとの生活領域拡大に即して，徳目が配列された。内容的には，「忠孝」などの徳目を反復して教えることになっているが，特徴的なことはこの時期には近代的，市民的倫理を基調とする，開明的なものもあったという点である。

　第Ⅱ期では，家族主義と国家主義とを結合させた内容である点が特徴的である。歴史教育の分野において，南北朝正閏問題にみられるように，学問と教育とは分離され，歴史的事実よりは国体や忠孝道徳が優先された。国家主義的傾向がみえ始める。

## ③ 大正，昭和戦前期の道徳教育

### 1　大正自由主義

　第Ⅲ期の国定教科書では，第一次世界大戦や大正自由主義などを背景にして国際協調的な平和志向がみられ，公民的，社会的，自主的倫理や国際協調を説く教材が採用され，国家主義，家族主義，儒教倫理的教材は削減された。また，この時期は，一部ではあったが，自由主義教育運動において，修身教育の児童化，生活化がはかられた。代表的には，沢柳政太郎が成城小学校において独自の修身教育を実行した。沢柳は低学年修身の廃止をはじめ，教科書による修身に反対し，子どもの自由な討論から道徳的課題を発見させ，日常生活のなかでその実践をはかるという方法を提唱した。子どもの視点からの道徳教育の構想と実践である。しかし，これらの修身教育改造運動も天皇制教育体制の枠内での方法上，技術上の問題にとどまり，教育目標やその背景となる社会観の追究には及ばず，国定教科書の内容改革にまではつながらなかった。それでも，沢柳らによる一連の教師自身の自主的活動による実践は，第二次世界大戦後の民主主義教育の素地となる貴重なものであった。

　第Ⅳ期では，世界大恐慌の嵐が吹き荒れ，日本は準戦争体制に入った。1931（昭和6）年からの十五年戦争への突入である。満州事変，日華事変等によって，大陸進出を視野に超国家主義体制に彩られた状況となった。教科書においても，

児童の心理や生活に即した題材を取り入れるなど，教材の生活化，社会化がなされ，表現的にも文章の改善が行われ，外見面でも表紙，挿絵がカラー化されるなど，子どもに親しみやすい教科書づくりがなされた。しかしこの改善も，要は「忠良ナル臣民」の育成という目的達成のための工夫でしかなかった。

　第Ⅴ期では大日本帝国の破局が近づく。1941（昭和16）年，太平洋戦争に突入し，戦争遂行のため，政府は国家総動員法を公布した。また，紀元2600年の祭典を国を挙げて行い，戦争遂行への国民の機運を盛り上げようと画策した。

　文教政策の面でいえば，1941年に小学校は国民学校と改称され，「皇国ノ道」に即し，「国民ノ基礎的錬成ヲ為ス」ための内容になった。従来の教科は国民科（修身・国語・国史・地理），理数科（算数・理科），体錬科（体操・武道），芸能科（音楽・習字・図画・工作）の4科に再編された。また，皇国民錬成の方法として，毎朝登校の際の奉安殿に対する最敬礼，朝礼での宮城遥拝，詔勅の朗読，歩行訓練，教練などが行われ，学校は国家の子ども・少国民錬成の道場と化していった。しかも，日常的に神社の参拝，学校に神棚を設けるなど国家神道の色彩は次第に色濃くなっていった。国民学校においても体罰は禁止されていたが，「錬成」という名のもとに容赦ない体罰が横行した。かくして天皇制イデオロギーがより徹底的に為されるようになった。

　教科書においては「ヨイコドモ」，「初等科修身」では，超国家主義，軍国主義的な内容が露骨に示された。たとえば，1941年の『ヨイコドモ』（下），（第二学年用）の第19課は，日本が世界において最も優れた国，神国であることを意識づけようとしている。「日本　ヨイ　国，／キヨイ　国。　世界ニ　一ツノ／神ノ　国。日本　ヨイ　国，／強イ　国。　世界ニ　カガヤク　／エライ　国。」

　また，男性にかぎらず，女性に対する役割期待も変化した。それまで社会的な進出を敬遠され，「良妻賢母」であることを求められた女性たちは，ファシズムの嵐とともに「銃後」の兵士として，「軍国の妻，母」としてさまざまな領域に進出していった。対外的には，アジアへの侵略をさらに推進し，朝鮮人，中国人を強制連行して，「大東亜共栄圏建設」の最底辺労働にあたらせた。また，

朝鮮半島をはじめとする女性が慰安婦とされたことが元慰安婦や関係者らの証言によって明らかにされてきた。

　学校現場の教員も，大勢はこの趨勢に乗り，「大東亜共栄圏建設」を旗印に多くの「少国民」を戦場に送り出した。当時教員であった作家三浦綾子も「天皇の立派な赤子を育てるために教え」たきわめて「良心的な」教員であった[4]。教員の多くは「上官の命は天皇の命」と甘受し，自己のなかに確たる教育哲学をもたずに，国家政策の末端を担うこととなった。戦局の悪化とともに，学徒動員も始まり，目があるがゆえの兵器となった特攻作戦も実行された。学童の集団疎開も日常化した。相互監視のもとでの生活は，食糧不足もあって苦しいものであった。しかも教員の目を盗んでの陰湿ないじめや教員自身による非行などが疎開生活をいっそう悲惨なものとした。そのような事態や教員に対して，子どもは疑問をもったり，批判することなど思いもよらなかった。

## 4 敗戦後の道徳教育

### 1 敗戦と道徳教育

　1945（昭和20）年8月15日の敗戦はそれまでの価値観を根底から揺さぶった。大日本帝国56年目の崩壊である。日本の死者310万人，アジア大陸の死者2100万人を生んだ。戦争孤児が浮浪児となってたむろした。広島における原爆孤児は6500人に及んだ。軍国主義と極端な国家主義を推進してきた戦前の教育，わけても修身教育による皇国民教育の負の成果である。敗戦はたとえば，三浦綾子ら教員に悔恨と自責の苦しみをもたらした。「人間である前に国民であれ」[5]と徹底された時代，当時の国家政策がもたらしたものの意味を深く自省する契機を与えた。「わたしの精神と肉体は，どこまで掘っても泉につきあたらなかった」[6]という自省である。対照的に，いち早く「被害者」の席についた教員も少なくなかった。自分たちも「騙されていた」という，批判精神をもちえなかった教師たちの行く末である。

　戦後改革は，1945年9月の文部省「新日本建設ノ教育方針」に始まった。そこでは，「今後ノ教育ハ益々国体ノ護持ニ努ムルト共ニ軍国的思想及施策ヲ

払拭シ平和国家ノ建設ヲ目途トシテ」改革に当たろうとしていた。天皇制国家
体制の精神的支柱であった国体についてはその護持をはかろうとしていたので
ある。一方，GHQ（連合国軍最高指令官総司令部）は，同年，4大教育指令を矢
つぎ早に発表して，教育の刷新をはかろうとした。第1の指令は，軍国主義と
極端な国家主義を排除して，教育の民主化を達成する基本方針を示した（10月
22日）。第2の指令は，教職適格審査と教職追放であった（10月30日）。第3の
指令は神道および神社を国家から分離させる，政教分離についてであった（12
月15日）。これによって，天皇の神格化を否定した。道徳に関しては第4の指
令「修身，日本歴史及地理ノ授業停止・教科書回収ニ関スル件」が関係した（12
月31日）。これによって，文部省は関係図書の回収に当たった。

　かくして「学制」以来，教科として続いた修身科は姿を消した。子どもたち
は青空教室のもと，軍国主義，戦争についての記述に墨を塗った。いわゆる墨
塗り教科書である。子どもたちは，戦争に敗れ，大人たちの裏切りに敗れ，い
わば二重の敗戦を体験した。墨塗り教科書世代といえよう。ただし極端な国家
主義につながる教材は無傷で残された。戦争責任追及は不徹底であった。

　その後，地理，日本歴史の授業は再開されたが，修身は再開されなかった。
文部省は，代替案として公民科を構想したが，実現しなかった。この公民科は
後の社会科に近い性格のものであった。

## 2　日本国憲法の道徳観

　1946（昭和21）年1月には，天皇の人間宣言があり，11月には日本国憲法が
制定された。新憲法は，大日本帝国憲法と異なり，基本的人権の尊重，国民主
権，平和主義を基本理念とした。基本的生存権（第25条）を保障する義務教育
（第26条）は，国家に対する臣民の義務から国民としての子どもの学習権保障
の思想に立つものとなった。戦前の義務教育観からの180度の転換である。教
育の目的もこの理念に即し，「個人の尊厳を重んじ，真理と平和を希求する人
間の育成」「人格の完成」「平和的な国家および社会の形成者」をめざすものに
おかれた。国家主義に対する，個人主義の原則であり，極端な国家主義に立脚

した教育から，「普遍的にしてしかも個性ゆたかな文化の創造をめざす教育」
への転換であった。これが 1947（昭和 22）年 3 月 31 日公布の「教育基本法」（法
律第 25 号）である。前文と全 10 条と補則からなるものであった。

　道徳教育も新しい日本国憲法や教育基本法の教育理念に基づくものとなった。
いわば，学校教育全体が「道徳教育」の場になることが必要とされた。領域概
念としてではない，機能概念としての道徳教育である。全面主義の道徳教育で
ある。しかし，「教育勅語」はこの時期においても存続していた。ようやく，
1948（昭和 23）年国会において衆参両議院による失効決議がだされた。それほ
どの影響力を「教育勅語」は有していたのである（巻末資料，178-179 ページ）。

## 3　社会科と生活指導（ガイダンス）

　「学習指導要領一般編（試案）」が 1947（昭和 22）年に成立し，ここに戦後教育
の象徴たる社会科が登場した。戦前の国家への盲目的な追従，無批判的な臣民
が形成された原因が社会科学的認識の欠如にあったことが明らかとなった。こ
の反省にたって社会科が新設された。社会科には，道徳教育がなすべき一面を
はたすことが期待されていた。民主的な社会の形成者としての資質形成がめざ
されたのである。

　学習指導要領も「試案」として示された。戦前の教育が国家による強い支配
の下で「上からの」形式的，画一的なものに流れ，結果的に従順な教師を輩出
した反省からである。そのため大綱を示すにとどまり，具体的な実践において
は教師の創意工夫に期待しようとした。「下からの」改革を文部省自身が推進
しようとしていた。

　その後，道徳教育はしばしば問題となった。1951（昭和 26）年「学習指導要
領一般編」は，総じて，「自主的，自律的人間の形成」を目標とした。この立
場を一層明確にしたのが，同年文部省によって出された「道徳教育のための手
引き書要綱」である。手引き書要綱は戦後の道徳教育の原則を再確認するもの
となった。すなわち，その目的と内容を民主主義的なものにすること，指導の
方法を子どもの生活経験を踏まえ，現実的な問題解決によること，目標として

個人の価値と尊厳，個人の人格，人権の尊重を基本に置いた。この要綱は道徳教育の原則として再評価するに値するものである。

# 5　全面主義・特設時代の道徳教育

## 1　「道徳の時間」の特設

日本社会は 1952 (昭和 27) 年の日米講和会議による日本独立から数年間に保守への回帰が明確になった。1950 (昭和 25) 年勃発の朝鮮半島を舞台にした戦争も，背景にあった。56 年の公選制教育委員会の廃止が象徴である。この流れのなかで道徳教育の徹底を求める声は次第に強まり，文部省は教育課程の全面的改訂に乗りだした。社会科の改訂だけでは道徳教育の効果が十分にははたせないとして，教育課程審議会は 57 年，「道徳の時間」の特設を決めた。

「道徳の時間」の特設に対しては賛否両論があったが，十分な審議を尽くすことなく，いわば強硬手段に訴えて誕生した。1958 (昭和 33) 年のことである。また，この時から学習指導要領は文部省「告示」のかたちをとり，法的拘束力をもつものとなった。「試案」の 2 文字の削除である。

「道徳の時間」の特設によって，戦後一貫して採られてきた全面主義の道徳教育の基本原則はやや後退したという批判もある。その批判は，道徳は教科的に行うことにはなじまないというのが大きな理由である。他方，文部省は特設の意図を，道徳教育の充実のためと述べている。また，「道徳の時間」の位置づけを，各教科および特別活動における道徳教育を「補充，深化，統合」するものとした。またこの時間の指導者は原則として学級担任があたるものとした。

改訂された学習指導要領では，道徳は，各教科，特別教育活動，学校行事と並んで教育課程の 4 領域のひとつを占めることとなった。

## 2　その後の改訂と現在

その後，時代や社会状況の変化に対応するべく，ほぼ 10 年ごとに改訂がなされた。内容項目も，それぞれの時期によって異なる。1968 (昭和 43) 年に小学校の，翌年に中学校の学習指導要領の全面改訂がなされた。これによって教

育課程の4領域は各教科，特別教育活動，道徳の3領域となった。また，道徳的価値（内容）は精選された。

　1977（昭和52）年には，道徳的価値（内容）を整理，精選する改訂がなされた。また，大幅な改訂は1989（平成元）年になされ，道徳の目標として「人間尊重の精神」に「生命に対する畏敬の念」が追加され，また国際化時代に対応できる日本人の育成を強調して，「日本人」に「主体性のある」の字句が追加された。

　その後，学校完全週5日制のもと，「ゆとり教育」を展開するなかで子どもの「生きる力」を育成し，道徳教育の充実をはかるものとして，1998（平成10）年に改訂され2002（平成14）年度より実施された学習指導要領のなかにあって，移行措置期間中の2000（平成12）年より先行実施されている。また，ここでは校長の指導力等が強調されている。

　この間，1997（平成9）年には神戸連続児童殺傷事件が，2000（平成12）年には一連の17歳による事件が続いて起きた。子どもの事件は，その後も各地で起きている。「新しい荒れ」の表面化である。文部科学省はこうしたことを背景に，「幼児期からの心の教育」の必要性を説いた。子どもの事件の背景である，家庭や地域，社会の教育力の低下，大人社会のモラル低下，自然との実体験の不足のほか，国際化，情報化の進展を踏まえて対応しようとしている。また，道徳教育の充実のためとして「心のノート」を義務教育学校の全児童・生徒に無償配布している。道徳教育の教材としては副読本が民間の教科書編纂会社によって編集，発行されているが，「心のノート」は文部科学省の一斉配布である。政治的には，国旗国家法の制定，新しい歴史教科書の登場といった新自由主義の流れのなかでのことがらである。

## 3　「改正教育基本法」時代

　冒頭でふれたように，2006（平成18）年12月，教育基本法の一部改正ではなく，新法の性格をもつ全18条からなる改正教育基本法が成立した。1947年の旧法の前文「普遍的にしてしかも個性豊かな文化の創造」という文言が削除されたことは新法の理念を象徴している。人類的価値という普遍性に立った個性豊か

な文化をめざさなかった列強国家が極端な国家主義に基づく政策を進めた結果
が未曾有の惨禍を引き起こした。20世紀が「世界の地獄を見た世紀」と形容
される理由である。旧法は，そのような惨禍を引き起こしたことの痛切な反省
に立って制定されたもので，天野貞祐，務台理作，森戸辰男等，当時の碩学と
いわれる人々による原案に立った教育基本法であった。崇高な理念の実現を「根
本において教育の力にまつべきもの」としたのも，軍事力や経済力ではなく，
文化の力を重視しようとする発想ゆえである。1948（昭和23）年制定の世界人
権宣言の教育条項に匹敵する法律であった。

　他方，新法では新設された5項目の教育の目標の一番目に「豊かな情操と道
徳心を培う」ことが明記された。道徳教育重視の視点が反映されている。また，
生涯学習の理念という条項が新設された。「あらゆる機会」「あらゆる場所」と
いう旧法の字句は残ったが，「実際生活に即し」といった文言は削除された。
価値選択の主体性の形成は，現実の「実際生活に即し」てなされてこそ意味が
ある。文部省「道徳教育のための手引き書要綱」で強調されたとおりである。

　いずれにせよ，道徳の指導において最終的にものをいうのは，担当者の人間
観である。総じて，道徳教育は「『人生いかに生きるべきか』という生き方の
問題」（文部科学省『中学校学習指導要領　解説』2008年）である。道徳的価値は学
校教育という枠のなかで国家が決定してきた。内容的には，昭和戦前期と昭和
戦後期では極端な国家主義と軍国主義，基本的人権の尊重と民主主義との間で
根本的な違いはある。それらの違いを徹底的に自覚するには，道徳指導の方法
の検討が必要となる。村井実が総括するように，道徳指導の方法はこれまで一
貫して徳目主義的傾向をもっていた。徳目主義の指導では，思考停止，判断停
止を生む。臣民ではなく，国民となった今は，一人ひとりが価値選択の主体性
を体現するべき主体者である。とすれば，価値を自らの責任において取り入れ
る，創造的な道徳を身につけることが求められる。価値選択の主体性の形成が
許されなかった戦前期を経て，今，どこまで当事者性に立った価値選択の主体
性を自らのものにしているかが問われている。道徳教育の歴史から学ぶべきこ
とはあまりにも多い。

いじめやいじめによる自死，学級崩壊，家庭の「格差」による学力低下と学力の二極分化，学びからの逃走，忌避等々，教育と学校をめぐる問題は山積している。偽造，偽装，やらせ，粉飾，捏造，談合等々，およそ非道徳的な風潮の前に，人間存在の根本を踏まえた道徳教育の模索は永遠に続く。「善さ」（村井実）に向かう存在としての人間観に立った道徳教育が求められる。国連「子どもの権利条約」が強調する「子どもの最善の利益」がその方向を示している。それは，方法的にいえば，過去の注入主義的，徳目主義的対応ではなく，人間尊重の実現，ひいては生あるものすべての尊厳の実現をはかる自律的で，道徳的主体性の育成をめざす教育である。1989 年改訂にある「生命に対する畏敬の念」の考え方を実質化することが求められている（「畏敬の念」の評価については，８章 169–170 ページ参照）。壊れやすく，修復不能な生命を最優先する生き方を日常的に「実際生活に則して」実現するに如(し)くはない。

「こんどの戦争でたくさんの青年たちを死なせたのも，一つには自分たち先輩の者が臆病で，いわねばならぬことを，いうべきときにいわずにいたせいだ」という，岩波茂雄の悔恨はどこまで過去のものとなっているだろうか(7)。12月８日の太平洋戦争開戦の報を前に，若者が死にゆくことを「もったいない」といって涙を流した幸田露伴のような，「生命に対する畏敬の念」を皮膚感覚として生きることが，迂遠なようだが，確実な道であろう。

## ４　特別の教科の時代

2018 年以降，小中学校の道徳が特別の教科となった。これまで述べたように，1945 年の戦後教育が始まった後も道徳教育は新設教科社会科を中心として，学校の教育活動全体のなかで展開されてきた。1958 年以降は学習指導要領の告示化と道徳教育の特設化とがセットで，いわゆる全面主義・特設主義の下で展開されてきた。今回，道徳の特設化から 60 年後の 2018 年以降は，領域から教科としての位置づけ，副読本等の資料から文科省検定教科書の使用，「数値等による評価を行わない」から記述式による評価を行う，への転換がなされた。これまでの「読み物道徳」から「考え，議論する道徳」・「問題解決型道徳」へ

の転換であるという。

　道徳の教科化は第一次安倍内閣時代に検討されたが，中央教育審議会は人間の内面に関わることがらは評価になじまない，等の理由で実現されなかった。それが第二次安倍内閣時代の 2013 年には安倍首相肝入りの教育再生実行会議が提言し，2014 年 10 月に特別教科化が決まった。

　2015 年 7 月には，文科省作成の教科書検定の基準案が文部科学相の諮問機関によって了承された。基準案では教科書に掲載する物語などの題材は，生命の尊厳や伝統と文化，伝記，スポーツ，情報化への対応などとすること，教科書全体を通じて，子どもが表現能力を高めるために話し合ったり書いたりする「言語活動」や，「体験学習」などを取り入れること等が示された。また，「礼儀」「公正」「愛国心」など，学習指導要領に規定された項目との対応を明示すること，子どもの発達段階に即し，特定の見方に偏らない配慮も記された。

　本章で強調してきた通り，道徳教育とは主体的な価値選択能力の形成と向上をめざす，創造的な営みである。本来は，民主主義社会の形成という，主権者教育にも資する教育である。特別教科化が従来の道徳教育の質的向上に繋がるかどうか。歴史の視点から問い続けつつ，国内外のさまざまな課題を協働して解決していく民主的な主権者が育つ道徳教育の創造が必要となる。

【徳本　達夫】

注
（1）　山住正己『教科書』岩波新書，1970 年，174-177 ページ。
（2）　山住正己『教育勅語』朝日新聞社。
（3）　橋口英俊「道徳的社会化」菊池章夫他『社会化の理論』有斐閣，1979 年，126 ページ。
（4）　三浦綾子『石ころのうた』角川文庫，1979 年。
（5）　三浦綾子『道ありき』新潮文庫，1980 年。
（6）　荻野末『ある教師の昭和史』一ツ橋書房，1970 年。
（7）　吉野源三郎『職業としての編集者』岩波新書，1989 年，63，75 ページ。

**考えてみよう**

1. 日本の近現代史の動きと修身教科書の内容との関連を調べてみよう。
2. 昭和戦前期に生まれた人，教育を受けた人に，価値観の転換をどのように受けとめたかを尋ねてみよう。その際，日本の近現代史の動きについての教養は身につけておきたい。一定程度の素養があると，話し手も話しがいがある。
3. さまざまな子ども事件，社会事件に道徳教育がどう対応してきたか，自分の問題として考えてみよう。
4. 改訂ごとに道徳の内容項目数が変わる。時代や社会の流れと絡めて，道徳的価値について不易と流行の視点で，不変のものがなにかを探ってみよう。

**参考文献**

倉田侃司・山崎英則編著『新しい道徳教育』ミネルヴァ書房，1989年。

村井実『道徳教育原理』教育出版，1990年。

村田昇編『これからの道徳教育』東信堂，1992年。

岩本俊郎・志村欣一・田沼朗・浪本勝年編『史料　道徳教育の研究（新版）』北樹出版，1994年。

「子どもたちの昭和史」編集委員会『子どもたちの昭和史』大月書店，1984年。

山中恒『子どもたちの太平洋戦争』岩波書店，1986年。

井ノ口淳三『命の教育，心の教育はなにをめざすか』晃洋書房，2005年。

山住正己『日本教育小史』岩波書店，1986年。

入江曜子『日本が「神の国」だった時代―国民学校の教科書をよむ―』岩波書店，2001年。

押谷由夫『「道徳の時間」の成立過程に関する研究』東洋館出版社，2001年。

日本教育法学会教育基本法研究特別委員会編『憲法改正の途をひらく　教育の国家統制法―教育基本法改正政府案と民主党案の逐条批判―』母と子社，2006年。

『文部省指導書　道徳編』各改訂時版。

徳本達夫「道徳教育指導考―『手品師』を例に」同「道徳教育指導考（Ⅱ）―『卒業文集最後の二行』を例に」『広島文教女子大学教職センター年報』第3号，第4号，2015年，2016年所収。

# 第8章 道徳教育と宗教

　まず,「道徳教育と宗教」というテーマの意味を考えることから始めよう。2つの単語をつないでいる「と」は,AとBを並列する格助詞だ。ところが,「道徳教育と宗教」という表現を,宗教的な道徳教育のことだと誤解したり,あるいは,宗教の道徳的要素を議論するテーマだと早合点する人もいるかもしれない。

　私は,「教育と宗教」をテーマにした研究をしているのだが,しばしば,学校教育で行う宗教教育の研究者だと勘違いされて宗教教育実践の論文が送られてくる。「教育と宗教」の問題というのは,両者の《関係性》を考える研究であって,宗教教育は,その関係性のひとつのあり方にすぎない。これと同じように,「道徳教育と宗教」というテーマは,道徳教育において宗教をどう教えるかということではなく,道徳教育と宗教はどのような《関係》として考えられるべきなのかという課題のことである。

　学問的にみても,実は,道徳と宗教の関係を吟味する議論は実に少ない。その代わり,宗教がもつ道徳思想の解説や,ある特定の宗教における道徳性を説明する書物は山ほどある。道徳教育論として宗教が扱われている書物や論文もたくさんあるが,そのほとんどは,宗教がもっているとされる道徳的要素を学校教育にいかに生かせるのかという観点で論じられている。そして,そのいずれもが,道徳教育のなかに"正しい"宗教をとり入れることを課題としている。しかし,そこでとりあげられている宗教は,いずれも著者が"正しい"として選択したものに限定されている。このように,宗教教育が必要だという議論はたくさんあるが,学校教育と宗教はどういう《関係》としてあるべきなのかをきちんと議論するものは少ない。

なぜ，このような問いかけから始めなければならないのかという点にこそ，道徳教育と宗教の《関係》がはらむ歴史的な問題性が潜んでいるのだ。

# 1　宗教的道徳教育が必要だと主張されるが……

## 1　子どもたちをとりまく社会病理

これまでに日本社会が経験したことのないような子どもの犯罪や自殺，あるいは，子どもによる親殺しなどが頻発し，それがマスコミで大きく騒がれる時代になった。そうした社会現象を背景に，子どもたちに命の大事さをいかに教えるかが重要な課題だとされ，それは宗教の役割だと喧伝されることになる。たとえば，こうである。近頃の子どもは，学校で規律を守らず，教師を尊敬せず，巷では性道徳が乱れ，薬物依存や犯罪の低年齢化が増加している……。それは，親や学校が，勉強ばかりを子どもに迫り，人間の大切さや命の尊厳について教えていないからだ。だから，心を育てるために宗教を学校で教えないといけない……と。

あるいは，オウム真理教のようなとんでもない犯罪集団やマインド・コントロールに若者が簡単に勧誘されてしまうのは，学校で"正しい宗教"と"正しくない宗教"のことをきちんと教えていないからだ……などという意見が登場し，それは，こうした社会不安に心を痛めている人の共感をうることになる。

2006年12月に国会を通過してしまった新教育基本法やそれへの対抗案として民主党が用意していた「日本国教育基本法案」にもそうした見解が色濃く反映している。新しい教育基本法には，「生命の尊重」（第2条）と「宗教に関する一般的な教養……は，教育上尊重されなければならない」（第15条）という条項が加わり，民主党案では，次のようにもっと濃厚に宗教教育が強調されていた。「生の意義と死の意味を考察し，生命あるすべてのものを尊ぶ態度を養うことは，教育上尊重されなければならない」（第16条1項），「宗教的な伝統や文化に関する基本的知識の修得及び宗教の意義の理解は，教育上尊重されなければならない」（2項），「宗教的感性の涵養及び宗教に関する寛容の態度を養うことは，教育上尊重されなければならない」（3項）と。

## 2　繰り返し提示されてきた宗教復興による道徳性の回復論

　教育において宗教的道徳を強調しようとする考えは，いまに始まったことではない。社会の矛盾が大きくなり，社会が大きく変動しようとしているとき，政府や宗教家から，社会不安や社会病理の現象を宗教の復興によって克服すべきだという意見が必ず出されてきた。当然，そうした意見はマスコミにも反映され，子どもたちの道徳性の回復には宗教が必要だというさまざまな見解として展開されることになる。なぜなら，社会の病理や矛盾は，子どもの世界にまず表現され，それが子どもの"非道徳性"として現象するからだ。

　天皇への絶対的崇敬を国民に強制することによって遂行された侵略戦争が，無条件降伏というかたちで敗戦を向かえたとき，戦禍で肉親を失い荒廃した国土の上に立つ人々は，それまで信じてきた絶対的な精神的支柱を失い，日本社会はアノミー状況にあった。そうした社会不安の状況に対して，敗戦の月の翌月（1945 年 9 月），文部省は，「新日本建設ノ教育方針」というものを出したのだが，それは敗戦の原因を国民の道徳心のせいにして，極度の窮乏と精神的虚無状況をひたすら耐え忍ぶことによって乗り越えようと国民に呼びかけるものであった。そこでも，新日本の建設は，「国民ノ宗教的情操ヲ涵養シ敬虔ナル信仰心ヲ培養シ神仏ヲ崇メ独リ慎ム精神」で可能になると，宗教がもちだされた。そうした宗教は，つい数カ月前まで，天皇崇敬を煽り立て，天皇国家安泰の宗教儀礼を執行し，侵略の賛美や特攻精神を鼓舞していたものだったのにもかかわらず。

## 3　宗教のもつ魅惑

　現代の日本の青年は，乾いた人間関係のなかにおかれている。すなわち，自己のアイデンティティ認識を商品消費によってかろうじて支え，"負け組"に転落しないように緊張と頑張りを日々強いられるか，競争に敗れて見通しのない不安，あるいは，そもそも競争に耐えられない自分に絶望するそんな社会に生きている。しかし，その意味を大きな状況のなかでとらえられず，逆に，大状況の重みから軽やかな小状況のなかに閉じこもって，いま生きている実感も

未来への期待もないままに刹那的に今を生きるしかない……そんな青年に，わかりやすい"大きな物語"のなかで自分の存在価値を説明してくれ，人間としての生をどう生きるべきかの意味づけを与えてくれ，心の内側から日常規範を律することができるようなものがあるとすれば……それが宗教だ，という考え方がある。こうした状況における人生や生の意味づけをしてくれるものは，けっして宗教の専売特許ではないのだが，宗教という言葉にはそういう魔力がある。

　その他にも，あまねく存在しながらもリアルな実感のない死にかかわることがらを，現代の若者の心にどう意識化させるかという課題も重要だ。死への恐怖，愛する存在の死に対する悲しみなど，生物体としての人間が，自然性に規定されるだけでなく，戦争や災害や不慮の事故など，人為的，あるいは社会的な死を強制される場面が少なくない現代社会では，誰にもその"宿命"から逃れられない恐怖が存在する。しばしば，死への憧憬，死後の世界への期待などを生じさせる超自然的世界と人間の有限性を魅力的に結合させる見解も登場する。死の問題こそ，宗教の出番だと。

　現代の学校教育は，科学や技術や合理性で処理できる価値の外に豊かな心の世界があることを十分に教えず，むしろ，合理性の名においてそうした世界や価値を軽蔑させる機能を果たすことになるとの批判もある。

　私たちの人生には，意のままにならない理不尽なこと，不条理なことがたくさん発生する。ものごとが科学的・合理的に処理されれば，それは人間的に豊かだといえるのかと問われると，素直にはうなずけない場面やことがらが多々あるだろう。このように，死生観，人間存在の究極的意味，不条理・非合理的なものごとの解釈，あるいは，どうにもならない絶望感や人間愛のありようの模索などに明瞭な解答を与えてくれ，希望や愛への自信をもたらしてくれるものこそが，超越的存在との出会いだという理解もある。

### 4　宗教は現代社会でどれだけ正義を示しているか

　宗教にそのような期待をかけることは批判されるべきことではない。また，

宗教者からそのような主張が繰り返されるのも，宗教的世界観からして当然のことでもあろう。しかしながら，それに反比例するように，若者たちは，宗教思想に感動せず，宗教的文化から離脱し，宗教とはふれあうこともない世界に生きる傾向が加速している。こうした現実をどう考えるべきかこそが宗教界にとっての課題であろう。

　オウム真理教事件，あるいは，世界各地でみられる宗教対立を軸とする民族殺し合い，原理主義者と呼ばれる人たちの自爆テロ行為などは，若者たちに，宗教に対する否定的イメージを確実に与えている。宗教とは，マインド・コントロールによって人の心を操作する怖いものだったり，自分たちだけの正義のために他者の命を平気で奪う狂信集団だというイメージも強烈に広まっている。大学でも，反社会的な宗教カルト集団への注意を呼びかけている。オウム真理教事件の際に，日本の宗教は死んだと評されたのは，少なからずマインド・コントロールやカルト的な要素をもっていた伝統的宗教が，反社会的な宗教カルトをきちんと批判することも，自らのカルト性を払拭する努力もなしえなかったからだ。だから，宗教のイメージ・ダウンの原因を，こうした極端な行動をとる一部の宗教のせいにして，もっと高尚な宗教のことを学ばない青年の思想性の低さを嘆いてみるのは正解ではないだろう。青年たちが宗教に対して冷ややかな姿勢を示しているのは，科学教育によって，若者みんなが合理主義者になった結果でも，宗教のことを学ばなかったからでもない。同じ問題を裏側から設定しなおすと，なぜ宗教は，現代の若者たちに魅力ある道徳規範としての説得性や優位性を示しえていないのかという事実を冷静に観察することが必要なのではないのかということだ。

## 5　若者をとりまく社会の現実と宗教

　現代社会は格差を拡大させ，リストラ，長時間の不安定労働，家庭崩壊，社会の高齢化，そして若者たちの雇用不安や不安定な心のありようなどが拡大している。こうした社会状況に起因する若者たちの心の叫び，あるいは，叫びにすらできない深い心の傷が拡大している状況に対して，宗教はいかなる手をさ

しのべているのだろうか。また，核戦争の脅威，世界各地の紛争，飢餓，貧困，経済格差，そして地球規模での環境問題という人間生存の基本にかかわる重要な問題に宗教がどれだけの正義をなしているだろうか。核兵器開発の拡大，原発事故による新たな被曝や放射能汚染に対して日本の宗教界は何をなしたのだろうか。子どもの虐待や競争のなかで苦しみ人間性をゆがめられている子どもたちに，宗教はいかなる救済の手をさしのべているのだろうか。

　むしろ，社会のありようによって痛めつけられ，愛されることからも人間としての協働性からも遠ざけられた若者たちの心にすり寄って若者の心をつかみ，それを極端なかたちで“救済”しようとするのが反社会的な宗教カルトであることが多い。オウム真理教にとりつかれた若者のなかには，この汚れた世界に“正義”を実現しようと願っていたものも少なくない。実は，オウム真理教信者には，宗教系学校の在籍者や卒業生もいたように，現代の青年たちの不安や自分の模索，あるいは彼らが求める“正義”の探求に魅力を与えているのは，伝統的宗教ではないところに大きな問題があるのではないだろうか。

　いや，実際には，日本が侵略したアジア諸国に青年信者を送って懺悔のボランティア活動に取り組んだり，飢餓線上をさまようアフリカやアジア諸国の子どもたちのための募金活動や医薬品を送る活動を行ったり，原水爆反対の行動をとり続けている宗教者も少なからずいる。しかし，こうした人たちは，異端・少数派と社会的に低く位置づけられたり，新々宗教と別分類される宗教者の方に多い。しかし，それらの社会的活動も，世俗的な社会活動を道徳的に凌駕するものではない。

## ② 宗教的価値の絶対性と相対性

　宗教が道徳の基準であり，社会的規範そのものであった時代が，古代社会より長く続いていた。前近代においては，宗教は政治・科学（呪術性）・文化を従属させ，社会支配システムの中核であったが，近代社会の成立とともに，宗教は，公的領域から分離されて私的領域の問題として取り扱われることとなった。それは，近代市民社会が，王権と結合した宗教勢力から政治的実権を奪取して

成立したことによるのだが，もうひとつには，宗教改革や広い世界との接触に
よって，宗教の多元性が認識されるようになり，ある宗教の絶対性も相対的な
ものとして認識されるようになってきたからである。さらには，近代合理主義
によって，宗教の形式性や呪術性，道徳的拘束性の非人間的な性格が暴露され
たからだ。

　それゆえに，近代社会は，ある宗教者には唯一絶対的だとされる宗教的価値
が，実はさまざまに存在し，そのどれを信じるか信じないかは，国家・社会の
干渉するところではなく，私的領域の問題，すなわち，個人の自由の問題だと
したのだった。それが思想的原則として概念化されたものが，思想・良心・信
条の自由である。それは，近代国家においては，すべての人が何を信じるか信
じないかのいずれをも尊重され平等に扱われるという重要な原理を構成してい
る。国家は，一人ひとりを尊重する（どの宗教者をも尊重するし，無宗教者も尊重
する）がゆえに，どの宗教とも関係をもたないという原理である。したがって，
近代国家であれば，宗教にかかわる問題は，公的には取り扱わないし，これに
ついてのコメントをなしえないのが原理的な姿勢である。

## 1　科学的真理と宗教的価値の違い

　ニュートン力学がアインシュタインの相対性理論に内包されていくように，
科学的真理も絶対的なものではなく，やがて新しい原理や法則性が発見される
ことによって相対的なものになることは常識だが，その限りでその真理はどの
人々にとっても普遍的である。アメリカで発見された自然法則が日本ではあて
はまらないということはありえないし，ユダヤ教徒が発見した科学的法則が，
イスラム教徒には使えないということもない。宗教は，そのいずれもが，自分
たちの教義を唯一絶対的なものとするところに特徴があるが，世界に多数の宗
教が存在するように，その絶対性もあくまで相対的な価値観で，誰にとっても
普遍的であることはありえない。つまり，この世界の絶対的意味づけは宗教の
数だけ存在する。道徳教育と宗教の問題を考える際に，科学と宗教のこの決定
的な違いを認識しておくことが重要だ。すなわち，すべての人にとって理想的

な組織的教育というものが存在しないのと同じように，だれにとっても理想的な宗教というものは存在しないからだ。宗教道徳は，内側（信仰する人）にむかっては絶対的であるが，外側（それを信仰しない人）にとっては相対的だということだ。

## 2　宗教を教える道徳教育論の構造とその限界

　ある人たちにとっては，宗教は人間の根源を解明するものであるから，人間が人間であるためには，宗教は不可欠で，信仰のない人は人間として不完全だということになる。この観点からすれば，学校教育で宗教教育がなされないことは人間教育として不完全だということになる。そうした学校教育は，子どもにきちんとした道徳性を身につけさせることができず，宗教の教えに反する世俗教育がなされることも耐えがたいことになる。アメリカで拡大している学校選択の自由は，聖書購読も礼拝も禁止している公立学校教育に不満をもつ親たちの子を，公立学校から大量に脱出させる方途として活用されている。進化論教育は天地創造の世界観に反し，エイズ教育として行われる避妊教育は神の教えに背くことになるなどの理由もある。

　何が美しく，どのような行為が醜いのか，過度な快楽の追求はなぜ悪くて，どのような身の慎み方が正しくて，堕落するとはどういうことなのか……ということをめぐっては，カントのように，人は神や人間のつくった規範に従うべきではなくて，自らの意志によって善をなす自分自身の律し方そのものが善であるという哲学がある一方で，人間は宗教的な絶対的基準にそって自己を律してきたのも事実であるから，これも重要な道徳的価値だとする見解もある。

　後者のような宗教観は，おおまかに次の2つの宗教教育論を導く。1つは，キリスト教は愛と希望を説き，仏教は慈悲と不殺生を唱え，神道は清く明るい心をその道徳的心髄とするのであるから，宗教というものが道徳心の形成にはたしてきた役割を学び，その精神を感じとることが期待されるのだという論。こうした見解は，道徳教育の教科書的な書物にしばしば登場するのだが，注意深くこれを読めば，イスラム教道徳について言及するものは1つもない。また，

　新々宗教やカルトだとされているような宗教にはふれられていないことにも気づくだろう。つまり，特定の宗教が恣意的に選択されている。きわめて多様に存在する宗教現象を教材化することは，実に難しいことで，そこに働く選択意思が公平・中立であるということはありえない。

　そこでもうひとつの宗教教育観が登場する。つまり，個別宗教の道徳律を選別して教えることは公平性を欠くので，これは避けなければならないが，実は，「宗教一般」とか，すべての宗教に「共通する宗教性」というものが存在するので，それを教えることはできるとするものだ。「宗教的情操教育論」といわれるものがそれである。しかし，宗教学の世界では，そのような「一般的宗教」とか「共通する宗教性」などというものの存在は否定されている。宗教に共通する要素として指摘できるのは，超越的存在を前提とし，教義が信者によって共有され，特殊な信仰儀礼や修行を行うという外見的要素だけである。いや，こうした宗教の社会学的定義ですら，超越者の存在を前提にしないものもあるし，儀礼だけで教義のないものもあるなどという指摘によって研究者の間で必ずしも共有されているものではない。

## ③　近代における宗教と道徳の関係性原理

　近代公教育の成立期における難問のひとつは，学校における道徳教育と宗教の《関係》をどう処理するかだった。市民革命のテーマのひとつは，個人を教会のドグマの世界から解き放って個人の自由を獲得すること，つまり，人間形成のプロセスと精神世界形成の内容を神の掟から解放して人間の理性の力に委ねることであった。それは，同時に，これまで神の権威によって維持されてきた共同体の精神的紐帯を解体して，これを私的な領域に追いやり，世俗世界はそれに積極的にはかかわらない社会に移行することであった。したがって，精神的救済や普遍的価値の模索は，個人個人の自己選択に委ねられることとなった。そうした現象をニーチェは，「神は死んだ」と表現するのだが，天上界・地上界・地下界のどこを探しても拠るべき絶対的存在を失ったとき，自由を獲得した個人は，同時に，精神的支柱が存在しない荒野をさ迷い歩く宿命を負う

ことにもなったのだった。

## 1　コンドルセの悩みと解決

　フランス革命の直後，自由と平等を掲げる新共和制にとって，国民に義務教育制度を提供し，共和国市民を育成することが急務であった。その公教育を設計する任務を託されたのが天才的な数学者として名をはせ，フランス科学アカデミーの終身幹事であったコンドルセ（Marie-Jean-Antonie-Nicolas Carritat, marquis de Condorcet, 1743–1794）であった。彼は，数学的な緻密さで革命政権が提供すべき自由と平等の公教育制度を設計し，1792年にそれを革命議会に報告する。「公教育は国民に対する社会の義務である」という有名な言葉で始まるその報告書を作成する過程で，彼が悩んだ問題のひとつが，道徳教育の内容はどのようにすべきかであった。

　当時のフランスには，宗教改革によって，カトリック教会のほかに新教と呼ばれるさまざまなキリスト教宗派が存在していた。加えて，無神論者や神の権威を人間の理性に置き換える理神論者も登場していた。そうした価値多元状況のなかで宗教対立は激しく，また同時に，フランス革命に対する反革命勢力も依然として存在する激しい政治的抗争の渦中で，共和国防衛は，最大の政治課題であった。

　コンドルセの悩みは，租税で運営される公教育は，租税の負担者である親に代わって国家が教育を提供することであるが，では，どのような道徳教育を行うことが平等なのかということであった。多数派の宗教を学校が採用すれば，それ以外の宗教的価値をもつ親は不公平に扱われることになり，そうした学校に子どもを通わせられないだろう。それは共和国の自由と平等理念に反することになる。しかも，フランス革命が打倒の対象としてきたカトリック勢力が，公教育のなかに入り込んで勢力を拡大することにもつながる。では，さまざまな宗教的価値を教える教室を開設し，それぞれの宗派の教師を採用すれば公平になるかというと，現実的にはそのような平等的保障は制度的に実現不可能である。

## 2 近代のパラドックス

こうした問題の答えとしてコンドルセは,「公教育は知育 (insturuction) に限られるべきである」としたのだった。彼は, 知育と訓育 (education) を厳密に区別し, 国家がなしうるのは, 確実な知識 (フランス語) や社会的・科学的に真理と合意されているもの (数学, 科学) のみであり, 宗教的価値や政治的見解にかかわる内容=訓育は, 国家の権限外の領域で, すなわち, 家庭ないし個人の自由に委ねられるべき課題だとした。もし, 訓育を国家が採用すれば, 自然権として親に付与された子どもの教育権を国家が侵害することになる。見解が多様に存在する宗教的な価値について, あるひとつが多数の見解であるからということでこれを採用すれば, そのひとつを国家が神聖化することにつながる危険性があると考えたのだった。

この考え方は, 個人の内面的価値の自由を尊重しようとする国家は, 個人の自由を尊重する姿勢を示すがゆえに, 何人の内面的価値にもかかわりをもたないという《近代のパラドックス》の発見であった。コンドルセが構想した公教育制度は, 当時の政治状況のなかで実現するにはいたらなかったが, その自由と平等の公教育理念は, 近代公教育の重要な原則として継承・発展させられてきた。

## 3 デュルケムによる科学的道徳教育論の創設

ヨーロッパ世界で近代的公教育が国民教育として整備されるのは, コンドルセの時代から一世紀も後のことになるのだが, 当時, 最も重要な問題として議論されてきたことは, 長い間教会権力に属していた宗教教育をどう扱うかということであった。ドイツやイギリスでは, まだ国民教化の手段として特定の宗教が学校の道徳教育を支配しており, キリスト教の道徳規範が, 共同体の日常規範となっていた。それは, 支配的ではない宗教を信じるものや無神論者を不道徳者として排除する社会的機能ともなっていた。

フランス革命以来, 公教育から宗教勢力を排除する政策がとられていたフランスでこれが制度的に確立するのは, 第三共和制 (1870-1940 年) の時代からで

ある。第三共和制の文部大臣となったフェリー（J. Ferry）は，「宗教教育は，家庭と教会に属し，道徳教育は学校に属する」という有名な言葉を残している。これは，先に指摘したように，宗教的価値をどう選択するかに国家はかかわらず，それは私的領域の問題だということを明言したものだ。

　しかし，次にもちあがる問題は，では，学校では道徳教育は必要ないのかということであった。宗教教育を学校から締めだすことは，教会勢力の影響力を排除することにはなるが，共和国市民としての道徳形成は必要なことであった。そこで，では，宗教的ドグマや戒律によって権威づけられない道徳教育は可能なのかという課題がもちあがることになる。これまで長い間，日常規範を宗教的戒律によって律してきた人たちにとって，それは想像もできない難問であったにちがいない。精神的支柱を宗教から切り離した公教育は，子どもたちの意識を何によって集団への愛着につなげられるのかという問題であった。

　この課題に挑戦したのが『社会分業論』や『自殺論』を著して，近代社会学の父とされるデュルケム（Émile Durkheim, 1858-1917）であった。1902 年にソルボンヌ大学教育科学正教授に就任したデュルケムは，精力的に教育改革を推進していた文部省局長から，共和国の公民形成に必要な世俗道徳（宗教に依拠しない道徳）の確立を委託される。

　そこで彼が，小学校教師になる学生たちのために 1902 年から 03 年にかけて講義したのが，日本でも『道徳教育論』として出版された内容であった。彼は，博士論文である『分業論』において，人々が，「昔からそうだったから」というような慣習的掟や「かくあるべし」というアプリオリな命題から社会や道徳の問題を議論する経験論的な考え方を批判し，科学として道徳を位置づけるべきだと主張していた。デュルケムにとって，新しい道徳教育は，非宗教的で，かつ合理的でなければならなかった。当時の共和国の政治的課題は，伝統的カトリシズムの教育支配からの脱却であったからだ。したがって，道徳律の根源を，神や絶対者などの超自然的な力や「当然のこと」という先入見に支配されることなく，誰もが合理的に理解できるロジックによって説明できることが重要であった。それは，どのような神を信じていようがいまいが，誰にとっても

納得できるものでなければならないと同時に，与えられた権威や秩序には従う必要のない個人の自由を基礎とする道徳教育論でなければならなかった。

　もうひとつの彼の関心は，自由を獲得した個人は，同時に孤立するという両義性のなかに放りだされた状態にあり，それが近代的個人を常に精神的危機にさらすという事実であった。バラバラに切り離された個人は，いかにして個人を尊厳されながら社会的に統合されうるのか，それがデュルケムの課題であった。近代的個人は，カントやルソーの主張するように，個人自立性をアプリオリに与えられているのではなく，他者によって共有され，社会的に担保された価値ある存在として尊厳がうちたてられなければならないと考えていた。そうでなければ，社会的連帯と個の尊厳とは両立しないからである。その両立をはかろうとするところに彼の道徳教育論の基本的な姿勢があった。

## 4　宗教に代わる社会統合の道徳律

　デュルケムは，『宗教生活の原初的形態』(1912年)において，宗教には，聖なる力や人々を感応させる儀礼によって，人々に義務の意識を形成させ，さらに人間相互の連帯感をつくり出す機能のあることを発見し，そのすぐれて道徳的な作用の意義を高く評価していた。しかし，科学的精神の啓蒙を標榜する社会においては，超越者の命令やドグマの無謬性を根拠にする宗教の道徳性は排除されねばならない。さらに，分業によって社会の成員が異質化・個別化し，人格が個別的に所有される時代には，宗教的要請とは異なるかたちでの社会的義務と社会的連帯の源泉となる道徳律を構想しなければならなかった。

　デュルケムが示そうとしたのは，市民として守るべき規律と社会性を育てるためには，宗教ではなく，誰にも説得的な合理的世俗道徳律が必要であり，それは公教育が教えることが可能だということだった。当時においては，こうした考えや制度は，カトリック勢力との対抗を強烈に意識したものであったのだが，その後，国家の実施する学校では，宗教的価値の問題にはふれてはならないという基本原理として確認されてきた。それは，さまざまな価値観をもつ個人個人が，自分の子どもの精神世界を自由にはぐくむことができるようにする

ために，公教育に宗教をもち込むこと，学校内に宗教的シンボルを設置すること，宗教的行事を文化として取り入れることが自由と平等保障の基礎的原理となってきた。これらは，ある宗教に国家が好意を示すことになって，信教の自由を平等に尊重することに反することになるからだ。

　冒頭で，「道徳教育と宗教」というテーマは，道徳教育と宗教はどのような《関係》として考えられるべきなのかという課題であると記したのは，近代国家における道徳教育と宗教とのこうした《関係性》のことである。

## 4 日本における道徳教育と宗教の《関係》

### 1 国家による道徳強制の教育から寛容の教育へ

　前章でみてきたように，戦前の日本における道徳教育は，神としての天皇が下した「教育勅語」という宗教的原理を軸とし，学校をその布教場所とした国民総マインド・コントロールだったといっても過言ではないだろう。

　戦後は，こうした反省から，政治と宗教の分離（政教分離）と信教の自由を保障する憲法が定められ，教育基本法でも，先に述べたような宗教中立性が宣言されたのだった。つまり，日本の学校教育においては，国公立の学校では，いかなる宗教的な内容の教授・儀式・活動を行ってはならないこととされた。したがって，道徳教育においても当然のことながら，宗教にかかわることがらの扱いには慎重でなければならない。と同時に，私立の学校においては，道徳教育の時間に限って宗教教育を行ってもよいことが定められている（学校教育法施行規則第50条の2，および，第83条）。それは，宗教系私立学校の教育の自由を認めているからである。

　では，日本の国公立の学校教育では，道徳教育と宗教の《関係》はどう考えればよいのだろうか。学校教育は宗教的価値にはかかわらないという近代的原理は，学校教育が宗教を軽視しているということを意味してはいない。新旧とも教育基本法は，「宗教に関する寛容の態度及び宗教の社会生活における地位は，教育上これを尊重しなければならない」（旧法第9条，新法第15条）としている。その意味するところは，さまざまな宗教的価値をもつ人，あるいは，そうした

価値に対して否定的な態度をとる人，そのいずれも寛容に扱われなければならないということだ。加えて，さまざまな宗教が社会のなかに存在し，それを誰からも強制されないで選択する自由があることが教育上大事にされ，この寛容の姿勢と宗教選択の自由について教育では教えられなければならないことを含んでいる。この寛容と自由の精神こそ，価値多元状況にある社会のなかで，所有する価値の優劣によって差別しない態度を養う重要な市民道徳なのだ。道徳教育で扱われなければならない宗教は，こういう観点からなのである。

## 2　"正しい"宗教を選択して教材化できるか

道徳教育として，"正しい"宗教とそうでない宗教を教えることができるだろうか。実は，宗教学の世界でも，宗教の定義は一元的ではなく多種多様に定義されうるというのが学会での定説となっている。教祖や経典が存在し，特定の宗教的施設で特定の儀礼を執行し，信仰者集団が成立しているものを宗教と定義するだけではなく，研究者によっては，強烈な国家イデオロギーを国民に強制する国のあり方も一種の宗教だと定義に含める人もいれば，人間の究極的な生き方こそ宗教の本質だとする人もいる。したがって，人間の意識活動のどこまでを「宗教」の範疇に含めるかは，実はきわめて難しい。たとえば，オウム真理教や過激なイスラム教団のテロリズムを「宗教」とみなすかどうか，擬似宗教などと分類される自己啓発セミナーや伝統的既成教団からは異端とみなされているカルト集団などをどう扱うかについて定説はないし，学問的評価は多様である。それゆえ，"正しい"宗教とそうでないものの区別をするとすれば，ある特定の宗教を社会的に"正しい"ものと恣意的に裁定することになる。近代の国家が禁欲的でなければならないとされてきたのは，まさに，こうした国家による宗教優劣の裁定であった。

道徳教育に宗教の考えを入れるべきだと唱える人たちのなかに，世界3大宗教の1つであるイスラム教も含めなければならないという論者をみたことがない。あるいは，世界平和や飢餓に苦しむ子どもたちのための救済活動にとり組んでいるが，異端的だとされている小宗派のことが評価されることもない。国

家につらなる誰かがひとつの宗教を"正しい"と選択したとき，それは正義の選択ではなく，他の価値を所有する人たちの権利を侵害することになる。つまり，ある宗教の原理，あるいは，宗教者の生き方がいかにすばらしいものであっても，子どもたちの内面的価値形成の自由には寛容でなければならない学校教育においては，それが普遍性をもつものだという断定には慎重さが求められるのである。宗教的正義として自爆テロを実行することは，ある人たちには英雄のように美しく，ある人たちには悪魔のように醜いものであることを想起すればいいだろう。

### 3　学習指導要領の宗教性

　最後に，これまで述べてきたような，観点から，学習指導要領が示している道徳律の問題を点検しておこう。それは，「生命の尊重」という徳目だ。「生命の尊重」という徳目は，1958（昭和33）年の特設道徳から学習指導要領に登場し，1989（平成1）年の改定において，人間尊重の精神を一層深化させるものとして「生命に対する畏敬の念」とされた。これが，2006年の新教育基本法において「教育の目標」（第2条）に組み込まれた。

　「生命の尊重」や「死生観」について考える教育は，いじめの防止や Death Education，終末医療プログラムなどとして展開されている教育領域の1つであるが，学習指導要領が意味する内容はそのようなことではない。

　学習指導要領解説では，「生命や自然，崇高なものとの関わり」における「生命」とは，「連続性や有限性を有する生物的・身体的生命，さらには人間の力を超えた畏敬されるべき生命」（『小学校学習指導要領解説　特別の教科　道徳編』2017年）と定義される。この理解において，「生命の尊重」学習は，「崇高なものに対する尊敬や畏敬の念」育成の前提として位置し，「畏敬の念」という宗教的観念に飛躍されることになる。そういう内容が意図されている。

　中学校学習指導要領解説の「特別の教科　道徳編」（2017年告示）では，「生命の尊重」という表現の「生命」は，さらに拡張的に定義される。「すなわち，『連続性や有限性を有する生物的・身体的生命に限ることではなく，その関係性や

精神性においての社会的・文化的生命，さらには人間の力を超えた畏敬される
べき生命である』」。人間の有限性を自覚し，その結果，自分は生かされている
自覚がもて，この自覚とともに，人間の力を超えたものを素直に感じとる心が
深まり，これに対する畏敬の念が芽生えることが求められるのだと。

　「畏敬」とは，崇高なものを敬い，畏怖し，それに帰依するという内容を意
味する特別な感情表現で，対象についての強力で継続的な関係意識の形成が前
提となる。「崇高なもの」とされる対象は，自然現象からカリスマ的英雄，宗
教指導者，宗教現象・文化にわたるが，いずれにしても，対象の超越性・超自
然性を感得したときに成立する。

　「畏敬」感情は，きわめて宗教性の強い観念によって表明される（ある政治状
況の下における国民意識操作として，独裁者を絶対的な存在として「畏敬」する場合も
ある）。「生命の尊重」は，超越的存在を畏敬する感性を育てる"入り口"で，
「畏敬の念」の育成が最終目標となっている。1966（昭和41）年の『期待される
人間像』において，「すべての宗教的情操は，生命の根源に対する畏敬の念に
由来する」と定義されているように，「生命に対する畏敬の念」育成は，すな
わち，「宗教的情操」教育にほかならない。

　津地鎮祭訴訟の控訴審判決（名古屋高裁，1971年）は，「憲法でいう宗教とは
超自然的，超人間的本質（すなわち，絶対者・造主物・至高の存在等），……の存在
を確信し，畏敬崇拝する心情と行為」と宗教を定義している。すなわち，「人
間の力を超えた」存在への「畏敬」は宗教的行為・心情のことである。

　すなわち，憲法では超越的存在があるともないとも言及していないにもかか
わらず，学校教育の道徳として，超越的存在があることを国家が認めたことを
学習指導要領は宣言していることになる。極端に表現すれば，学校が一方で科
学教育を行いながら，道徳教育においてはオカルト的な世界観を広げていると
いうことができるだろう。それはとりもなおさず，超越的な存在を認められな
い人は非道徳的な国民であるという排除の論理を含むものであり，近代の道徳
教育と宗教の関係を大きく逸脱するものであると指摘できる。

　現代の子どもがみまわれているさまざまな困難や心の叫びから救済するために宗教が必要であると主張する人たちは，ある特定の宗教的思想や道徳律に国家的認証を与えられることを期待して，それを学校の道徳教育にもち込むことが教育的だとしている。しかしながら，そういう主張者に求められることは，それぞれの信じる，あるいは推奨する宗教（団体）活動において，子どもたちの心に届く社会的実践を広く展開する努力をなすことだろう。その道徳的思想や実践が，内面の自由という他者の基本的な権利を侵害する方法ではなく，人類にとって普遍性をもつような価値の高いものと評されたり，宗教宗派を超えて賞賛されるような社会正義の実現をなしているという社会的な評価をえたときに，その宗教の道徳的優位性が社会的に認知されることになる。正義や公正を社会的に実証する多様な宗教的行為が，国家とは離れた領域で多面的に展開され，学校教育では，そうした価値を自らの力で選びとれる力を形成するという《関係性》が，豊かな道徳性をもつ公共空間を形成することにつながることになるのだろう。

【山口　和孝】

### 考えてみよう

1. 宗教的な理由から，卒業式で「君が代」は歌えないと生徒が申し出た場合，教師はどう対応すべきだろうか？
2. 荒れた子どもの心を落ちつかせるのに効果があるからと，学校の先生が禅寺に子どもたちを連れていく行為はどう考えたらよいのだろうか？
3. 宗教者としてすぐれた社会実践（貧者救済活動，平和活動など）をなした人のことを教材として扱う場合，どのような点に留意しなければならないだろうか？

### 参考文献

山口和孝『子どもの教育と宗教』青木書店，1998年。
山口和孝『新教育課程と道徳教育』エイデル研究所，1993年。
菅原伸郎『宗教をどう教えるか』朝日選書630，1999年。

道徳教育参考資料

# 教育基本法

2006（平成18）年12月22日

教育基本法（昭和22年法律第25号）の全部を改正する。

目次

我々日本国民は，たゆまぬ努力によって築いてきた民主的で文化的な国家を更に発展させるとともに，世界の平和と人類の福祉の向上に貢献することを願うものである。

我々は，この理想を実現するため，個人の尊厳を重んじ，真理と正義を希求し，公共の精神を尊び，豊かな人間性と創造性を備えた人間の育成を期するとともに，伝統を継承し，新しい文化の創造を目指す教育を推進する。

ここに，我々は，日本国憲法の精神にのっとり，我が国の未来を切り拓く教育の基本を確立し，その振興を図るため，この法律を制定する。

## 第1章　教育の目的及び理念

### （教育の目的）

**第1条**　教育は，人格の完成を目指し，平和で民主的な国家及び社会の形成者として必要な資質を備えた心身ともに健康な国民の育成を期して行われなければならない。

### （教育の目標）

**第2条**　教育は，その目的を実現するため，学問の自由を尊重しつつ，次に掲げる目標を達成するよう行われるものとする。

一　幅広い知識と教養を身に付け，真理を求める態度を養い，豊かな情操と道徳心を培うとともに，健やかな身体を養うこと。

二　個人の価値を尊重して，その能力を伸ばし，創造性を培い，自主及び自律の精神を養うとともに，職業及び生活との関連を重視し，勤労を重んずる態度を養うこと。

三　正義と責任，男女の平等，自他の敬愛と協力を重んずるとともに，公共の精神に基づき，主体的に社会の形成に参画し，その発展に寄与する態度を養うこと。

四　生命を尊び，自然を大切にし，環境の保全に寄与する態度を養うこと。

五　伝統と文化を尊重し，それらをはぐくんできた我が国と郷土を愛するとともに，他国を尊重し，国際社会の平和と発展に寄与する態度を養うこと。

### （生涯学習の理念）

**第3条**　国民一人一人が，自己の人格を磨き，豊かな人生を送ることができるよう，その生涯にわたって，あらゆる機会に，あらゆる場所において学習することができ，その成果を適切に生かすことのできる社会の実現が図られなければならない。

### （教育の機会均等）

**第4条**　すべて国民は，ひとしく，その能力に応じた教育を受ける機会を与えられなければならず，人種，信条，性別，社会的身分，経済的地位又は門地によって，教育上差別されない。

2　国及び地方公共団体は，障害のある者が，その障害の状態に応じ，十分な教育を受けられるよう，教育上必要な支援を講じなければならない。

3　国及び地方公共団体は，能力があるにもかかわらず，経済的理由によって修学が困難な者に対して，奨学の措置を講じなければならない。

## 第2章　教育の実施に関する基本

### （義務教育）

**第5条**　国民は，その保護する子に，別に法律で定めるところにより，普通教育を受けさせる義務を負う。

2　義務教育として行われる普通教育は，各個人の有する能力を伸ばしつつ社会において自立的に生きる基礎を培い，また，国家及び社会の形成者として必要とされる基本

的な資質を養うことを目的として行われる
ものとする。
3　国及び地方公共団体は，義務教育の機会
を保障し，その水準を確保するため，適切
な役割分担及び相互の協力の下，その実施
に責任を負う。
4　国又は地方公共団体の設置する学校にお
ける義務教育については，授業料を徴収し
ない。
（学校教育）
第6条　法律に定める学校は，公の性質を有
するものであって，国，地方公共団体及び
法律に定める法人のみが，これを設置する
ことができる。
2　前項の学校においては，教育の目標が達
成されるよう，教育を受ける者の心身の発
達に応じて，体系的な教育が組織的に行わ
れなければならない。この場合において，
教育を受ける者が，学校生活を営む上で必
要な規律を重んずるとともに，自ら進んで
学習に取り組む意欲を高めることを重視し
て行われなければならない。
（大学）
第7条　大学は，学術の中心として，高い教
養と専門的能力を培うとともに，深く真理
を探究して新たな知見を創造し，これらの
成果を広く社会に提供することにより，社
会の発展に寄与するものとする。
2　大学については，自主性，自律性その他
の大学における教育及び研究の特性が尊重
されなければならない。
（私立学校）
第8条　私立学校の有する公の性質及び学校
教育において果たす重要な役割にかんがみ，
国及び地方公共団体は，その自主性を尊重
しつつ，助成その他の適当な方法によって
私立学校教育の振興に努めなければならな
い。
（教員）
第9条　法律に定める学校の教員は，自己の
崇高な使命を深く自覚し，絶えず研究と修
養に励み，その職責の遂行に努めなければ
ならない。
2　前項の教員については，その使命と職責
の重要性にかんがみ，その身分は尊重され，
待遇の適正が期せられるとともに，養成と

研修の充実が図られなければならない。
（家庭教育）
第10条　父母その他の保護者は，子の教育
について第一義的責任を有するものであっ
て，生活のために必要な習慣を身に付けさ
せるとともに，自立心を育成し，心身の調
和のとれた発達を図るよう努めるものとす
る。
2　国及び地方公共団体は，家庭教育の自主
性を尊重しつつ，保護者に対する学習の機
会及び情報の提供その他の家庭教育を支援
するために必要な施策を講ずるよう努めな
ければならない。
（幼児期の教育）
第11条　幼児期の教育は，生涯にわたる人
格形成の基礎を培う重要なものであること
にかんがみ，国及び地方公共団体は，幼児
の健やかな成長に資する良好な環境の整備
その他適当な方法によって，その振興に努
めなければならない。
（社会教育）
第12条　個人の要望や社会の要請にこたえ，
社会において行われる教育は，国及び地方
公共団体によって奨励されなければならな
い。
2　国及び地方公共団体は，図書館，博物館，
公民館その他の社会教育施設の設置，学校
の施設の利用，学習の機会及び情報の提供
その他の適当な方法によって社会教育の振
興に努めなければならない。
（学校，家庭及び地域住民等の相互の連携
協力）
第13条　学校，家庭及び地域住民その他の
関係者は，教育におけるそれぞれの役割と
責任を自覚するとともに，相互の連携及び
協力に努めるものとする。
（政治教育）
第14条　良識ある公民として必要な政治的
教養は，教育上尊重されなければならない。
2　法律に定める学校は，特定の政党を支持
し，又はこれに反対するための政治教育そ
の他政治的活動をしてはならない。
（宗教教育）
第15条　宗教に関する寛容の態度，宗教に
関する一般的な教養及び宗教の社会生活に
おける地位は，教育上尊重されなければな

176

らない。

2 国及び地方公共団体が設置する学校は，特定の宗教のための宗教教育その他宗教的活動をしてはならない。

### 第3章　教育行政

（教育行政）

**第16条**　教育は，不当な支配に服することなく，この法律及び他の法律の定めるところにより行われるべきものであり，教育行政は，国と地方公共団体との適切な役割分担及び相互の協力の下，公正かつ適正に行われなければならない。

2 国は，全国的な教育の機会均等と教育水準の維持向上を図るため，教育に関する施策を総合的に策定し，実施しなければならない。

3 地方公共団体は，その地域における教育の振興を図るため，その実情に応じた教育に関する施策を策定し，実施しなければならない。

4 国及び地方公共団体は，教育が円滑かつ継続的に実施されるよう，必要な財政上の措置を講じなければならない。

（教育振興基本計画）

**第17条**　政府は，教育の振興に関する施策の総合的かつ計画的な推進を図るため，教育の振興に関する施策についての基本的な方針及び講ずべき施策その他必要な事項について，基本的な計画を定め，これを国会に報告するとともに，公表しなければならない。

2 地方公共団体は，前項の計画を参酌し，その地域の実情に応じ，当該地方公共団体における教育の振興のための施策に関する基本的な計画を定めるよう努めなければならない。

### 第4章　法令の制定

**第18条**　この法律に規定する諸条項を実施するため，必要な法令が制定されなければならない。

　　附　則

（施行期日）

1 この法律は，公布の日から施行する。

2 次に掲げる法律の規定中「教育基本法（昭和22年法律第25号）」を「教育基本法（平成18年法律第120号）」に改める。

一 社会教育法（昭和24年法律第207号）第1条

二 産業教育振興法（昭和26年法律第228号）第1条

三 理科教育振興法（昭和28年法律第186号）第1条

四 高等学校の定時制教育及び通信教育振興法（昭和28年法律第238号）第1条

五 義務教育諸学校における教育の政治的中立の確保に関する臨時措置法（昭和29年法律第157号）第1条

六 国立大学法人法（平成15年法律第112号）第37条第1項

七 独立行政法人国立高等専門学校機構法（平成15年法律第113号）第16条

（放送大学学園法及び構造改革特別区域法の一部改正）

3 次に掲げる法律の規定中「教育基本法（昭和22年法律第25号）第9条第2項」を「教育基本法（平成18年法律第120号）第15条第2項」に改める。

一 放送大学学園法（平成14年法律第156号）第18条

二 構造改革特別区域法（平成14年法律第189号）第20条第17項

# 教育基本法（旧）

1947（昭和22）年3月31日

　われらは，さきに，日本国憲法を確定し，民主的で文化的な国家を建設して，世界の平和と人類の福祉に貢献しようとする決意を示した。この理想の実現は，根本において教育の力にまつべきものである。

　われらは，個人の尊厳を重んじ，真理と平和を希求する人間の育成を期するとともに，普遍的にしてしかも個性ゆたかな文化の創造をめざす教育を普及徹底しなければならない。

　ここに，日本国憲法の精神に則り，教育の目的を明示して，新しい日本の教育の基本を確立するため，この法律を制定する。

**第1条（教育の目的）**　教育は，人格の完成をめざし，平和的な国家及び社会の形成者として，真理と正義を愛し，個人の価値をたつとび，勤労と責任を重んじ，自主的精神に充ちた心身ともに健康な国民の育成を期して行われなければならない。

**第2条（教育の方針）**　教育の目的は，あらゆる機会に，あらゆる場所において実現されなければならない。この目的を達成するためには，学問の自由を尊重し，実際生活に即し，自発的精神を養い，自他の敬愛と協力によつて，文化の創造と発展に貢献するように努めなければならない。

**第3条（教育の機会均等）**　すべて国民は，ひとしく，その能力に応ずる教育を受ける機会を与えられなければならないのであつて，人種，信条，性別，社会的身分，経済的地位又は門地によつて，教育上差別されない。

② 国及び地方公共団体は，能力があるにもかかわらず，経済的理由によつて修学困難な者に対して，奨学の方法を講じなければならない。

**第4条（義務教育）**　国民は，その保護する子女に，9年の普通教育を受けさせる義務を負う。

② 国又は地方公共団体の設置する学校における義務教育については，授業料は，これを徴収しない。

**第5条（男女共学）**　男女は，互に敬重し，協力し合わなければならないものであつて，教育上男女の共学は，認められなければならない。

**第6条（学校教育）**　法律に定める学校は，公の性質をもつものであつて，国又は地方公共団体の外，法律に定める法人のみが，これを設置することができる。

② 法律に定める学校の教員は，全体の奉仕者であつて，自己の使命を自覚し，その職責の遂行に努めなければならない。このためには，教員の身分は，尊重され，その待遇の適正が，期せられなければならない。

**第7条（社会教育）**　家庭教育及び勤労の場所その他社会において行われる教育は，国及び地方公共団体によつて奨励されなければならない。

② 国及び地方公共団体は，図書館，博物館，公民館等の施設の設置，学校の施設の利用その他適当な方法によつて教育の目的の実現に努めなければならない。

**第8条（政治教育）**　良識ある公民たるに必要な政治的教養は，教育上これを尊重しなければならない。

② 法律に定める学校は，特定の政党を支持し，又はこれに反対するための政治教育その他政治的活動をしてはならない。

**第9条（宗教教育）**　宗教に関する寛容の態度及び宗教の社会生活における地位は，教育上これを尊重しなければならない。

② 国及び地方公共団体が設置する学校は，特定の宗教のための宗教教育その他宗教的活動をしてはならない。

**第10条（教育行政）**　教育は，不当な支配に服することなく，国民全体に対し直接に責任を負つて行われるべきものである。

② 教育行政は，この自覚のもとに，教育の目的を遂行するに必要な諸条件の整備確立を目標として行われなければならない。

**第11条（補則）**　この法律に掲げる諸条項を実施するために必要がある場合には，適当な法令が制定されなければならない。

　附則

　この法律は，公布の日から，これを施行する。

## 学事奨励に関する被仰出書

1872（明治5）年8月2日
太政官布告

人々自ら其身を立て其産を治め其業を昌にして以て其生を遂るゆゑんのものは他なし身を修め智を開き才芸を長ずるによるなり而て其身を修め知を開き才芸を長ずるは学にあらざれば能はず是れ学校の設あるゆゑんにして日用常行言語書算を初め士官農商百工技芸及び法律政治天文医療等に至る迄凡人の営むところの事学あらざるはなし人能く其才のあるところに応じ勉励して之に従事ししかして後初て生を治め産を興し業を昌にするを得べしされば学問は身を立るの財本ともいふべきものにして人たるもの誰か学ばずして可ならんや夫の道路に迷ひ飢餓に陥り家を破り身を喪ふの徒の如きは畢竟不学よりしてかゝる過ちを生ずるなり従来学校の設ありてより年を経ること久しといへども或は其道を得ざるよりして人其方向を誤り学問は士人以上の事とし農工商及婦女子に至つては之を度外におき学問の何物たるを辨ぜず又士人以上の稀に学ぶものも動もすれば国家の為にすと唱へ身を立るの基たるを知ずして或は詞章記誦の末に趨り空理虚談の途に陥り其論高尚に似たりといへども之を身に行ひ事に施すこと能ざるもの少からず是すなはち沿襲の習弊にして文明普ねからす才芸の長ぜずして貧乏破産喪家の徒多きゆゑんなり是故に人たるものは学ばずんばあるべからず之を学ぶに宜しく其旨を誤るべからず之に依て今般文部省に於て学制を定め追々教則をも改正し布告に及ぶべきにつき自今以後一般の人民（華士族卒農工商及婦女子）必ず邑に不学の戸なく家に不学の人なからしめん事を期す人の父兄たるもの宜しく此意を体認し其愛育の情を厚くし其子弟をして必ず学に従事せしめざるべからざるものなり（高上の学に至ては其人の材能に任かすといへども幼童の子弟は男女の別なく小学に従事せしめざるものは其父兄の越度たるべき事）

但従来沿襲の弊学問は士人以上の事とし国家の為にすと唱ふるを以て学費及其衣食の用に至る迄多く官に依頼し之を給するに非ざれば学ざる事と思ひ一生を自棄するもの少からず是皆惑へるの甚しきもの也自今以後此等の弊を改め一般の人民他事を拋ち自ら奮て必ず学に従事せしむべき様心得べき事

右之通被仰出候条地方官に於て辺隅小民に至ル迄不洩様便宜解釈ヲ加へ精細申論文部省規則に随ヒ学問普及致候様方法ヲ設可施行事

明治五年壬申七月　　　　　太政官

## 教学聖旨（教学大旨）

1879（明治12）年8月

教学ノ要仁義忠孝ヲ明カニシテ智識才芸ヲ究メ以テ人道ヲ尽スハ我祖訓国典ノ大旨上下一般ノ教トスル所ナリ然ルニ輓近専ラ智識才芸ノミヲ尚トヒ文明開化ノ末ニ馳セ品行ヲ破リ風俗ヲ傷フ者少ナカラス然ル所以ノ者ハ維新ノ始首トシテ陋習ヲ破リ智識ヲ世界ニ広ムルノ卓見ヲ以テ一時西洋ノ所長ヲ取リ日新ノ効ヲ奏スト雖トモ其流弊仁義忠孝ヲ後ニシ徒ニ洋風是競フニ於テハ将来ノ恐ルヽ所終ニ君臣父子ノ大義ヲ知ラサルニ至ランモ測ル可カラス是我邦教学ノ本意

二非サル也故ニ自今以往祖宗ノ訓典ニ基ツキ専ラ仁義忠孝ヲ明カニシ道徳ノ学ハ孔子ヲ主トシテ人々誠実品行ヲ尚トヒ然上各科ノ学ハ其才器ニ随テ益々長進シ道徳才芸本末全備シテ大中至正ノ教学天下ニ布満セシムハ我邦独立ノ精神ニ於テ宇内ニ恥ルコト無カル可シ

　小学条目二件

一　仁義忠孝ノ心ハ人皆之有リ然ルトモ其幼少ノ始ニ其脳髄ニ感覚セシメテ培養スルニ非レハ他ノ物事已ニ耳ニ入リ先入主トナル時ハ後奈何トモ為ス可カラス故ニ当世小学校ニテ絵図ノ設ケアルニ準シ古今ノ忠臣義士孝子節婦ノ画像写真ヲ掲ケ幼年生入校ノ始ニ先ツ此画像ヲ示シ其行事ノ概略ヲ説諭シ忠孝ノ大義ヲ第一ニ脳髄ニ感覚セシメンコトヲ要ス然ル後ニ諸物ノ名状ヲ知ラシムレハ後来忠孝ノ性ヲ養成シ博物ノ学ニ於テ本末ヲ誤ルコト無カルヘシ

一　去秋各県ノ学校ヲ巡覧シ親シク生徒ノ芸業ヲ験スルニ或ハ農商ノ子弟ニシテ其説ク所多クハ高尚ノ空論ノミ甚キニ至テハ善ク洋語ヲ言フト雖トモ之ヲ邦語ニ訳スルコト能ハス此輩他日業卒リ家ニ帰ルトモ再タヒ本業ニ就キ難ク又高尚ノ空論ニテハ官ト為ルモ無用ナル可シ加之其博聞ニ誇リ長上ヲ侮リ県官ノ妨害トナルモ少ナカラサルヘシ是皆教学ノ其道ヲ得サルノ弊害ナリ故ニ農商ニハ農商ノ学科ヲ設ケ高尚ニ馳セス実地ニ基ツキ他日学成ル時ハ其本業ニ帰リテ益々其業ヲ盛大ニスルノ教則アランコトヲ欲ス

## 教育ニ関スル勅語

1890（明治23）年10月30日

朕惟フニ我カ皇祖皇宗國ヲ肇ムルコト宏遠ニ徳ヲ樹ツルコト深厚ナリ我カ臣民克ク忠ニ克ク孝ニ億兆心ヲ一ニシテ世世厥ノ美ヲ濟セルハ此レ我カ國體ノ精華ニシテ教育ノ淵源亦實ニ此ニ存ス爾臣民父母ニ孝ニ兄弟ニ友ニ夫婦相和シ朋友相信シ恭儉己レヲ持シ博愛衆ニ及ホシ學ヲ修メ業ヲ習ヒ以テ知能ヲ啓發シ德器ヲ成就シ進テ公益ヲ廣メ世務ヲ開キ常ニ國憲ヲ重シ國法ニ遵ヒ一旦緩急アレハ義勇公ニ奉シ以テ天壤無窮ノ皇運ヲ扶翼スヘシ是ノ如キハ獨リ朕カ忠良ノ臣民タルノミナラス又以テ爾祖先ノ遺風ヲ顯彰スルニ足ラン

斯ノ道ハ實ニ我カ皇祖皇宗ノ遺訓ニシテ子孫臣民ノ倶ニ遵守スヘキ所之ヲ古今ニ通シテ謬ラス之ヲ中外ニ施シテ悖ラス朕爾臣民ト倶ニ拳々服膺シテ咸其德ヲ一ニセンコトヲ庶幾フ

明治二十三年十月三十日

　御名御璽

## 教育勅語等の排除に関する決議

1948（昭和23）年6月19日
衆議院決議

　民主平和国家として世界史的建設途上にあるわが国の現実は、その精神内容において未だ決定的な民主化を確認するを得ないのは遺憾である。これが徹底に最も緊要なことは教育基本法に則り、教育の革新と振興とをはかることにある。しかるに既に過去の文書となつている教育勅語並びに陸海軍軍人に賜わりたる勅諭その他の教育に関する諸詔勅が、今日もなお国民道徳の指導原理としての性格を持続しているかの如く誤解されるのは、従来の行政上の措置が不十分であつたがためである。思うに、これらの詔勅の根本理念が主権在君並びに神話的国体観に基いている事実は、明かに基本的人権を損い、且つ国際信義に対して疑点を残すもととなる。よつて憲法第98条の本旨に従い、ここに衆議院は院議を以てこれらの詔勅を排除し、その指導原理的性格を認めないことを宣言する。政府は直ちにこれらの詔勅の謄本を回収し、排除の措置を完了すべきである。

　右決議する。

## 教育勅語等の失効確認に関する決議

1948(昭和23)年 6 月19日
参議院決議

われらは，さきに日本国憲法の人類普遍の原理に則り，教育基本法を制定して，わが国家及びわが民族を中心とする教育の誤りを徹底的に払拭し，真理と平和とを希求する人間を育成する民主主義的教育理念をおごそかに宣明した。その結果として，教育勅語は，軍人に賜はりたる勅諭，戊申詔書，青少年学徒に賜はりたる勅語その他の諸詔勅とともに，既に廃止せられその効力を失つている。

しかし教育勅語等が，あるいは従来の如き効力を今日なお保有するかの疑いを懐く者あるをおもんばかり，われらはとくに，それらが既に効力を失つている事実を明確にするとともに，政府をして教育勅語その他の諸詔書の謄本をもれなく回収せしめる。

われらはここに，教育の真の権威の確立と国民道徳の振興のために，全国民が一致して教育基本法の明示する新教育理念の普及徹底に努力を致すべきことを期する。

右決議する。

## 道徳教育振興に関する教育課程審議会答申

1951(昭和26)年 1 月 4 日

終戦後，わが国の教育は民主主義を中心とするものに改められ，この中において，民主的社会における道徳教育が強調されている。この新しい教育の正しい実施によって，児童，生徒に自主的学習，自制，協力，寛容その他，民主的社会人として望ましい態度，習慣が芽生えつつあることを見逃してはならない。

しかしながらわれわれには，これをもって今日の児童，生徒に対する道徳教育が十分であるとは考えられない。その教育計画および指導において，反省してみなければならない面もあるとともに，他方では終戦後の成人の社会からの好ましくない影響もあって，一部の児童，生徒の間には，著しい道徳の低下が現われていることも遺憾ながら事実として認めざるを得ない。

教育関係者は，今日の教育の目的および目標をよく認識して，道徳教育が，児童，生徒によく徹底するよう，その具体的方策の樹立に一段と努力を払うことが必要である。

本審議会の一致した意見としては，次のような方策をとることを最善と考える。

第一　一般方策

一．道徳教育は，学校教育全体の責任である。したがって各学校においては，全教師はその指導の責任を自覚しなければならない。

全教師は，民主主義の正しい理解のもとに，協力一致して学校生活全体の民主化をはかり，学校生活を明るく美しいふん囲気にして，あらゆる機会をとらえて児童，生徒の道徳的生活の向上に資するよう努力しなければならない。

二．道徳教育振興の方法として，道徳教育を主体とする教科あるいは科目を設けることは望ましくない。道徳教育の方法は，児童，生徒に一定の教説を上から与えて行くやり方よりは，むしろそれを児童，生徒に自ら考えさせ，実践の過程において体得させて行くやり方をとるべきである。道徳教育を主体とする教科あるいは科目は，ややもすれば過去の修身科に類似したものになり勝ちであるのみならず，過去の教育の弊に陥る糸口ともなる恐れがある。社会科その他現在の教育課程に再検討を加え，これを正しく運営することによって，実践に裏付けられた道徳教育を効果的に行い得るものと信ずる。

三．各学校教育全般において，道徳教育を行うために，民主的社会における道徳教育の具体案の基本として，児童，生徒の発達段階に即応した道徳教育計画の体系を確立することが必要である。

これに関連して，文部省は新たに委員会を設けて，各学校の道徳教育計画に資する手引書を作製することを望む。

四．道徳教育の徹底は，教師の道徳的識見とその実践にまつものが多い。したがって教師の養成および再教育に当たって，教師の道徳的資質を高めるよう十分な考慮を払われたい。

五．児童，生徒は，成人の社会の影響をうけること甚だ多く，成人の社会における道徳の現実は，児童，生徒の道徳に重大な関係をもつ。

したがってかかる社会教育の領域における道徳教育の振興については、至急、積極的な方策をたてられんことを要望する。

第二　教育計画並びに指導上の方策

一.　社会科をはじめ各教科は、それぞれ道徳教育に深い関係をもっているから、その教育計画および指導に当たっては、格別の配慮を必要とする。

(イ)　幼稚園および小学校の児童には、一般的にいって深い道徳的理解や判断力を求めることは困難である。したがって身近かな日常生活を基礎としての行動の道徳的形成（しつけ）に重点が置かれなければならない。しかし、各教科の学習によって、学年相応の道徳的理解、判断力を身につけることができるから、各教科の道徳的内容および指導には、特に考慮を払われんことを希望する。

(ロ)　中学校生徒になると、高い道徳的理解や判断力を養う素地が、かなり発達して来る。ことに上学年になれば、自己について深く考えようとする芽生えが現われて来る。各教科については、このような生徒の必要に応ずるように、その内容および指導に再検討を加えられんこと

を希望する。また、この年齢の生徒は、ややもすると行動に混乱を来たし易い時期であるから、その生活指導をいっそう徹底させる必要がある。

(ハ)　高等学校生徒になると、人生の基本的問題について考えようとする傾向が生まれる。そこで各教科においては、それらの目ざしている道徳教育の面をいっそう強化するとともに、道徳の原理的基本の問題について、系統的に学習する機会が与えられるように考慮されることを希望する。しかし一方、この年齢の生徒は、ややもすると観念的に走りがちであるから、行動がこれに伴うよう、その生活指導のすべてをいっそう組織的に行うことが必要である。

二.　小・中・高等学校を通じて、特別教育活動としてとり上げられる諸活動は、道徳的理解と実践に導くよい契機であり、よい機会であるから、道徳的見地からこれらの活動をよく選択し、その指導にいっそう改善を加えることが必要である。そしてこれらの活動と各教科の指導とが一体となって、児童、生徒の学校生活全体にわたって、不断に道徳的指導がなされるようにしなければならない。

## 時間特設・独立教科による「道徳」教育について

（日本教職員組合）
1958（昭和33）年8月

### 1　「道徳」教育のねらうもの（その背景と本質について）

(1)　道徳教育の問題はたんに学校教育上の問題でなくて、国民の現在から将来への生き方や思想にかんするものであり、学問、教育、思想の長い歴史のうえからも基本的な重要問題であり、かつ現実的には根深い政治的な背景と意図をもって提起されている問題である。したがってこのような立場から、この問題を形式的な取り組みに終わることなく、全国の教師が努力してきた日常の教育実践、組織としての教育研究活動、父母国民の真の願いのうえにたち、かつ政府与党の反動的文教政策の実体をふまえつつ、この問題に対決し、真の道徳教育の建設に努力しなければならない。

(2)　このような意味から、今回の「道徳」教育についてのねらい、本質、経過の概要を明らかにしたい。昭和26年、当時の天野文相による「国民道徳実践要領」の構想。昭和30年、

安藤文相時代における、天皇にかんする学習事項、道徳的心情、宗教的情操を強調する「安藤社会科」問題。清瀬文相時代における教育基本法改悪をねらうための、臨時教育制度審議会の設置にかんする趣旨説明の際の重要な柱として言明した「愛国心、親孝行、これをとおしての日本国にたいする忠誠心のかん養」そう入の問題と、紀元節の復活、男女共学の検討、太陽族映画問題などを通じ道徳教育の強化の主張、朝鮮動乱を契機とするアメリカの日本にたいする憲法改正、再軍備政策の要求のため、とくに池田・ロバートソン会談における「日本青少年の愛国心のかん養のための教育と公報活動の強調」。これらの経過を経て松永文相から灘尾文相へ官製道徳教育の強行がなされつつある。また昭和32年7月、自民党文政政策調査特別委員会は文教新政策大綱を発表し、その中で「民族精神のかん養と国民道義の高揚」を主張した。また、現岸首相の道徳教育の強化はあらゆる機

会に強調されている。

　さらに，日本経営者団体連盟（日経連）は，生産性向上の名のもとに科学技術教育の振興を政府与党に強力に要請し，新学制度を根本からくつがえす，職業専門学校，産業高校，下級技能者，安い労働力の養成を主張している。その本音は国民の差別的・階層的教育制度，労働政策の一環とし（もちろん，このことはもっと根深い彼らの階級的要求である），経営者，資本家に奉仕する従順な従弟教育を求め，人権や働く者の権利要求を積極的に行う人間形成の教育を否定するための道徳教育を要求しているのである。彼らの意図する道徳は，一部特権階級のための教育・支配者の要求する服従の道徳教育である。彼らの利権を守るための手段としての道徳教育である。この道徳は平和，人権，真実，自主性の人間形成の教育の道徳教育の基本問題と対決しこれを否定しようとする道徳教育である。

**2　政党の政策を背景とし，政府が権力をもって道徳教育の内容や方法を強制的に実施することに反対する。**

　⑴　前述の経過，ねらいを基本とした道徳教育は，教育行政面で公権力がその内容や方法を押しつけてくることは当然である。したがって，すでに述べたような特定の意図を実現するために，現場教師の教育活動の自由や，子どもたちの生き生きとした学習活動や生活・集団のなかでの成長，父母や国民の真の願いを基盤にした真の道徳教育と全く対立し，これを否定してきている。と同時に，真の道徳が民主主義の発展をもととして，国民の生活のなかに生まれ，成長し，すべての国民の幸福と発展を約束するという道徳のあり方を破壊するものである。

　⑵　したがって，具体的にはその目標において「平和，人権，真実，自主性」というような道徳教育の基本的課題（これは人間形成の教育の基本的課題でもある）はすべて抽象的な微温的な表現のなかに埋没している。

　指導内容については，小学校36，中学校21の項目をあげている。これは文章によってかかげてあるが，実質的には徳目の文章化にすぎず，徳目主義をとっており，またこれらのものはら列的であり，相互の関連性にとぼしい。このことは文部省がどんなに説明しようとも時間特設用の手引書としての根本的な欠陥を露呈し

ている。また指導方法や指導計画においても，従来現場の教師が全教育活動のなかで（全教科，教科外活動，生活指導など）より深く実体に即した実践としてとりあげてきたものを，抽象的にとり入れ，時間特設用として結びつけている。これらの内容と方法は表現としていちおうもっともらしくみえる。しかし，職場の教師はもっともっと子どもたちの生きた学習活動や全生活のなかに入って苦しみ，実践を行っている。現実のきびしい生きた事実のなかで，悪条件のもとで，理想と現実の矛盾をどう克服し前進させていくかに，じかに取り組み努力しているのである。道徳教育の真の実践は，その基本的課題はここにある。机上の計画やきれいごとでは絶対に解決されないし，進展もしない。泥にまみれ，体をはった現場教師の実践とその成果を真に尊重し，その叫びをきき，現実に学ぶ良心がなければ絶対になし得ない。うえからの押しつけ，指導，権力による強制，官僚行政では道徳教育はもちろん，民主教育は絶対に発展しない。道徳は国民のものであり，こどものものであって，権力や支配者のものではない。

**3　時間特設・独立教科を法規（学校教育法施行規則の改悪）のもとに強行する官製道徳教育は絶対に認められない。**

　教育課程審議会が出した小学校・中学校の教育課程改定の答申書中その基本方針のなかに，『道徳教育の徹底については，学校教育活動全体を通じて行うという従来の方針は変更しないが，さらにその徹底を期するため，新たに「道徳」の時間を設け，毎学年，毎週継続して，まとまった指導を行う』と明記されている。しかし，このもっともらしい言葉のなかには，道徳教育の本質にかんする重大な問題と大きな矛盾をもっている。かつての修身科の教育がどんなあやまちをおかし，どんな結果を生んだかは歴史に明らかなところであり，時間特設や教科の独立によって時間のワクの中に入れた押しつけの道徳教育は，徳目主義や抽象的な知識のつめこみや（戦前の入学試験の道徳の暗記科目に復活しないという保障は誰ができるであろうか）たてまえと本質の大きく分離したみせかけの道徳教育であたたかい人間関係，集団のなかでの成長，自主的行動をよく圧する結果を生むであろう。さらに基本方針のなかにある「学校教育全体を通じて行う」基本原則と「新たに時間を設け」ということはどう統一的には握するの

か。実践をとおし具体的に説明してほしい。以上2と3の問題は，時間特設，手引書による文部省の強制（4月1日）の結果，現場に大きな混乱を起こしていることによってすでに明らかになっている。また，現場教師の全国的な反対の行動によってもこの事実が証明される（文部官僚は教委の形式的な机上報告によって，うまくいっていると宣伝しているが，一方，第二学期から本格的に実施させる，といっていることもこの間の矛盾を露呈している）。

### 4　教育諸条件の整備ということは全くふれず，これを無視している。

文部省は教育基本法第10条の教育行政のあり方（教育の不当な支配の排除と教育条件の整備確立）を無視している。

すしづめ学級・へき地教育の問題，教職員の定数の大幅不足，施設設備の貧困など山積する教育諸条件の向上解決こそ一刻も早く実現しなければならない問題である。しかし，このことは一言もふれていない。これは教育財政の問題であって道徳教育の問題ではないというのであろうか。悪条件のなかにこそ道徳教育が必要であるというのか。答えは明らかである。管理規則，勤評の強行，管理職手当の強行制定など一連の政策にはっきりとあらわれている。教育条件の改善を棚上げしこのような教育行政面から権力支配を強行することのために，官製道徳教育を強行実施するのである。現政府のいう三悪追放の実体も，大衆の生活の不安もきびしさも，現実の社会的悪環境も，すべてが，未来に生きる子どもたちの幸福と成長のための，その子らの望ましい人間形成の教育にも，そして同時に，道徳教育にも根本的な影響をあたえていることをとくに文部省の強行しつつある官製道徳教育を支持し，主張する人びとこそ重大な反省を徹底的にすべきである。

### 5　教育課程の改悪のなかに官製道徳教育の本質は露呈され，その正体は明らかになっている。

今回の文部省の官製道徳教育の真の意図はわれわれの闘い，教育関係団体，民主的な学者や専門家，与論の反響にあって，部分的には一おう後退せざるを得なかったが，しかし，その意図と本質的なねらいは何ら変わらず，教育課程改悪をめぐって，ますます強化され，明らかになってきている。われわれはこの事実をはっきりと認識し，は握して，一そう闘いを強化しなければならない。このことは中間発表された教育課程を検討すれば明らかである。その特徴的な具体的事例をとりだしてみよう。

社会科ではその本質が骨抜きにされ，平和の問題について戦争の原因その惨禍と犠牲，戦争放棄の基本的な教育は放棄され，過去の戦争をわが国の国際的地位の向上のために当然のことのように主張し（社会科の部分を検討すれば明らかである），国民主権の基本的事項をことさらにぬかし，信頼と感謝と協力（支配者に）を強調し，社会の発展に目をおおい現状維持を押しつけている。音楽では君が代と日の丸をとり入れ，保健体育では団体訓練とかつての軍事教練や歩兵操典的教材を強制し，家庭科では家事，裁縫を復活し，職業では農，工，商，水産などかつての乙種実業学校の教育課程をとり入れ，徒弟教育をねらい，系統学習をことさらに強調しているなど，このような一連の具体的事実と管制〔ママ〕道徳教育の本質とねらいとを一体に考えるとき，教育の反動と逆コース，かつての悲惨な軍国主義教育の復活をねらっていないといい切ることができるであろうか。巧妙にとり入れられたこのような教材をとおし，管制〔ママ〕道徳教育の毒牙が全教科のなかにしのび入り，将来はここを拠点にして，さらに教育の反動化が強化されることは必至である。

## 期待される人間像（中央教育審議会答申）

### まえがき

この「期待される人間像」は，「第1部　当面する日本人の課題」と「第2部　日本人にとくに期待されるもの」から成つている。

この「期待される人間像」は，「1　後期中

「後期中等教育の拡充整備について」の別記
1966(昭和41)年10月31日

等教育の理念」の「2　人間形成の目標としての期待される人間像」において述べたとおり，後期中等教育の理念を明らかにするため，主体としての人間のあり方について，どのような理想像を描くことができるかを検討したものであ

る。

　以下に述べるところのものは，すべての日本人，とくに教育者その他人間形成の任に携わる人々の参考とするためのものである。

　それについて注意しておきたい二つのことがある。

(1)　ここに示された諸徳性のうち，どれをとつて青少年の教育の目標とするか，またその表現をどのようにするか，それはそれぞれの教育あるいは教育機関の主体的な決定に任せられていることである。しかし，日本の教育の現状をみるとき，日本人としての自覚をもつた国民であること，職業の尊さを知り，勤労の徳を身につけた社会人であること，強い意志をもつた自主独立の個人であることなどは，教育の目標として，じゆうぶんに留意されるべきものと思われる。ここに示したのは人間性のうちにおける諸徳性の分布地図である。その意味において，これは一つの参考になるであろう。

(2)　古来，徳はその根源において一つであるとも考えられてきた。それは良心が一つであるのと同じである。以下に述べられた徳性の数は多いが，重要なことはその名称を暗記させることではない。むしろその一つでも二つでも，それを自己の身につけようと努力させることである。そうすれば他の徳もそれとともに呼びさまされてくるであろう。

### 第1部　当面する日本人の課題

　「今後の国家社会における人間像はいかにあるべきか」という課題に答えるためには，第一に現代文明はどのような傾向を示しつつあるか，第二に今日の国際情勢はどのような姿を現わしているか，第三に日本のあり方はどのようなものであるべきかという三点からの考察が必要である。

#### 1　現代文明の特色と第一の要請

　現代文明の一つの特色は自然科学のぼつ興にある。それが人類に多くの恩恵を与えたことはいうまでもない。医学や産業技術の発展はその恩恵のほどを示している。そして今日は原子力時代とか，宇宙時代とか呼ばれるにいたつている。それは何人も否定することができない。これは現代文明のすぐれた点であるが，それとともに忘れられてはならないことがある。それは産業技術の発達は人間性の向上を伴わなければならないということである。もしその面が欠けるならば，現代文明は跛行的となり，産業技術の発達が人類の福祉に対して，それにふさわしい貢献をなしがたいことになろう。社会学者や文明批評家の多くが指摘するように，人間が機械化され，手段化される危険も生ずるのである。

　またその原因は複雑であるが，現代文明の一部には利己主義や享楽主義の傾向も認められる。それは人類の福祉と自己の幸福に資することができないばかりでなく，人間性をゆがめる結果にもなろう。

　ここから，人間性の向上と人間能力の開発という第一の要請が現われる。

　今日は技術革新の時代である。今後の日本人は，このような時代にふさわしく自己の能力を開発しなければならない。

　日本における戦後の経済的復興は世界の驚異とされている。しかし，経済的繁栄とともに一部に利己主義と享楽主義の傾向が現われている。他方，敗戦による精神的空白と精神的混乱はなお残存している。このように，物質的欲望の増大だけがあつて精神的理想の欠けた状態がもし長く続くならば，長期の経済的繁栄も人間生活の真の向上も期待することはできない。

　日本の工業化は人間能力の開発と同時に人間性の向上を要求する。けだし，人間性の向上なくしては人間能力の開発はその基盤を失うし，人間を単に生産手段の一つとする結果になるからである。

　この際，日本国憲法および教育基本法が，平和国家，民主国家，福祉国家，文化国家という国家理想を掲げている意味を改めて考えてみなければならない。福祉国家となるためには，人間能力の開発によつて経済的に豊かになると同時に，人間性の向上によつて精神的，道徳的にも豊かにならなければならない。また，文化国家となるためには，高い学問と芸術とをもち，それらが人間の教養として広く生活文化の中に浸透するようにならなければならない。

　これらは，いずれも，公共の施策に深く関係しているが，その基礎としては，国民ひとりひとりの自覚がたいせつである。

　人間性の向上と人間能力の開発，これが当面要請される第一の点である。

#### 2　今日の国際情勢と第二の要請

　以上は現代社会に共通する課題であるが，今日の日本人には特殊な事情が認められる。第二次世界大戦の結果，日本の国家と社会のあり方および日本人の思考法に重大な変革がもたらされた。戦後新しい理想が掲げられはしたもの

の，とかくそれは抽象論にとどまり，その理想
実現のために配慮すべき具体的方策の検討はな
おじゆうぶんではない。とくに敗戦の悲惨な事
実は，過去の日本および日本人のあり方がこと
ごとく誤つたものであつたかのような錯覚を起
こさせ，日本の歴史および日本人の国民性は無
視されがちであつた。そのため新しい理想が掲
げられはしても，それが定着すべき日本人の精
神的風土のもつ意義はそれほど留意されていな
いし，日本民族が持ち続けてきた特色さえ無視
されがちである。

日本および日本人の過去には改められるべき
点も少なくない。しかし，そこには継承され，
発展させられるべきすぐれた点も数多くある。
もし日本人の欠点のみを指摘し，それを除去す
るのに急であつて，その長所を伸ばす心がけが
ないならば，日本人の精神的風土にふさわしい
形で新たな理想を実現することはできないであ
ろう。われわれは日本人であることを忘れては
ならない。

今日の世界は文化的にも政治的にも一種の危
機の状態にある。たとえば，平和ということば
の異なつた解釈，民主主義についての相対立す
る理解の並存にそれが示されている。

戦後の日本人の目は世界に開かれたという。
しかしその見るところは，とかく一方に偏しが
ちである。世界政治と世界経済の中におかれて
いる今日の日本人は，じゆうぶんに目を世界に
見開き，その複雑な情勢に対処することができ
なければならない。日本は西と東，北と南の対
立の間にある。日本人は世界に通用する日本人
となるべきである。しかしそのことは，日本を
忘れた世界人であることを意味するのではな
い。日本の使命を自覚した世界人であることが
たいせつなのである。真によき日本人であるこ
とによつて，われわれは，はじめて真の世界人
となることができる。単に抽象的，観念的な世
界人というものは存在しない。

ここから，世界に開かれた日本人であること
という第二の要請が現われる。

今日の世界は必ずしも安定した姿を示してい
ない。局地的にはいろいろな紛争があり，拡大
化するおそれもなしとしない。われわれは，そ
れに冷静に対処できる知恵と勇気をもつととも
に世界的な法の秩序の確立に努めなければなら
ない。

同時に，日本は強くたくましくならなければ
ならない。それによつて日本ははじめて平和国

家となることができる。もとより，ここでいう
強さ，たくましさとは，人間の精神的，道徳的
な強さ，たくましさを中心とする日本の自主独
立に必要なすべての力を意味している。

日本は与えられる国ではなく，すでに与える
国になりつつある。日本も平和を受け取るだけ
ではなく，平和に寄与する国にならなければな
らない。

世界に開かれた日本人であることという第二
の要請は，このような内容を含むものである。

### 3　日本のあり方と第三の要請

今日の日本について，なお留意しなければな
らない重要なことがある。戦後の日本は民主主
義国家として新しく出発した。しかし民主主義
の概念に混乱があり，民主主義はなおじゆうぶん
に日本人の精神的風土に根をおろしていない。

それについて注意を要する一つのことがあ
る。それは，民主主義を考えるにあたつて，自
主的な個人の尊厳から出発して民主主義を考え
ようとするものと，階級闘争的な立場から出発
して民主主義を考えようとするものとの対立が
あることである。民主主義の史的発展を考える
ならば，それが個人の法的自由を守ることから
出発して，やがて大衆の経済的平等の要素を多
分に含むようになつた事実が指摘される。しか
し民主主義の本質は，個人の自由と責任を重ん
じ，法的秩序を守りつつ漸進的に大衆の幸福を
樹立することにあつて，法的手続きを無視し一
挙に理想境を実現しようとする革命主義でもな
く，それと関連する全体主義でもない。性急に
後者の方向にかたよるならば，個人の自由と責任，
法の尊重から出発したはずの民主主義の本
質は破壊されるにいたるであろう。今日の日本
は，世界が自由主義国家群と全体主義国家群の
二つに分かれている事情に影響され，民主主義
の理解について混乱を起こしている。

また，注意を要する他の一つのことがある。
由来日本人には民族共同体的な意識は強かつた
が，その反面，少数の人々を除いては，個人の
自由と責任，個人の尊厳に対する自覚が乏しか
つた。日本の国家，社会，家庭において封建的
残滓と呼ばれるものがみられるのもそのためで
ある。また日本の社会は，開かれた社会のよう
に見えながら，そこには閉ざされた社会の一面
が根強く存在している。そのことが日本人の道
徳は縦の道徳であつて横の道徳に欠けていると
の批判を招いたのである。確固たる個人の自覚
を樹立し，かつ，日本民族としての共同の責任

をになうことが重要な課題の一つである。

ここから、民主主義の確立という第三の要請が現われる。

この第三の要請は、具体的には以下の諸内容を含む。

民主主義国家の確立のために何よりも必要なことは、自我の自覚である。一個の独立した人間であることである。かつての日本人は、古い封建性のため自我を失いがちであつた。その封建性のわくはすでに打ち破られたが、それに代わつて今日のいわゆる大衆社会と機械文明は、形こそ異なつているが、同じく真の自我を喪失させる危険を宿している。

つぎに留意されるべきことは社会的知性の開発である。由来日本人はこまやかな情緒の面においてすぐれていた。寛容と忍耐の精神にも富んでいた。豊かな知性にも欠けていない。ただその知性は社会的知性として、人間関係の面においてじゅうぶんに伸ばされていなかつた。

ここで社会的知性というのは、他人と協力し他人と正しい関係にはいることによつて真の自己を実現し、法の秩序を守り、よい社会生活を営むことができるような実践力をもつた知性を意味する。それは他人のために尽くす精神でもある。しいられた奉仕ではなく、自発的な奉仕ができる精神である。

さらに必要なことは、民主主義国家においては多数の原理が支配するが、その際、多数を占めるものが専横にならないことと、少数のがわにたつものが卑屈になつたり、いたずらに反抗的になつたりしないことである。われわれはだれも完全ではないが、だれもそれぞれになにかの長所をもつている。お互いがその長所を出しあうことによつて社会をよりよくするのが、民主主義の精神である。

以上が、民主主義の確立という第三の要請の中で、とくに留意されるべき諸点である。

以上述べてきたことは、今日の日本人に対してひとしく期待されることである。世界は平和を求めて努力しているが、平和への道は長くかつ険しい。世界平和は、人類無限の道標である。国内的には経済の発展や技術文明の進歩のかげに多くの問題を蔵している。今日の青少年が歩み入る明日の世界情勢、社会情勢は、必ずしも楽観を許さない。新たな問題も起こるであろう。これに対処できる人間となることが、わけても今日の青少年に期待されるのである。

以上、要するに人間としての、また個人とし

ての深い自覚をもち、種々の国民的、社会的問題に対処できるすぐれた知性をそなえ、かつ、世界における日本人としての確固たる自覚をもつた人間となること、これが「当面する日本人の課題」である。

### 第2部 日本人にとくに期待されるもの

以上が今日の日本人に対する当面の要請である。われわれは、これらの要請にこたえる人間となることを期さなければならない。

しかしそのような人間となることは、それにふさわしい恒常的かつ普遍的な諸徳性と実践的な規範とを身につけることにほかならない。つぎに示すものが、その意味において、今後の日本人にとくに期待されるものである。

### 第1章 個人として
#### 1 自由であること

人間が人間として単なる物と異なるのは、人間が人格を有するからである。物は価格をもつが、人間は品位をもち、不可侵の尊厳を有する。基本的人権の根拠もここに存する。そして人格の中核をなすものは、自由である。それは自発性といつてもよい。

しかし、自由であり、自発的であるということは、かつて気ままにふるまうことでもなく、本能や衝動のままに動くことでもない。それでは本能や衝動の奴隷であつて、その主人でもなく、自由でもない。人格の本質をなす自由は、みずから自分自身を律することができるところにあり、本能や衝動を純化し、向上させることができるところにある。これが自由の第一の規定である。

自由の反面には責任が伴う。単なる物には責任がなく、人間にだけ責任が帰せられるというのは、人間は、みずから自由に思慮し、判別し、決断して行為することができるからである。権利と義務とが相関的なのもこれによる。今日、自由だけが説かれて責任は軽視され、権利だけが主張されて義務が無視される傾きがあることは、自由の誤解である。自由の反面は責任である。これが自由の第一の規定である。

人間とは、このような意味での自由の主体であり、自由であることがさまざまな徳性の基礎である。

#### 2 個性を伸ばすこと

人間は単に人格を持つだけでなく、同時に個性をもつ。人間がそれぞれ他の人と代わることができない一つの存在であるとされるのは、こ

の個性のためである。

人格をもつという点では人間はすべて同一であるが、個性の面では互いに異なる。そこに個人の独自性がある。それは天分の相違その他によるであろうが、それを生かすことによつて自己の使命を達することができるのである。したがつて、われわれはまた他人の個性をも尊重しなければならない。

人間性のじゆうぶんな開発は、自己だけでなされるのではなく、他人の個性の開発をまち、相伴つてはじめて達成される。ここに、家庭、社会、国家の意義もある。家庭、社会、国家は、経済的その他の意味をもつことはもとよりであるが、人間性の開発という点からみても基本的な意味をもち、それらを通じて人間の諸徳性は育成されてゆくのである。

人間は以上のような意味において人格をもち個性をもつが、それは育成されることによつてはじめて達成されるのである。

### 3　自己を大切にすること

人間には本能的に自己を愛する心がある。われわれはそれを尊重しなければならない。しかし重要なことは、真に自己をたいせつにすることである。

真に自己をたいせつにするとは、自己の才能や素質をじゆうぶんに発揮し、自己の生命をそまつにしないことである。それによつてこの世に生をうけたことの意義と目的とが実現される。単に享楽を追うことは自己を滅ぼす結果になる。単なる享楽は人を卑俗にする。享楽以上に尊いものがあることを知ることによつて、われわれは自己を生かすことができるのである。

まして、享楽に走り、怠惰になつて、自己の健康をそこなうことがあつてはならない。健全な身体を育成することは自己の義務である。そしてわれわれの一生の幸福も、健康な身体に依存することが多い。われわれは、進んでいつそう健全な身体を育成するように努めなければならない。古来、知育、徳育と並んで体育に重要な意味がおかれてきたことを忘れてはならない。

### 4　強い意志をもつこと

頼もしい人、勇気ある人とは、強い意志をもつ人のことである。付和雷同しない思考の強さと意志の強さをもつ人である。和して動じないだけの勇気をもつ人である。しかも他人の喜びを自己の喜びとし、他人の悲しみを自己の悲しみとする愛情の豊かさをもち、かつそれを実行

に移すことができる人である。

近代人は合理性を主張し、知性を重んじた。それは重要なことである。しかし人間には情緒があり、意志がある。人の一生にはいろいろと不快なことがあり、さまざまな困難に遭遇する。とくに青年には、一時の失敗や思いがけない困難に見舞われても、それに屈することなく、つねに創造的に前進しようとするたくましい意志をもつことを望みたい。不撓不屈の意志をもつことを要求したい。しかし、だからといつて、他人に対する思いやりを失つてはならないことはいうまでもない。頼もしい人とは依託できる人のことである。信頼できる人のことである。互いに不信をいだかなければならない人々からなる社会ほど不幸な社会はない。近代人の危機は、人間が互いに人間に対する信頼を失つている点にある。

頼もしい人とは誠実な人である。おのれに誠実であり、また他人にも誠実である人こそ、人間性を尊重する人なのである。このような人こそ同時に、精神的にも勇気のある人であり、強い意志をもつ人といえる。

### 5　畏敬の念をもつこと

以上に述べてきたさまざまなことに対し、その根底に人間として重要な一つのことがある。それは生命の根源に対して畏敬の念をもつことである。人類愛とか人間愛とかいわれるものもそれに基づくものである。

すべての宗教的情操は、生命の根源に対する畏敬の念に由来する。われわれはみずから自己の生命をうんだのではない。われわれの生命の根源には父母の生命があり、民族の生命があり、人類の生命がある。ここにいう生命とは、もとより単に肉体的な生命だけをさすのではない。われわれには精神的な生命がある。このような生命の根源すなわち聖なるものに対する畏敬の念が真の宗教的情操であり、人間の尊厳と愛もそれに基づき、深い感謝の念もそこからわき、真の幸福もそれに基づく。

しかもそのことは、われわれに天地を通じて一貫する道があることを自覚させ、われわれに人間としての使命を悟らせる。その使命により、われわれは真に自主独立の気魄をもつことができるのである。

### 第2章　家庭人として

### 1　家庭を愛の場とすること

婚姻は法律的には、妻たり夫たることの合意によつて成立する。しかし家庭の実質をなすも

のは，互いの尊敬を伴う愛情である。種々の法
的な規定は，それを守り育てるためのものとも
いえる。また家庭は夫婦の関係から出発するに
しても，そこにはやがて親子の関係，兄弟姉妹
の関係が現われるのが普通である。そして，そ
れらを一つの家庭たらしめているのは愛情であ
る。

　家庭は愛の場である。われわれは愛の場とし
ての家庭の意義を実現しなければならない。

　夫婦の愛，親子の愛，兄弟姉妹の愛，すべて
は愛の特定の現われにほかならない。それらの
互いに性格を異にする種々の愛が集まつて一つ
の愛の場を構成するところに家庭の本質があ
る。家庭はまことに個人存立の基盤といえる。

　愛は自然の情である。しかしそれらが自然の
情にとどまる限り，盲目的であり，しばしばゆ
がめられる。愛情が健全に育つためには，それ
は純化され，鍛えられなければならない。家庭
に関する種々の道徳は，それらの愛情の体系を
清めつつ伸ばすためのものである。道を守らな
くては愛は育たない。古い日本の家族制度はい
ろいろと批判されたが，そのことは愛の場とし
ての家庭を否定することであつてはならない。
愛の場としての家庭を守り，育てるための家庭
の否定であつてはならない。

### 2　家庭をいこいの場とすること

　戦後経済的その他さまざまな理由によつて，
家庭生活に混乱が生じ，その意義が見失われ
た。家庭は経済共同体の最も基本的なものであ
るが，家庭のもつ意義はそれに尽きない。初め
に述べたように，家庭は基本的には愛の場であ
る。愛情の共同体である。

　今日のあわただしい社会生活のなかにおい
て，健全な喜びを与え，清らかないこいの場所
となることは，わけても家庭であろう。大衆
社会，大衆文化のうちにおいて，自分自身を取
りもどし，いわば人間性を回復できる場も家
庭であろう。そしてそのためには，家庭は清ら
かないこいの場所とならなければならない。

　家庭が明るく，清く，かつ楽しいいこいの場
所であることによつて，われわれの活力は日々
に新たになり，それによつて社会や国家の生産
力も高まるであろう。社会も国家も，家庭が健
康な楽しいいこいの場所となるように，またす
べての人が家庭的な喜びを享受できるように配
慮すべきである。

### 3　家庭を教育の場とすること

　家庭はいこいの場であるだけではない。家庭
はまた教育の場でもある。しかしその意味は，
学校が教育の場であるのとは当然に異なる。学
校と家庭とは協力しあうべきものであるが，学
校における教育が主として意図的であるのに対
し，家庭における教育の特色は，主として無意
図的に行なわれる点に認められる。家庭のふん
い気がおのずからこどもに影響し，健全な成長
を可能にするのである。子は親の鏡であるとい
われる。そのことを思えば，親は互いに身をつ
つしむであろう。親は子を育てることによつて
自己を育てるのであり，自己を成長させるので
ある。また，こどもは成長の途上にあるものと
して，親の導きに耳を傾けなければならない。
親の愛とともに親の権威が忘れられてはならな
い。それはしつけにおいてとくに重要である。
こどもを正しくしつけることは，こどもを正し
く愛することである。

### 4　開かれた家庭とすること

　家庭は社会と国家の重要な基盤である。今
日，家庭の意義が世界的に再確認されつつある
のは，そのためである。

　またそれだけに，家庭の構成員は，自家の利
害得失のうちに狭く閉ざされるべきではなく，
広く社会と国家にむかつて開かれた心をもつて
いなければならない。

　家庭における愛の諸相が展開して，社会や国
家や人類に対する愛ともなるのである。

## 第3章　社会人として

### 1　仕事に打ち込むこと

　社会は生産の場であり，種々の仕事との関連
において社会は成立している。われわれは社会
の生産力を高めなければならない。それによつ
てわれわれは，自己を幸福にし，他人を幸福に
することができるのである。

　そのためには，われわれは自己の仕事を愛
し，仕事に忠実であり，仕事に打ち込むことが
できる人でなければならない。また，相互の協
力と和合が必要であることはいうまでもない。
そして，それが他人に奉仕することになること
をも知らなければならない。仕事を通じてわれ
われは，自己を生かし，他人を生かすことがで
きるのである。

　社会が生産の場であることを思えば，そこか
らしてもわれわれが自己の能力を開発しなけれ
ばならないことがわかるであろう。社会人とし
てのわれわれの能力を開発することは，われわ
れの義務であり，また社会の責任である。

　すべての職業は，それを通じて国家，社会に

寄与し，また自己と自家の生計を営むものとして，いずれも等しく尊いものである。職業に貴賤の別がないといわれるのも，そのためである。われわれは自己の素質，能力にふさわしい職業を選ぶべきであり，国家，社会もそのために配慮すべきであるが，重要なのは職業の別ではなく，いかにその仕事に打ち込むかにあることを知るべきである。

### 2　社会福祉に寄与すること

科学技術の発達は，われわれの社会に多くの恩恵を与えてきた。そのことによって，かつては人間生活にとって避けがたい不幸と考えられたことも，技術的には解決が可能となりつつある。

しかし，同時に近代社会は，それ自体の新しい問題をうみだしつつある。工業の発展，都市の膨張，交通機関の発達などは，それらがじゅうぶんな計画と配慮を欠くときは，人間の生活環境を悪化させ，自然美を破壊し，人間の生存をおびやかすことさえまれでない。また，社会の近代化に伴う産業構造や人間関係の変化によってうみだされる不幸な人々も少なくない。しかも，今日の高度化された社会においては，それを構成するすべての人が互いに深い依存関係にあって，社会全体との関係を離れては，個人の福祉は成り立ちえない。

民主的で自由な社会において，真に社会福祉を実現するためには，公共の施策の必要なことはいうまでもないが，同時にわれわれが社会の福祉に深い関心をもち，進んでそれらの問題の解決に寄与しなければならない。

近代社会の福祉の増進には，社会連帯の意識に基づく社会奉仕の精神が要求される。

### 3　創造的であること

現代はまた大衆化の時代である。文化が大衆化し，一般化することはもとより望ましい。しかし，いわゆる大衆文化には重要な問題がある。それは，いわゆる大衆文化はとかく享楽文化，消費文化となりがちであるということである。われわれは単に消費のための文化ではなく，生産に寄与し，また人間性の向上に役だつような文化の建設に努力すべきである。そしてそのためには，勤労や節約が美徳とされてきたことを忘れてはならない。

そのうえ，いわゆる大衆文化には他の憂うべき傾向が伴いがちである。それは文化が大衆化するとともに文化を卑俗化させ，価値の低迷化をもたらすということである。多くの人々が文化を享受できるようにするということは，その文化の価値が低俗であってよいということを意味しない。文化は，高い方向にむかって一般化されなければならない。そのためにわれわれは，高い文化を味わいうる能力を身につけるよう努力すべきである。

現代は大衆化の時代であるとともに，一面，組織化の時代である。ここにいわゆる組織内の人間たる現象を生じた。組織が生産と経営にとって重要な意味をもつことはいうまでもないが，組織はえてして個人の創造性，自主性をまひさせる。われわれは組織のなかにおいて，想像力，企画力，創造的知性を伸ばすことを互いにくふうすべきである。

生産的文化を可能にするものは，建設的かつ批判的な人間である。

建設的な人間とは，自己の仕事を愛し，それを育て，それに自己をささげることができる人である。ここにいう仕事とは，農場や工場に働くことでもよく，会社の事業を経営することでもよく，学問，芸術などの文化的活動に携わることでもよい。それによって自己を伸ばすことができ，他の人々に役だつことができる。このようにしてはじめて文化の発展が可能となる。

批判的な人間とは，いたずらに古い慣習などにこだわることなく，不正を不正として，不備を不備とし，いろいろな形の圧力や権力に屈することなく，つねによりよいものを求めて前進しようとする人である。社会的不正が少なくない今日，批判的精神の重要性が説かれるのも，単に否定と破壊のためではなく，建設と創造のためである。

### 4　社会規範を重んずること

日本の社会の大きな欠陥は，社会的規範力の弱さにあり，社会秩序が無視されるところにある。それが混乱をもたらし，社会を醜いものとしている。

日本人は社会的正義に対して比較的鈍感であるといわれる。それが日本の社会の進歩を阻害している。社会のさまざまな弊害をなくすため，われわれは勇気をもって社会的正義を守らなければならない。

社会規範を重んじ社会秩序を守ることによって，われわれは日本の社会を美しい社会にすることができる。そしてその根本に法秩序を守る精神がなければならない。法秩序を守ることによって外的自由が保証され，それを通じて内的自由の領域も確保されるのである。

また，われわれは，日本の社会をより美しい

社会とし，われわれのうちに正しい社会性を養うことによって，同時によい個人となり，よい家庭人ともなることができるのである。社会と家庭と個人の相互関連を忘れてはならない。

日本人のもつ社会道徳の水準は遺憾ながら低い。しかも民主化されたはずの戦後の日本においてその弊が著しい。これを正すためには公共心をもち，公私の別を明らかにし，また公共物をだいじにしなければならない。このように社会道徳を守ることによって，明るい社会を築くことに努めなければならない。

## 第4章　国民として

### 1　正しい愛国心をもつこと

今日世界において，国家を構成せず国家に所属しないいかなる個人もなく，民族もない。国家は世界において最も有機的であり，強力な集団である。個人の幸福も安全も国家によるところがきわめて大きい。世界人類の発展に寄与する道も国家を通じて開かれているのが普通である。国家を正しく愛することが国家に対する忠誠である。正しい愛国心は人類愛に通ずる。

真の愛国心とは，自国の価値をいっそう高めようとする心がけであり，その努力である。自国の存在に無関心であり，その価値の向上に努めず，ましてその価値を無視しようとすることは，自国を憎むことともなろう。われわれは正しい愛国心をもたなければならない。

### 2　象徴に敬愛の念をもつこと

日本の歴史をふりかえるならば，天皇は日本国および日本国民統合の象徴として，ゆるがぬものをもっていたことが知られる。日本国憲法はそのことを，「天皇は，日本国の象徴であり日本国民統合の象徴であって，この地位は，主権の存する日本国民の総意に基く。」という表現で明確に規定したのである。もともと象徴とは象徴されるものが実体としてあってはじめて象徴としての意味をもつ。そしてこの際，象徴としての天皇の実体をなすものは，日本国および日本国民の統合ということである。しかも象徴するものは象徴されるものを表現する。もしそうであるならば，日本国を愛するものが，日本国の象徴を愛するということは，論理上当然である。

天皇への敬愛の念をつきつめていけば，それは日本国への敬愛の念に通ずる。けだし日本国の象徴たる天皇を敬愛することは，その実体たる日本国を敬愛することに通ずるからである。このような天皇を日本の象徴として自国の上にいただいてきたところに，日本の独自な姿がある。

### 3　すぐれた国民性を伸ばすこと

世界史上およそ人類文化に重要な貢献をしたほどの国民は，それぞれに独自な風格をそなえていた。それは，今日の世界を導きつつある諸国民についても同様である。すぐれた国民性とよばれるものは，それらの国民のもつ風格にほかならない。

明治以降の日本人が，近代史上において重要な役割を演ずることができたのは，かれらが近代日本建設の気力と意欲にあふれ，日本の歴史と伝統によってつちかわれた国民性を発揮したからである。

このようなたくましさとともに，日本の美しい伝統としては，自然と人間に対するこまやかな愛情や寛容の精神をあげることができる。われわれは，このこまやかな愛情に，さらに広さと深さを与え，寛容の精神の根底に確固たる自主性をもつことによって，たくましく，美しく，おおらかな風格ある日本となることができるのである。

また，これまで日本人のすぐれた国民性として，勤勉努力の性格，高い知能水準，すぐれた技能的素質などが指摘されてきた。われわれは，これらの特色を再確認し，さらに発展させることによって，狭い国土，貧弱な資源，増大する人口という恵まれない条件のもとにおいても，世界の人々とともに，平和と繁栄の道を歩むことができるであろう。

現代は価値体系の変動があり，価値観の混乱があるといわれる。しかし，人間に期待される諸徳性という観点からすれば，現象形態はさまざまに変化するにしても，その本質的な面においては一貫するものが認められるのである。それをよりいっそう明らかにし，あるいはよりいっそう深めることによって，人間をいっそう人間らしい人間にすることが，いわゆる人道主義のねらいである。そしてまた人間歴史の進むべき方向であろう。人間として尊敬に値する人は，職業，地位などの区別を越えて共通のものをもつのである。

# 小学校学習指導要領（抄）

2017（平成29）年告示
文部科学省

## 第1章　総　　則
### 第1　小学校教育の基本と教育課程の役割

1　各学校においては，教育基本法及び学校教育法その他の法令並びにこの章以下に示すところに従い，児童の人間として調和のとれた育成を目指し，児童の心身の発達の段階や特性及び学校や地域の実態を十分考慮して，適切な教育課程を編成するものとし，これらに掲げる目標を達成するよう教育を行うものとする。

2　学校の教育活動を進めるに当たっては，各学校において，第3の1に示す主体的・対話的で深い学びの実現に向けた授業改善を通して，創意工夫を生かした特色ある教育活動を展開する中で，次の(1)から(3)までに掲げる事項の実現を図り，児童に生きる力を育むことを目指すものとする。

(1)　基礎的・基本的な知識及び技能を確実に習得させ，これらを活用して課題を解決するために必要な思考力，判断力，表現力等を育むとともに，主体的に学習に取り組む態度を養い，個性を生かし多様な人々との協働を促す教育の充実に努めること。その際，児童の発達の段階を考慮して，児童の言語活動など，学習の基盤をつくる活動を充実するとともに，家庭との連携を図りながら，児童の学習習慣が確立するよう配慮すること。

(2)　道徳教育や体験活動，多様な表現や鑑賞の活動等を通して，豊かな心や創造性の涵養を目指した教育の充実に努めること。
　　学校における道徳教育は，特別の教科である道徳（以下「道徳科」という。）を要として学校の教育活動全体を通じて行うものであり，道徳科はもとより，各教科，外国語活動，総合的な学習の時間及び特別活動のそれぞれの特質に応じて，児童の発達の段階を考慮して，適切な指導を行うこと。
　　道徳教育は，教育基本法及び学校教育法に定められた教育の根本精神に基づき，自己の生き方を考え，主体的な判断の下に行動し，自立した人間として他者と共により

よく生きるための基盤となる道徳性を養うことを目標とすること。
　　道徳教育を進めるに当たっては，人間尊重の精神と生命に対する畏敬の念を家庭，学校，その他社会における具体的な生活の中に生かし，豊かな心をもち，伝統と文化を尊重し，それらを育んできた我が国と郷土を愛し，個性豊かな文化の創造を図るとともに，平和で民主的な国家及び社会の形成者として，公共の精神を尊び，社会及び国家の発展に努め，他国を尊重し，国際社会の平和と発展や環境の保全に貢献し未来を拓く主体性のある日本人の育成に資することとなるよう特に留意すること。

(3)　〔中略〕

3　〔中略〕

4　〔中略〕

### 第2　教育課程の編成

1　各学校の教育目標と教育課程の編成
　教育課程の編成に当たっては，学校教育全体や各教科等における指導を通して育成を目指す資質・能力を踏まえつつ，各学校の教育目標を明確にするとともに，教育課程の編成についての基本的な方針が家庭や地域とも共有されるよう努めるものとする。その際，第5章総合的な学習の時間の第2の1に基づき定められる目標との関連を図るものとする。

2　教科等横断的な視点に立った資質・能力の育成

(1)　各学校においては，児童の発達の段階を考慮し，言語能力，情報活用能力（情報モラルを含む。），問題発見・解決能力等の学習の基盤となる資質・能力を育成していくことができるよう，各教科等の特質を生かし，教科等横断的な視点から教育課程の編成を図るものとする。

(2)　各学校においては，児童や学校，地域の実態及び児童の発達の段階を考慮し，豊かな人生の実現や災害等を乗り越えて次代の社会を形成することに向けた現代的な諸課題に対応して求められる資質・能力を，教科等横断的な視点で育成していくことがで

きるよう，各学校の特色を生かした教育課
程の編成を図るものとする。
3　教育課程の編成における共通的事項
　(1)　内容等の取扱い
　　ア　第2章以下に示す各教科，道徳科，外
　　　国語活動及び特別活動の内容に関する事
　　　項は，特に示す場合を除き，いずれの学
　　　校においても取り扱わなければならない。
　　イ　学校において特に必要がある場合には，
　　　第2章以下に示していない内容を加えて
　　　指導することができる。また，第2章以
　　　下に示す内容の取扱いのうち内容の範囲
　　　や程度等を示す事項は，全ての児童に対
　　　して指導するものとする内容の範囲や程
　　　度等を示したものであり，学校において
　　　特に必要がある場合には，この事項にか
　　　かわらず加えて指導することができる。
　　　ただし，これらの場合には，第2章以下
　　　に示す各教科，道徳科，外国語活動及び
　　　特別活動の目標や内容の趣旨を逸脱した
　　　り，児童の負担過重となったりすること
　　　のないようにしなければならない。
　　ウ　第2章以下に示す各教科，道徳科，外
　　　国語活動及び特別活動の内容に掲げる事
　　　項の順序は，特に示す場合を除き，指導
　　　の順序を示すものではないので，学校に
　　　おいては，その取扱いについて適切な工
　　　夫を加えるものとする。
　　エ　学年の内容を2学年まとめて示した教
　　　科及び外国語活動の内容は，2学年間か
　　　けて指導する事項を示したものである。
　　　各学校においては，これらの事項を児童
　　　や学校，地域の実態に応じ，2学年間を
　　　見通して計画的に指導することとし，特
　　　に示す場合を除き，いずれかの学年に分
　　　けて，又はいずれの学年においても指導
　　　するものとする。
　　オ　学校において2以上の学年の児童で編
　　　制する学級について特に必要がある場合
　　　には，各教科及び道徳科の目標の達成に
　　　支障のない範囲内で，各教科及び道徳科
　　　の目標及び内容について学年別の順序に
　　　よらないことができる。
　　カ　道徳科を要として学校の教育活動全体
　　　を通じて行う道徳教育の内容は，第3章
　　　特別の教科道徳の第2に示す内容とし，

その実施に当たっては，第6に示す道徳
教育に関する配慮事項を踏まえるものと
する。
　(2)　授業時数等の取扱い〔中略〕
　(3)　指導計画の作成等に当たっての配慮事項
　　〔中略〕
4　学校段階等間の接続〔中略〕
**第3　教育課程の実施と学習評価**〔中略〕
**第4　児童の発達の支援**〔中略〕
**第5　学校運営上の留意事項**〔中略〕
**第6　道徳教育に関する配慮事項**
　道徳教育を進めるに当たっては，道徳教育の
特質を踏まえ，前項までに示す事項に加え，次
の事項に配慮するものとする。
　1　各学校においては，第1の2の(2)に示す
　　道徳教育の目標を踏まえ，道徳教育の全体
　　計画を作成し，校長の方針の下に，道徳教
　　育の推進を主に担当する教師（以下「道徳
　　教育推進教師」という。）を中心に，全教
　　師が協力して道徳教育を展開すること。な
　　お，道徳教育の全体計画の作成に当たって
　　は，児童や学校，地域の実態を考慮して，
　　学校の道徳教育の重点目標を設定するとと
　　もに，道徳科の指導方針，第3章特別の教
　　科道徳の第2に示す内容との関連を踏まえ
　　た各教科，外国語活動，総合的な学習の時
　　間及び特別活動における指導の内容及び時
　　期並びに家庭や地域社会との連携の方法を
　　示すこと。
　2　各学校においては，児童の発達の段階や
　　特性等を踏まえ，指導内容の重点化を図る
　　こと。その際，各学年を通じて，自立心や
　　自律性，生命を尊重する心や他者を思いや
　　る心を育てることに留意すること。また，
　　各学年段階においては，次の事項に留意す
　　ること。
　(1)　第1学年及び第2学年においては，挨
　　　拶などの基本的な生活習慣を身に付ける
　　　こと，善悪を判断し，してはならないこ
　　　とをしないこと，社会生活上のきまりを
　　　守ること。
　(2)　第3学年及び第4学年においては，善
　　　悪を判断し，正しいと判断したことを行
　　　うこと，身近な人々と協力し助け合うこ
　　　と，集団や社会のきまりを守ること。
　(3)　第5学年及び第6学年においては，相

手の考え方や立場を理解して支え合うこと，法やきまりの意義を理解して進んで守ること，集団生活の充実に努めること，伝統と文化を尊重し，それらを育んできた我が国と郷土を愛するとともに，他国を尊重すること。

3　学校や学級内の人間関係や環境を整えるとともに，集団宿泊活動やボランティア活動，自然体験活動，地域の行事への参加などの豊かな体験を充実すること。また，道徳教育の指導内容が，児童の日常生活に生かされるようにすること。その際，いじめの防止や安全の確保等にも資することとなるよう留意すること。

4　学校の道徳教育の全体計画や道徳教育に関する諸活動などの情報を積極的に公表したり，道徳教育の充実のために家庭や地域の人々の積極的な参加や協力を得たりするなど，家庭や地域社会との共通理解を深め，相互の連携を図ること。

〔中略〕

### 特別の教科　道徳

#### 第1　目標

第1章総則の第1の2の(2)に示す道徳教育の目標に基づき，よりよく生きるための基盤となる道徳性を養うため，道徳的諸価値についての理解を基に，自己を見つめ，物事を多面的・多角的に考え，自己の生き方についての考えを深める学習を通して，道徳的な判断力，心情，実践意欲と態度を育てる。

#### 第2　内容

学校の教育活動全体を通じて行う道徳教育の要である道徳科においては，以下に示す項目について扱う。

#### A　主として自分自身に関すること

〔善悪の判断，自律，自由と責任〕

〔第1学年及び第2学年〕　よいことと悪いことの区別をし，よいと思うことを進んで行うこと。

〔第3学年及び第4学年〕　正しいと判断したことは，自信をもって行うこと。

〔第5学年及び第6学年〕　自由を大切にし，自律的に判断し，責任のある行動をすること。

〔正直，誠実〕

〔第1学年及び第2学年〕　うそをついたりご

まかしをしたりしないで，素直に伸び伸びと生活すること。

〔第3学年及び第4学年〕　過ちは素直に改め，正直に明るい心で生活すること。

〔第5学年及び第6学年〕　誠実に，明るい心で生活すること。

〔節度，節制〕

〔第1学年及び第2学年〕　健康や安全に気を付け，物や金銭を大切にし，身の回りを整え，わがままをしないで，規則正しい生活をすること。

〔第3学年及び第4学年〕　自分でできることは自分でやり，安全に気を付け，よく考えて行動し，節度のある生活をすること。

〔第5学年及び第6学年〕　安全に気を付けることや，生活習慣の大切さについて理解し，自分の生活を見直し，節度を守り節制に心掛けること。

〔個性の伸長〕

〔第1学年及び第2学年〕　自分の特徴に気付くこと。

〔第3学年及び第4学年〕　自分の特徴に気付き，長所を伸ばすこと。

〔第5学年及び第6学年〕　自分の特徴を知って，短所を改め長所を伸ばすこと。

〔希望と勇気，努力と強い意志〕

〔第1学年及び第2学年〕　自分のやるべき勉強や仕事をしっかりと行うこと。

〔第3学年及び第4学年〕　自分でやろうと決めた目標に向かって，強い意志をもち，粘り強くやり抜くこと。

〔第5学年及び第6学年〕　より高い目標を立て，希望と勇気をもち，困難があってもくじけずに努力して物事をやり抜くこと。

〔真理の探究〕

〔第5学年及び第6学年〕　真理を大切にし，物事を探究しようとする心をもつこと。

#### B　主として人との関わりに関すること

〔親切，思いやり〕

〔第1学年及び第2学年〕　身近にいる人に温かい心で接し，親切にすること。

〔第3学年及び第4学年〕　相手のことを思いやり，進んで親切にすること。

〔第5学年及び第6学年〕　誰に対しても思いやりの心をもち，相手の立場に立って親切にすること。

〔感謝〕

〔第１学年及び第２学年〕　家族など日頃世話
になっている人々に感謝すること。

〔第３学年及び第４学年〕　家族など生活を支
えてくれている人々や現在の生活を築いて
くれた高齢者に，尊敬と感謝の気持ちをも
って接すること。

〔第５学年及び第６学年〕　日々の生活が家族
や過去からの多くの人々の支え合いや助け
合いで成り立っていることに感謝し，それ
に応えること。

〔礼儀〕

〔第１学年及び第２学年〕　気持ちのよい挨拶，
言葉遣い，動作などに心掛けて，明るく接
すること。

〔第３学年及び第４学年〕　礼儀の大切さを知
り，誰に対しても真心をもって接すること。

〔第５学年及び第６学年〕　時と場をわきまえ
て，礼儀正しく真心をもって接すること。

〔友情，信頼〕

〔第１学年及び第２学年〕　友達と仲よくし，
助け合うこと。

〔第３学年及び第４学年〕　友達と互いに理解
し，信頼し，助け合うこと。

〔第５学年及び第６学年〕　友達と互いに信頼
し，学び合って友情を深め，異性について
も理解しながら，人間関係を築いていくこ
と。

〔相互理解，寛容〕

〔第３学年及び第４学年〕　自分の考えや意見
を相手に伝えるとともに，相手のことを理
解し，自分と異なる意見も大切にすること。

〔第５学年及び第６学年〕　自分の考えや意見
を相手に伝えるとともに，謙虚な心をもち，
広い心で自分と異なる意見や立場を尊重す
ること。

C　主として集団や社会との関わりに関するこ
と

〔規則の尊重〕

〔第１学年及び第２学年〕　約束やきまりを守
り，みんなが使う物を大切にすること。

〔第３学年及び第４学年〕　約束や社会のきま
りの意義を理解し，それらを守ること。

〔第５学年及び第６学年〕　法やきまりの意義
を理解した上で進んでそれらを守り，自他
の権利を大切にし，義務を果たすこと。

〔公正，公平，社会正義〕

〔第１学年及び第２学年〕　自分の好き嫌いに
とらわれないで接すること。

〔第３学年及び第４学年〕　誰に対しても分け
隔てをせず，公正，公平な態度で接するこ
と。

〔第５学年及び第６学年〕　誰に対しても差別
をすることや偏見をもつことなく，公正，
公平な態度で接し，正義の実現に努めるこ
と。

〔勤労，公共の精神〕

〔第１学年及び第２学年〕　働くことのよさを
知り，みんなのために働くこと。

〔第３学年及び第４学年〕　働くことの大切さ
を知り，進んでみんなのために働くこと。

〔第５学年及び第６学年〕　働くことや社会に
奉仕することの充実感を味わうとともに，
その意義を理解し，公共のために役に立つ
ことをすること。

〔家族愛，家庭生活の充実〕

〔第１学年及び第２学年〕　父母，祖父母を敬
愛し，進んで家の手伝いなどをして，家族
の役に立つこと。

〔第３学年及び第４学年〕　父母，祖父母を敬
愛し，家族みんなで協力し合って楽しい家
庭をつくること。

〔第５学年及び第６学年〕　父母，祖父母を敬
愛し，家族の幸せを求めて，進んで役に立
つことをすること。

〔よりよい学校生活，集団生活の充実〕

〔第１学年及び第２学年〕　先生を敬愛し，学
校の人々に親しんで，学級や学校の生活を
楽しくすること。

〔第３学年及び第４学年〕　先生や学校の人々
を敬愛し，みんなで協力し合って楽しい学
級や学校をつくること。

〔第５学年及び第６学年〕　先生や学校の人々
を敬愛し，みんなで協力し合ってよりよい
学級や学校をつくるとともに，様々な集団
の中での自分の役割を自覚して集団生活の
充実に努めること。

〔伝統と文化の尊重，国や郷土を愛する態度〕

〔第１学年及び第２学年〕　我が国や郷土の文
化と生活に親しみ，愛着をもつこと。

〔第３学年及び第４学年〕　我が国や郷土の伝
統と文化を大切にし，国や郷土を愛する心

をもつこと。

〔第５学年及び第６学年〕　我が国や郷土の伝統と文化を大切にし，先人の努力を知り，国や郷土を愛する心をもつこと。

［国際理解，国際親善］

〔第１学年及び第２学年〕　他国の人々や文化に親しむこと。

〔第３学年及び第４学年〕　他国の人々や文化に親しみ，関心をもつこと。

〔第５学年及び第６学年〕　他国の人々や文化について理解し，日本人としての自覚をもって国際親善に努めること。

D　主として生命や自然，崇高なものとの関わりに関すること

［生命の尊さ］

〔第１学年及び第２学年〕　生きることのすばらしさを知り，生命を大切にすること。

〔第３学年及び第４学年〕　生命の尊さを知り，生命あるものを大切にすること。

〔第５学年及び第６学年〕　生命が多くの生命のつながりの中にあるかけがえのないものであることを理解し，生命を尊重すること。

［自然愛護］

〔第１学年及び第２学年〕　身近な自然に親しみ，動植物に優しい心で接すること。

〔第３学年及び第４学年〕　自然のすばらしさや不思議さを感じ取り，自然や動植物を大切にすること。

〔第５学年及び第６学年〕　自然の偉大さを知り，自然環境を大切にすること。

［感動，畏敬の念］

〔第１学年及び第２学年〕　美しいものに触れ，すがすがしい心をもつこと。

〔第３学年及び第４学年〕　美しいものや気高いものに感動する心をもつこと。

〔第５学年及び第６学年〕　美しいものや気高いものに感動する心や人間の力を超えたものに対する畏敬の念をもつこと。

［よりよく生きる喜び］

〔第５学年及び第６学年〕　よりよく生きようとする人間の強さや気高さを理解し，人間として生きる喜びを感じること。

### 第３　指導計画の作成と内容の取扱い

1　各学校においては，道徳教育の全体計画に基づき，各教科，外国語活動，総合的な学習の時間及び特別活動との関連を考慮しながら，道徳科の年間指導計画を作成するものとする。なお，作成に当たっては，第２に示す各学年段階の内容項目について，相当する各学年において全て取り上げることとする。その際，児童や学校の実態に応じ，２学年間を見通した重点的な指導や内容項目間の関連を密にした指導，一つの内容項目を複数の時間で扱う指導を取り入れるなどの工夫を行うものとする。

2　第２の内容の指導に当たっては，次の事項に配慮するものとする。

(1)　校長や教頭などの参加，他の教師との協力的な指導などについて工夫し，道徳教育推進教師を中心とした指導体制を充実すること。

(2)　道徳科が学校の教育活動全体を通じて行う道徳教育の要としての役割を果たすことができるよう，計画的・発展的な指導を行うこと。特に，各教科，外国語活動，総合的な学習の時間及び特別活動における道徳教育としては取り扱う機会が十分でない内容項目に関わる指導を補うことや，児童や学校の実態等を踏まえて指導をより一層深めること，内容項目の相互の関連を捉え直したり発展させたりすることに留意すること。

(3)　児童が自ら道徳性を養う中で，自らを振り返って成長を実感したり，これからの課題や目標を見付けたりすることができるよう工夫すること。その際，道徳性を養うことの意義について，児童自らが考え，理解し，主体的に学習に取り組むことができるようにすること。

(4)　児童が多様な感じ方や考え方に接する中で，考えを深め，判断し，表現する力などを育むことができるよう，自分の考えを基に話し合ったり書いたりするなどの言語活動を充実すること。

(5)　児童の発達の段階や特性等を考慮し，指導のねらいに即して，問題解決的な学習，道徳的行為に関する体験的な学習等を適切に取り入れるなど，指導方法を工夫すること。その際，それらの活動を通じて学んだ内容の意義などについて考えることができるようにすること。また，特別活動等における多様な実践活動や体験活動も道徳科の

授業に生かすようにすること。

(6) 児童の発達の段階や特性等を考慮し，第2に示す内容との関連を踏まえつつ，情報モラルに関する指導を充実すること。また，児童の発達の段階や特性等を考慮し，例えば，社会の持続可能な発展などの現代的な課題の取扱いにも留意し，身近な社会的課題を自分との関係において考え，それらの解決に寄与しようとする意欲や態度を育てるよう努めること。なお，多様な見方や考え方のできる事柄について，特定の見方や考え方に偏った指導を行うことのないようにすること。

(7) 道徳科の授業を公開したり，授業の実施や地域教材の開発や活用などに家庭や地域の人々，各分野の専門家等の積極的な参加や協力を得たりするなど，家庭や地域社会との共通理解を深め，相互の連携を図ること。

3 教材については，次の事項に留意するものとする。

(1) 児童の発達の段階や特性，地域の実情等を考慮し，多様な教材の活用に努めること。特に，生命の尊厳，自然，伝統と文化，先人の伝記，スポーツ，情報化への対応等の現代的な課題などを題材とし，児童が問題意識をもって多面的・多角的に考えたり，感動を覚えたりするような充実した教材の開発や活用を行うこと。

(2) 教材については，教育基本法や学校教育法その他の法令に従い，次の観点に照らし適切と判断されるものであること。

ア 児童の発達の段階に即し，ねらいを達成するのにふさわしいものであること。

イ 人間尊重の精神にかなうものであって，悩みや葛藤等の心の揺れ，人間関係の理解等の課題も含め，児童が深く考えることができ，人間としてよりよく生きる喜びや勇気を与えられるものであること。

ウ 多様な見方や考え方のできる事柄を取り扱う場合には，特定の見方や考え方に偏った取扱いがなされていないものであること。

4 児童の学習状況や道徳性に係る成長の様子を継続的に把握し，指導に生かすよう努める必要がある。ただし，数値などによる評価は行わないものとする。

## 中学校学習指導要領（抄）

2017（平成 29）年告示
文部科学省

### 第1章　総　　則
#### 第1　中学校教育の基本と教育課程の役割

1　各学校においては，教育基本法及び学校教育法その他の法令並びにこの章以下に示すところに従い，生徒の人間として調和のとれた育成を目指し，生徒の心身の発達の段階や特性及び学校や地域の実態を十分考慮して，適切な教育課程を編成するものとし，これらに掲げる目標を達成するよう教育を行うものとする。

2　学校の教育活動を進めるに当たっては，各学校において，第3の1に示す主体的・対話的で深い学びの実現に向けた授業改善を通して，創意工夫を生かした特色ある教育活動を展開する中で，次の(1)から(3)までに掲げる事項の実現を図り，生徒に生きる力を育むことを目指すものとする。

(1)　基礎的・基本的な知識及び技能を確実に習得させ，これらを活用して課題を解決するために必要な思考力，判断力，表現力等を育むとともに，主体的に学習に取り組む態度を養い，個性を生かし多様な人々との協働を促す教育の充実に努めること。その際，生徒の発達の段階を考慮して，生徒の言語活動など，学習の基盤をつくる活動を充実するとともに，家庭との連携を図りながら，生徒の学習習慣が確立するよう配慮すること。

(2)　道徳教育や体験活動，多様な表現や鑑賞の活動等を通して，豊かな心や創造性の涵養を目指した教育の充実に努めること。

　学校における道徳教育は，特別の教科である道徳（以下「道徳科」という。）を要として学校の教育活動全体を通じて行うものであり，道徳科はもとより，各教科，総合的な学習の時間及び特別活動のそれぞれの特質に応じて，生徒の発達の段階を考慮して，適切な指導を行うこと。

　道徳教育は，教育基本法及び学校教育法に定められた教育の根本精神に基づき，人間としての生き方を考え，主体的な判断の下に行動し，自立した人間として他者と共によりよく生きるための基盤となる道徳性を養うことを目標とすること。

　道徳教育を進めるに当たっては，人間尊重の精神と生命に対する畏敬の念を家庭，学校，その他社会における具体的な生活の中に生かし，豊かな心をもち，伝統と文化を尊重し，それらを育んできた我が国と郷土を愛し，個性豊かな文化の創造を図るとともに，平和で民主的な国家及び社会の形成者として，公共の精神を尊び，社会及び国家の発展に努め，他国を尊重し，国際社会の平和と発展や環境の保全に貢献し未来を拓（ひら）く主体性のある日本人の育成に資することとなるよう特に留意すること。

(3)　〔中略〕

3　〔中略〕

4　〔中略〕

#### 第2　教育課程の編成

1　各学校の教育目標と教育課程の編成

　教育課程の編成に当たっては，学校教育全体や各教科等における指導を通して育成を目指す資質・能力を踏まえつつ，各学校の教育目標を明確にするとともに，教育課程の編成についての基本的な方針が家庭や地域とも共有されるよう努めるものとする。その際，第4章総合的な学習の時間の第2の1に基づき定められる目標との関連を図るものとする。

2　教科等横断的な視点に立った資質・能力の育成

(1)　各学校においては，生徒の発達の段階を考慮し，言語能力，情報活用能力（情報モラルを含む。），問題発見・解決能力等の学習の基盤となる資質・能力を育成していくことができるよう，各教科等の特質を生かし，教科等横断的な視点から教育課程の編成を図るものとする。

(2)　各学校においては，生徒や学校，地域の実態及び生徒の発達の段階を考慮し，豊かな人生の実現や災害等を乗り越えて

198

次代の社会を形成することに向けた現代的な諸課題に対応して求められる資質・能力を，教科等横断的な視点で育成していくことができるよう，各学校の特色を生かした教育課程の編成を図るものとする。

3　教育課程の編成における共通的事項
(1)　内容等の取扱い
　　ア　第2章以下に示す各教科，道徳科及び特別活動の内容に関する事項は，特に示す場合を除き，いずれの学校においても取り扱わなければならない。
　　イ　学校において特に必要がある場合には，第2章以下に示していない内容を加えて指導することができる。また，第2章以下に示す内容の取扱いのうち内容の範囲や程度等を示す事項は，全ての生徒に対して指導するものとする内容の範囲や程度等を示したものであり，学校において特に必要がある場合には，この事項にかかわらず加えて指導することができる。ただし，これらの場合には，第2章以下に示す各教科，道徳科及び特別活動の目標や内容の趣旨を逸脱したり，生徒の負担過重となったりすることのないようにしなければならない。
　　ウ　第2章以下に示す各教科，道徳科及び特別活動の内容に掲げる事項の順序は，特に示す場合を除き，指導の順序を示すものではないので，学校においては，その取扱いについて適切な工夫を加えるものとする。
　　エ　学校において2以上の学年の生徒で編制する学級について特に必要がある場合には，各教科の目標の達成に支障のない範囲内で，各教科の目標及び内容について学年別の順序によらないことができる。
　　オ　各学校においては，生徒や学校，地域の実態を考慮して，生徒の特性等に応じた多様な学習活動が行えるよう，第2章に示す各教科や，特に必要な教科を，選択教科として開設し生徒に履修させることができる。その場合にあっては，全ての生徒に指導すべき内容

との関連を図りつつ，選択教科の授業時数及び内容を適切に定め選択教科の指導計画を作成し，生徒の負担過重となることのないようにしなければならない。また，特に必要な教科の名称，目標，内容などについては，各学校が適切に定めるものとする。
　　カ　道徳科を要として学校の教育活動全体を通じて行う道徳教育の内容は，第3章特別の教科道徳の第2に示す内容とし，その実施に当たっては，第6に示す道徳教育に関する配慮事項を踏まえるものとする。
(2)　授業時数等の取扱い〔中略〕
(3)　指導計画の作成等に当たっての配慮事項〔中略〕
4　学校段階間の接続〔中略〕
**第3　教育課程の実施と学習評価**〔中略〕
**第4　生徒の発達の支援**〔中略〕
**第5　学校運営上の留意事項**〔中略〕
**第6　道徳教育に関する配慮事項**
　道徳教育を進めるに当たっては，道徳教育の特質を踏まえ，前項までに示す事項に加え，次の事項に配慮するものとする。
1　各学校においては，第1の2の(2)に示す道徳教育の目標を踏まえ，道徳教育の全体計画を作成し，校長の方針の下に，道徳教育の推進を主に担当する教師（以下「道徳教育推進教師」という。）を中心に，全教師が協力して道徳教育を展開すること。なお，道徳教育の全体計画の作成に当たっては，生徒や学校，地域の実態を考慮して，学校の道徳教育の重点目標を設定するとともに，道徳科の指導方針，第3章特別の教科道徳の第2に示す内容との関連を踏まえた各教科，総合的な学習の時間及び特別活動における指導の内容及び時期並びに家庭や地域社会との連携の方法を示すこと。
2　各学校においては，生徒の発達の段階や特性等を踏まえ，指導内容の重点化を図ること。その際，小学校における道徳教育の指導内容を更に発展させ，自立心や自律性を高め，規律ある生活をすること，生命を尊重する心や自らの弱さを克服して気高く生きようとする心を育てること，法やきまりの意義に関する理解を深めること，自ら

の将来の生き方を考え主体的に社会の形成
に参画する意欲と態度を養うこと，伝統と
文化を尊重し，それらを育んできた我が国
と郷土を愛するとともに，他国を尊重する
こと，国際社会に生きる日本人としての自
覚を身に付けることに留意すること。
3　学校や学級内の人間関係や環境を整える
とともに，職場体験活動やボランティア活
動，自然体験活動，地域の行事への参加な
どの豊かな体験を充実すること。また，道
徳教育の指導内容が，生徒の日常生活に生
かされるようにすること。その際，いじめ
の防止や安全の確保等にも資することとな
るよう留意すること。
4　学校の道徳教育の全体計画や道徳教育に
関する諸活動などの情報を積極的に公表し
たり，道徳教育の充実のために家庭や地域
の人々の積極的な参加や協力を得たりする
など，家庭や地域社会との共通理解を深め，
相互の連携を図ること。
〔中略〕
### 第3章　特別の教科　道徳
### 第1　目　標
　第1章総則の第1の2の(2)に示す道徳教育
の目標に基づき，よりよく生きるための基盤
となる道徳性を養うため，道徳的諸価値につ
いての理解を基に，自己を見つめ，物事を広
い視野から多面的・多角的に考え，人間とし
ての生き方についての考えを深める学習を通
して，道徳的な判断力，心情，実践意欲と態
度を育てる。
### 第2　内　容
　学校の教育活動全体を通じて行う道徳教育
の要である道徳科においては，以下に示す項
目について扱う。
### A　主として自分自身に関すること
[自主，自律，自由と責任]
　　自律の精神を重んじ，自主的に考え，判
　断し，誠実に実行してその結果に責任をも
　つこと。
[節度，節制]
　　望ましい生活習慣を身に付け，心身の健
　康の増進を図り，節度を守り節制に心掛け，
　安全で調和のある生活をすること。
[向上心，個性の伸長]
　　自己を見つめ，自己の向上を図るととも

に，個性を伸ばして充実した生き方を追求
すること。
[希望と勇気，克己と強い意志]
　　より高い目標を設定し，その達成を目指
　し，希望と勇気をもち，困難や失敗を乗り
　越えて着実にやり遂げること。
[真理の探究，創造]
　　真実を大切にし，真理を探究して新しい
　ものを生み出そうと努めること。
### B　主として人との関わりに関すること
[思いやり，感謝]
　　思いやりの心をもって人と接するととも
　に，家族などの支えや多くの人々の善意に
　より日々の生活や現在の自分があることに
　感謝し，進んでそれに応え，人間愛の精神
　を深めること。
[礼儀]
　　礼儀の意義を理解し，時と場に応じた適
　切な言動をとること。
[友情，信頼]
　　友情の尊さを理解して心から信頼できる
　友達をもち，互いに励まし合い，高め合う
　とともに，異性についての理解を深め，悩
　みや葛藤も経験しながら人間関係を深めて
　いくこと。
[相互理解，寛容]
　　自分の考えや意見を相手に伝えるととも
　に，それぞれの個性や立場を尊重し，いろ
　いろなものの見方や考え方があることを理
　解し，寛容の心をもって謙虚に他に学び，
　自らを高めていくこと。
### C　主として集団や社会との関わりに関する
### こと
[遵法精神，公徳心]
　　法やきまりの意義を理解し，それらを進
　んで守るとともに，そのよりよい在り方に
　ついて考え，自他の権利を大切にし，義務
　を果たして，規律ある安定した社会の実現
　に努めること。
[公正，公平，社会正義]
　　正義と公正さを重んじ，誰に対しても公
　平に接し，差別や偏見のない社会の実現に
　努めること。
[社会参画，公共の精神]
　　社会参画の意識と社会連帯の自覚を高め，
　公共の精神をもってよりよい社会の実現に

努めること。

[勤労]

　　勤労の尊さや意義を理解し，将来の生き方について考えを深め，勤労を通じて社会に貢献すること。

[家族愛，家庭生活の充実]

　　父母，祖父母を敬愛し，家族の一員としての自覚をもって充実した家庭生活を築くこと。

[よりよい学校生活，集団生活の充実]

　　教師や学校の人々を敬愛し，学級や学校の一員としての自覚をもち，協力し合ってよりよい校風をつくるとともに，様々な集団の意義や集団の中での自分の役割と責任を自覚して集団生活の充実に努めること。

[郷土の伝統と文化の尊重，郷土を愛する態度]

　　郷土の伝統と文化を大切にし，社会に尽くした先人や高齢者に尊敬の念を深め，地域社会の一員としての自覚をもって郷土を愛し，進んで郷土の発展に努めること。

[我が国の伝統と文化の尊重，国を愛する態度]

　　優れた伝統の継承と新しい文化の創造に貢献するとともに，日本人としての自覚をもって国を愛し，国家及び社会の形成者として，その発展に努めること。

[国際理解，国際貢献]

　　世界の中の日本人としての自覚をもち，他国を尊重し，国際的視野に立って，世界の平和と人類の発展に寄与すること。

D　主として生命や自然，崇高なものとの関わりに関すること

[生命の尊さ]

　　生命の尊さについて，その連続性や有限性なども含めて理解し，かけがえのない生命を尊重すること。

[自然愛護]

　　自然の崇高さを知り，自然環境を大切にすることの意義を理解し，進んで自然の愛護に努めること。

[感動，畏敬の念]

　　美しいものや気高いものに感動する心をもち，人間の力を超えたものに対する畏敬の念を深めること。

[よりよく生きる喜び]

　　人間には自らの弱さや醜さを克服する強さや気高く生きようとする心があることを理解し，人間として生きることに喜びを見いだすこと。

**第3　指導計画の作成と内容の取扱い**

1　各学校においては，道徳教育の全体計画に基づき，各教科，総合的な学習の時間及び特別活動との関連を考慮しながら，道徳科の年間指導計画を作成するものとする。なお，作成に当たっては，第2に示す内容項目について，各学年において全て取り上げることとする。その際，生徒や学校の実態に応じ，3学年間を見通した重点的な指導や内容項目間の関連を密にした指導，一つの内容項目を複数の時間で扱う指導を取り入れるなどの工夫を行うものとする。

2　第2の内容の指導に当たっては，次の事項に配慮するものとする。

(1)　学級担任の教師が行うことを原則とするが，校長や教頭などの参加，他の教師との協力的な指導などについて工夫し，道徳教育推進教師を中心とした指導体制を充実すること。

(2)　道徳科が学校の教育活動全体を通じて行う道徳教育の要としての役割を果たすことができるよう，計画的・発展的な指導を行うこと。特に，各教科，総合的な学習の時間及び特別活動における道徳教育としては取り扱う機会が十分でない内容項目に関わる指導を補うことや，生徒や学校の実態等を踏まえて指導をより一層深めること，内容項目の相互の関連を捉え直したり発展させたりすることに留意すること。

(3)　生徒が自ら道徳性を養う中で，自らを振り返って成長を実感したり，これからの課題や目標を見付けたりすることができるよう工夫すること。その際，道徳性を養うことの意義について，生徒自らが考え，理解し，主体的に学習に取り組むことができるようにすること。また，発達の段階を考慮し，人間としての弱さを認めながら，それを乗り越えてよりよく生きようとすることのよさについて，教師が生徒と共に考える姿勢を大切にすること。

(4)　生徒が多様な感じ方や考え方に接する中で，考えを深め，判断し，表現する力

などを育むことができるよう，自分の考えを基に討論したり書いたりするなどの言語活動を充実すること。その際，様々な価値観について多面的・多角的な視点から振り返って考える機会を設けるとともに，生徒が多様な見方や考え方に接しながら，更に新しい見方や考え方を生み出していくことができるよう留意すること。

(5)　生徒の発達の段階や特性等を考慮し，指導のねらいに即して，問題解決的な学習，道徳的行為に関する体験的な学習等を適切に取り入れるなど，指導方法を工夫すること。その際，それらの活動を通じて学んだ内容の意義などについて考えることができるようにすること。また，特別活動等における多様な実践活動や体験活動も道徳科の授業に生かすようにすること。

(6)　生徒の発達の段階や特性等を考慮し，第2に示す内容との関連を踏まえつつ，情報モラルに関する指導を充実すること。また，例えば，科学技術の発展と生命倫理との関係や社会の持続可能な発展などの現代的な課題の取扱いにも留意し，身近な社会的課題を自分との関係において考え，その解決に向けて取り組もうとする意欲や態度を育てるよう努めること。なお，多様な見方や考え方のできる事柄について，特定の見方や考え方に偏った指導を行うことのないようにすること。

(7)　道徳科の授業を公開したり，授業の実施や地域教材の開発や活用などに家庭や地域の人々，各分野の専門家等の積極的な参加や協力を得たりするなど，家庭や地域社会との共通理解を深め，相互の連携を図ること。

3　教材については，次の事項に留意するものとする。

(1)　生徒の発達の段階や特性，地域の実情等を考慮し，多様な教材の活用に努めること。特に，生命の尊厳，社会参画，自然，伝統と文化，先人の伝記，スポーツ，情報化への対応等の現代的な課題などを題材とし，生徒が問題意識をもって多面的・多角的に考えたり，感動を覚えたりするような充実した教材の開発や活用を行うこと。

(2)　教材については，教育基本法や学校教育法その他の法令に従い，次の観点に照らし適切と判断されるものであること。
　ア　生徒の発達の段階に即し，ねらいを達成するのにふさわしいものであること。
　イ　人間尊重の精神にかなうものであって，悩みや葛藤等の心の揺れ，人間関係の理解等の課題も含め，生徒が深く考えることができ，人間としてよりよく生きる喜びや勇気を与えられるものであること。
　ウ　多様な見方や考え方のできる事柄を取り扱う場合には，特定の見方や考え方に偏った取扱いがなされていないものであること。

4　生徒の学習状況や道徳性に係る成長の様子を継続的に把握し，指導に生かすよう努める必要がある。ただし，数値などによる評価は行わないものとする。

# 学習権宣言（抄）

1985年3月19-29日
第4回ユネスコ国際成人教育会議

学習権を承認することは，今や，以前にもまして重大な人類の課題である。

学習権とは，

読み，書きできる権利であり，

疑問をもち，じっくりと考える権利であり，

想像し，創造する権利であり，

自分自身の世界を知り，歴史を書き綴る権利であり，

教育の諸条件を利用する権利であり，

個人および集団の技能を発達させる権利である。

成人教育パリ会議は，この権利の重要性を再確認する。

学習権は，将来のためにたくわえておく文化的贅沢品ではない。

学習権は，生き残るという問題が解決されたのちにはじめて必要になる権利ではない。

学習権は，基礎的欲求が満たされたのちに行使される第二段階の権利ではない。

学習権は，人類が生き残るために不可欠な手段である。

もし，世界の人びとが，食糧生産およびその他の欠くことのできない人間的欲求を自分で満たすことを望むならば，彼等は学習権をもたなければならない。

もし，女性も男性も，より健康な生活を享受すべきであるとするならば，彼等は学習権をもたなければならない。

もし，われわれが戦争を防止すべきであるとするならば，われわれは平和に生き，相互に理解しあうことを学ばなければならない。

「学習」が鍵になる語（the key word）である。

学習権がなければ，人間の発達はあり得ない。

学習権がなければ，農業や工業の躍進も，地域保健の進歩も，さらには学習条件の変化もないであろう。

この権利がなければ，都市や農村で働く人びとの生活水準の改善もないであろう。

要約すれば，学習権の承認は，今日の人類にとって非常に重要な問題を解決するために，われわれがなしうる最善の寄与なのである。

しかし，学習権は，経済発展の手段であるだけではない。それは，基本的権利の一つとして認められなければならない。学習するという行為は，すべての教育活動の中心に位置し，人間を成り行きに身をまかせるままの客体から自分自身の歴史を創造する主体に変えるものである。

学習権は，基本的人権の一つであり，その正当性は普遍的に認められている。学習権は，人類の一部にだけ限定されることはできない。それは，男性だけの，あるいは工業国だけの，あるいは富裕な階層だけの，あるいは学校教育を受けることのできる幸福な若者だけの，排他的な特権であってはならない。パリ会議は，すべての国にたいし，必要なあらゆる人的・物的資源を利用できるようにし，かつ，教育制度をよりいっそう公正にする方向で再考し，さらにさまざまの地域で開発に成功した諸方策を活用することによって，この権利を実現し，すべての者がこの権利を有効に行使するのに必要な条件をつくり出すことを要求する。

われわれは，この権利を世界的規模で促進するために，政府・非政府のすべての団体にたいし，国連，ユネスコおよびその他の専門機関との協働を強く求める。

〔以下略〕

# 索　引

## 人名索引

## 事項索引

**シリーズ編集代表**

三輪　定宣（みわ　さだのぶ）


**第11巻編者**

井ノ口　淳三（いのくち　じゅんぞう）

　　　1947年　京都府生まれ
　　　追手門学院大学名誉教授，博士（教育学）
　　　主要著書　『コメニウス教育学の研究』ミネルヴァ書房
　　　　　　　　『命の教育，心の教育は何をめざすか』晃洋書房，ほか
　　　主要訳書　コメニウス『世界図絵』平凡社，ほか


［教師教育テキストシリーズ11］
**道徳教育　改訂二版**

2007年 4 月20日　　第 1 版第 1 刷発行
2016年 9 月20日　　改訂版第 1 刷発行
2020年 4 月10日　改訂二版第 1 刷発行

　　　　　　　　　　　　　　　　　　編　者　井ノ口　淳三

発行者　　田中　千津子　　　　〒153-0064　東京都目黒区下目黒3-6-1
　　　　　　　　　　　　　　　　電話　03（3715）1501 ㈹
発行所　　株式　学 文 社　　　FAX　03（3715）2012
　　　　　　会社　　　　　　　　https://www.gakubunsha.com

©Junzo INOKUCHI 2020　　　　　　　　　　印刷　新灯印刷
乱丁・落丁の場合は本社でお取替えします。
定価は売上カード，カバーに表示。

ISBN 978-4-7620-3003-1

# 教師教育テキストシリーズ
〔全15巻〕

編集代表　三輪　定宣

　　各巻：A5判並製カバー／150〜200頁

**編集方針**
　①　教科書としての標準性・体系性・平易性・発展性などを考慮する。
　②　教職における教育学の魅力と重要性が理解できるようにする。
　③　教職の責任・複雑・困難に応え，その専門職性の確立に寄与する。
　④　教師教育研究，教育諸科学，教育実践の蓄積・成果を踏まえる。
　⑤　教職にとっての必要性・有用性・実用性などを説明・具体化し，現場に生かされ，役立
　　つものをめざす。
　⑥　子どもの理解・権利保障，子どもとの関係づくりなどが深められるようにする。
　⑦　教育実践・研究・改革への意欲，能力が高まるよう工夫する。
　⑧　事例，トピック，問題などを随所に取り入れ，実践や事実への関心が高まるようにする。